高校图书馆阅读推广研究

孔瑞林 著

山东教育出版社

图书在版编目（CIP）数据

高校图书馆阅读推广研究/孔瑞林著 . — 济南：山东教育出版社，2019.6
ISBN 978-7-5701-0671-4

Ⅰ. ①高… Ⅱ. ①孔… Ⅲ. ①院校图书馆 - 读书活动 - 研究 Ⅳ. ①G252.17

中国版本图书馆CIP数据核字（2019）第127752号

GAOXIAO TUSHUGUAN YUEDU TUIGUANG YANJIU
高校图书馆阅读推广研究

孔瑞林　著

主管单位：山东出版传媒股份有限公司
出版发行：山东教育出版社
　　　　　地址：济南市纬一路 321 号　邮编：250001
　　　　　电话：（0531）82092660　网址：www.sjs.com.cn
印　　刷：山东新华印务有限责任公司
版　　次：2019 年 6 月第 1 版
印　　次：2019 年 6 月第 1 次印刷
开　　本：710 毫米×1000 毫米　1/16
印　　张：15.5
字　　数：224 千
定　　价：42.00 元

（如印装质量有问题，请与印刷厂联系调换）印厂电话：0531-82079130

序

　　著名作家博尔赫斯晚年回答记者采访，曾深情地说："我写过一首诗，叫作《关于天赐的诗》，是在我被任命为国立图书馆馆长的时候写的。我是这么说的：我心里一直都在暗暗设想，天堂应该是图书馆的模样。对于我来说，被图书重重包围是一种非常美好的感觉。直到现在，我已经看不了书了，但只要我一挨近图书，我还会产生一种幸福的感受……"距离博尔赫斯时代短短几十年后的今天，图书以及图书馆仍旧那样美好且给人以幸福的感受吗？

　　众所周知，网络信息技术是新时代重要的技术成果之一，对我们生活方式的影响广泛而深刻。信息的生产、储存、传播、消费呈现出全新的面目，改变着人们接受信息、消费信息等方面的学习方式和生活方式。就数字化对图书馆的影响而言，数据服务强势已现，纸本日渐式微；各种算法、程序将传统图书馆业务高度智能化；读者对实体空间依赖减弱，图书馆馆舍功能悄然改变，正在演变成为读者的学习空间；消遣娱乐性碎片化阅读成为普通读者的信息消费方式；等等。在数字化浪潮中，图书馆的传统功能正在分解，形象日渐模糊。有人因此悲观地预言：图书馆终将消失。

事实上，数字化对图书馆事业的发展既是挑战，更是机遇。只要我们充分了解数字化的实质与特征，把握人类智慧的内在逻辑，通过理论和实践深入研究探索，就能够从容应对新机遇，实现图书馆的价值和尊严。我们可以从历史维度、人类智慧的本质以及阅读的功能等方面，讨论数字化对图书馆的影响。

首先，从人类历史看，信息载体的更新是技术进步的结果。从人类早期在石头、陶器、龟甲、兽骨上所留下的意义符号到泥板、竹简、帛书、羊皮卷、莎草纸的文字记载，从唐人雕版印经、毕昇活版印刷到古登堡印刷机的出现，人类信息载体发展呈现了这样的历史图景：信息储存与传播不断摆脱时空的束缚，推进知识增长，改进学习或阅读方式，从而形成新的生活模式。

当下的数字化进程，尽管呈现出新状态、新特征，但是，仍旧是在历史逻辑框架内演进与发展，正如二进制构建的庞大虚拟数字世界依然植根于丰富多彩的现实生活一样。

其次，人类智慧是人们对于自然、社会、思维规律以及世界内在联系的认识成果，是我们从容面对未知或未来的意识保障。智慧由感性的信息符号表达。

人类优化信息符号的理想由来已久，轴心时代东西方思想家对此有富有远见的构想和探索。在中国，先哲依据某些线条的断裂与连接定义阴爻、阳爻，根据爻的排列组合为卦，由此形成表达世界规律的简洁符号。古希腊的毕达哥拉斯学派主张"万物皆数"，认为：数是万物的本质，是存在由之构成的原则，整个世界是数及其关系的和谐体系。这些可以看作数字化在西方的源头。

当下的数字化，可以将文字、图像、声音等符号化、数据化。数据本身并无意义，经我们的观察、理解、处理，数据才成为信息。信息是构建知识的前提。由知识进阶至智慧仍有遥远曲折的路程。我们简单梳理数据、信息、知识、智慧的逻辑关系，可以看出：数字化改变了智慧的符号表达方式，而智慧的本质没有任何变化。

最后，我们谈谈与阅读的功能相关的问题。

为什么需要阅读？人类的历史积累了丰富的精神财富，这些财富通过文字符号记录下来。莎士比亚在《安东尼与克莉奥佩特拉》中称赞亚历山大图书馆是"人类记忆的宝库"，说的就是这个道理。通过阅读，我们可以突破自身的局限，分享人类积累的经验。

阅读是复杂的精神活动，有着不同层次的功能。简而言之，消遣娱乐、获取资讯、增进理解，可视为阅读的三个层级的功能。消遣娱乐、获取资讯方面的需求可以在阅读之外的其他社会活动中得到满足，所以不是阅读的本质功能。"增进理解"是其他社会活动难以替代的，因而是阅读的本质功能。

我们在阅读中可以把握作者解决的问题或问题群，理解作者解决问题的逻辑框架及方法，赞成或反对作者的结论，再进一步将讨论同一类问题的文本加以比较。我们在阅读中逐步建立提出问题和解决问题的方法和途径，理解自身、世界以及两者关系的能力得以提高。阅读增进理解，在阅读中成长，这是阅读活动的价值所在。

在数字化时代，人们可以随时随地获取信息，从而促进消遣娱乐性碎片化阅读蔓延，这确实值得深入思考。然而，消遣娱乐是阅读从来就具备的功能，将之描画成数字化引来的洪水猛兽，显然是不恰当的。有人提出的"远离手机，回归书本"，未必是解决阅读问题的灵丹妙药。即使拒绝数字化阅读，未必就能回归阅读的本质。拥抱数字化，回归阅读本质，我们别无选择。

通过上面的梳理，我们可以看到：数字化改变了文本载体，人类智慧的表达方式趋于数字化，回归阅读"增进理解"的功能仍旧是图书馆人的使命。当然，不变的是使命，变的是新条件下的新思路、新方法。因此，图书馆人的实践探索和理论创新具有特别重要的价值和意义。

孔瑞林同志的《高校图书馆阅读推广研究》从高校图书馆工作实际出发，选择"阅读推广"展开了专题研究。该研究专著公开出版，作为同事替她高兴。

由于工作关系，这本书中的许多内容我们都有深入广泛的讨论。如本书中以"深阅读"理念推进阅读推广活动的研究成果，经过了实践—理论的多次反复论证，件件往事，历历在目。"纸上得来终觉浅，绝知此事要躬行。"实践是推进研究的动力，也赋予理论以生命力。实践与理论相结合，是本书颇为突出的特点。相信读者从这本中能够得到深入开展阅读推广活动的借鉴与启发。

"嘤其鸣矣，求其友声。"高校图书馆有众多像孔瑞林同志一样热爱图书馆事业、勤奋工作、勤于思考的同仁。有这样敬业的群体，我们有理由相信一定能焕发高校图书馆的春天。

诚惶诚恐，是以为序。

刘一石

2019年5月16日

目 录 Contents

第一章

阅读与阅读推广

阅读是文化传承之途，学习与创新之源。文化是民族凝聚力、道德感召力和知识创造力的重要源泉。只有重视阅读，善于学习，才能更好地继承中国传统文化和民族精神，吸收现代优秀文明成果，促进个人素养提升，提高文化软实力。正是因为阅读的重要性，阅读推广理念越来越受到世界各国的关注。众多学者也从多学科、多维度对阅读推广进行分析、探索和界定，以期对阅读实践形成理论指导。本书在已有研究成果的基础上，以应用性研究作为界定阅读推广概念、特征、要素的理论依据，进一步剖析阅读推广主体、客体、策略等概念和要素的内涵，梳理信息技术给阅读推广实践带来的新思考和新突破。

第一节　阅读的概念

阅读是人类认识世界、探索未知事物并逐渐形成个人知识体系的能力与活动，是人有目的、有感知、有意识的思维过程。

阅读是人类文明进步的产物，是伴随文字发明而产生的。人类语言突破了时间和空间的限制，人们将社会实践中积累的大量经验、语言、知识等等信息以文字的形式系统地记录下来，并长期保存。要学习和了解前人的这些经验，无论是社会科学领域还是自然科学领域，人们主要借助于对文献资料的阅读，通过阅读汲取知识和认识周围世界，从纷繁复杂的信息源中获取所需信息。离开阅读，人类文化遗产就无法传递；离开阅读，人类的思维和思考能力就要受到阻碍。可以说，阅读是人们获得知识、寻求发展规律、不断创新创造的基本途径。对于阅读的深入理解与探讨是研究阅读推广及相关工作的基础。

古人对阅读非常重视，大量存留的古代家训文献资料记载了关于阅读意识、经验和方法的讨论，从中可窥一斑。被学者们誉为"家训之祖"的《颜氏家训》专设"勉学"篇，讨论如何教子读书和勤奋学习的问题，对后世的影响颇为深远。在西方，1879年冯特在他的心理学实验室里进行过与阅读有关的实验，他的学生在对阅读活动的特征、形成过程、组织规律等方面进行探索研究后发表了《阅读心理学和教育学》一文，这标志着人们开始以科学的态度和方法，客观地研究阅读问题，同时也掀起了阅读研究的热潮。

阅读为何受到人们如此重视？

应该说，这是人们对阅读行为本身的尊重。在信息传播不发达的古代，阅读几乎是人们知人阅世的唯一途径。因此，孔子才会说"不学《诗》，无以言"，"不学《礼》，无以立"（《论语·季氏篇》）。书籍记载了先贤的思想财富，传播着博大精深的历史文化，通过阅读，文化传统在一代代读书人之间传递，内化为他们的格调与修养，以及追求齐家和治国的经验①。古今中外的教育普遍都是从家庭教育开始，鼓励阅读，营造读书之风。

到了近现代，学者们对阅读的研究更加深入。1917年以前，西方研究者把"阅读"界定为用语言转换印刷文字的口头反应能力。于是，教师强调阅读，要求学生能正确辨认文字、符号，并且口齿清晰、字正腔圆、流利准确地朗读，然而教学内容不包括进一步培养学生提高阅读理解的能

---

① 熊静.古代家庭教育中的阅读传统及其启示[J].图书馆，2017（9）：73-78.

力。1917年，有关研究改变了阅读的定义。桑代克（1917）发现，"学生初步理解一段文字时的反应和解一道数学题的过程类似。因此，他就把阅读理解为推理。后来的研究表明，读者阅读的过程是因阅读目的和阅读材料的类型和难度的变化而变化的（贾德和巴斯韦尔，1922）"[1]。这是阅读教育思想产生重大变化的转折点。在这种理解和认识的指导下，阅读理解力研究的成果拓展了教学方向，教师在指导学生阅读时开始强调要明确阅读目的、培养阅读兴趣，在阅读中启发学生自主寻找能满足阅读目的和动机的信息，在阅读后要求学生能在记忆的基础上运用推理评价来回答设定的问题。

　　20世纪初，苏联、法国等国家围绕阅读进行学术探讨，并开展了许多活动，获得了一些研究成果，出版了《如何读书》《快速学习》《读书：论阅读社会学》等一批关于阅读问题的专著，发表了长期以来学者们在社会学领域对阅读进行调查研究的结果。

　　美国实验心理学家吉布森和利文（Gibson & Levin，1975）认为，"阅读（reading）乃是从文本中提取意义的过程"[2]。这个定义对阅读的描述言简意赅，具有综合性，被广为接受。为了能够从文本中提取意义，阅读者需要做到：（1）把书面文字、符号转化为声音；（2）具有相应的心理词典，因而可以从语义记忆中获得书面文字、符号的意义；（3）能够把这些文字、符号的意义进行整合。因此，吉布森和利文对"阅读"的定义包括了阅读认知、信息融合过程中的各级加工水平[3]。不过，这里也有两个问题值得进一步讨论。

　　第一个问题是，"文本"这个词的含义是什么。吉布森和利文曾经清楚地指出，"文本（text）这个词不仅包括文字材料，而且也包括图画、图

---

　　[1] HUSEN T，POSTLETHWAITE T N. 国际教育百科全书：第二卷（C）[M]. 贵阳：贵州教育出版社，1990：307.

　　[2] 彭聃龄，张必隐. 认知心理学[M]. 杭州：浙江教育出版社，2004：475.

　　[3] 邱章乐，程跃. 智慧信息[M]. 北京：光明日报出版社，2014：202.

解、图表、插图等其他的阅读材料"①。

唐宁和莱昂（Downing & Leong，1982）认为，阅读具有更为广阔的范围，可以把阅读分为两类：一类是广义的阅读，另一类是狭义的阅读。为什么会有广义的阅读呢？因为在实际生活中，人们需要阅读文字、图像、图表等任意的符号，而且天文学家可以阅读太空中的星际轨道探索宇宙奥秘，农民能够阅读天象打理一年的农事，猎人能够阅读野兽的足迹追踪猎物等等。阅读与人们的生活息息相关，渗透在人们生活中的每个角落。所以，可以把这种广义的阅读定义为：阅读乃是对于标记的解释。人们对阅读的理解自然而然带有了个性化色彩，认为人眼看到并心有体会的都是阅读。

唐宁和莱昂认为，狭义的阅读即对于任意符号的阅读。这个定义与吉布森和利文的定义有某些共同之处，因为文本、图像、图解、图表、插图等等都是一种符号。然而，符号的形式丰富多彩。阅读的主要对象是文字符号，当然并不限于文字，也包括图画、图表等等，语言也是一种符号。所以，吉布森和利文的定义在原则上是可以接受的。

当今社会网络技术和通信技术被广泛应用于社会生活各方面，社会变得更加多元，吉布森的定义用在当下也有其局限性。因为，随着时代进步、环境变迁，人类阅读的文本也发生了巨大的变化。

以云计算、大数据、物联网等为代表的新技术、新产品、新工艺、新材料的应用，以手机APP（应用程序）、移动智能终端为代表的能够搭载各种操作系统的移动服务，以微博、微信、微平台为代表的能在云中部署应用和服务的新技术微服务，以twitter等为代表的SNS（社交网络服务），以及以iPad和iPhone为代表的智能平板触摸屏电脑与手机显示屏技术等等新现象，促使电视屏幕、电脑屏幕、笔记本电脑、手机屏幕等等正在全面渗透进人们生活的方方面面，可以说，我们已经跨入了一个读屏时代。在智能终端设备普及化的今天，触摸屏幕和语音成了人机交互方式中最简单、方便、自然的一种形

---

① 彭聃龄,张必隐.认知心理学[M].杭州：浙江教育出版社,2004：475.

式。在由无数的屏幕构成的新生态里，用来观察内部虚拟世界的东西更多，人类可以用"肢体语言与屏幕交流，不断地打破传统和标准"[①]。当你走在大街上，手持一块可以上网定位的电子屏幕，它将显示周围大街的所有道路，你可以阅读实时、动态的信息源。阅读的概念变得越来越宽泛。

再如，在广告心理学领域的视向心理测量研究过程中，经常会使用眼动仪进行广告结果评价测量。"眼动仪可以记录顾客注视广告时的眼动轨迹，通过分析记录数据了解顾客注视广告时的先后顺序"和注视焦点的时间、次数、眼跳距离等等数据，判断广告观看者的心理活动，"这有助于广告商了解到广告受众是否按广告制作人的意图去注视广告"[②]。通过眼动技术，设计人员可以阅读不同个体在相同情境下的行为动机与态度取向，并由此推断其表征问题，为评价效果提供了客观指标。新技术和新载体让我们能"阅读"一切东西，而不仅仅是文本。

第二个问题是，怎样理解阅读是"提取意义的过程"。这样定义阅读可能会把阅读过程过分内涵化。

人们普遍认为，阅读活动和人的其他活动一样，具有极其复杂的心理过程。阅读一定有阅读的动机。如臧克家一生"爱读书，爱买书"，与书为友，认为读书于创作十分重要。"读，是吸取营养往肚子里添东西，含英咀华，其乐无穷"；"读书是为了丰富、充实精神世界"。阅读者将别人的"言"内化为自己收获的过程，与文本产生碰撞、整合、重构，从而实现知识的增长和不断创新发展。

郭沫若一生博览古今名著，也是积累了丰富而宝贵的读书经验。他认为，读书因目的不同，方法自然就有差异。他把读书的目的分成五种[③]，从而也就有了五种读书方法：

① 徐升国. 阅读的未来：数字化时代阅读大趋势[J]. 出版广角，2013（14）：12-14.

② 李彪，郑满宁. 传播学与认知神经科学研究工具、方法与应用[M]. 北京：人民日报出版社，2013：82-83.

③ 王余光，徐雁. 中国阅读大辞典[M]. 南京：南京大学出版社，2016：202.

①为学习而读书。这是培养人格、学成技艺之必需，一般通过学校，属强迫性的学习，但仍有一种自由学习的方式，也就是学习职业课程之外的东西，即"广义的学习"，好像读书漫无目的，实则有助于品格修养的形成。

②为研究而读书，是谓"狭义的真正的读书"。其方法是"搜罗一切资料，尽可能使无遗憾"，"直探本源，不受前人束缚"，"对于资料毫无容情地、毫不惜力地加以清算，必须彻底，绝不放松"，而且要把它们"读破"，这样才会达到研究目的。

③为创作而读书。他说："为了养成文艺的写作能力，我曾耽读过古今中外的一些名人的作品……譬如我要写剧本，我是要先把莎士比亚或莫里哀的剧本读它一两种；要写小说，我便先把托尔斯泰或福楼拜的小说读它一两篇。读时也不必全部读完，有时仅仅读得几页或几行，便可以得到一些暗示，而不可遏止地促进写作的兴趣。"

④为愉乐而读书。这是为了"使人忘却疲劳而增进兴趣"，一般读"文体轻松的书，插图多的书……"，但要注意鉴别，否则是"慢性自杀"而不是愉乐了。

⑤为教育而读书。主要指教师的工作义务，但也会大有裨益。"为了教育而读书，在今天正是大学教授们使自己精进的机会。即使读小学生的作文课卷吧，我相信就是大文学家有时都会得到意想外的启示的"。（《我的读书经验》）

随着哲学、语言学、心理学、教育学等学科的兴起，人们逐渐以科学的态度研究阅读及其相关问题，并赋予其新的含义。阅读过程有生理和心理因素的参与，是一种基于视觉感知的系列思维心理活动过程，包括理解、分析、批判、评价和意义建构。所以阅读可以影响人的情感，影响人的个性形成。西方有人批评认知心理学，认为认知心理学的研究没有认真考虑人与人之间的一些变量因素，如动机与情绪、情感等因素对于认知的影响和作用①。其实，吉布森和利文认为的"阅读"是"提取意义的过程"这种阅读有两个方面的解读：一是提取文本本身的意义，二是与文本产生碰撞、整合、重构，以实现知识积累和满足身心愉悦的建构过程。

学者们从心理学、教育学、语言学等等角度研究阅读的动机、意义和过程，虽然研究结果不尽相同，但是都明确提出了阅读是获得知识、增长智慧的一种重要手段。对于某些学科的研究来说，文献与情报资料的阅读过程就是一个重要的研究阶段，甚至是主要的研究阶段。而研究过程既是阅读过程，也是创作过程。所以，阅读就其本质来说，是读者与文本的交流，不仅仅是简单的对文本的解码，而是对文本的一种再吸收和再创造，是读者通过阅读以及深度思考、评价后建构自己的知识体系与精神世界的过程。

国内关于"阅读"概念界定的讨论，比较权威的意见如《中国大百科全书·教育》定义"阅读"为："阅读是一种从印的或写的语言符号中获取意义的心理过程。阅读也是一种基本的智力技能，它是由一系列的过程和行为构成的总和"②。阅读对象首先表现为感性的文字材料，即文字符号。文字符号表达的则是事件、情感、思想等思维内容。阅读活动是通过文字符号到达文字表达的思维内容、影响或改变阅读主体情感或思维的心理过程。在阅读活动中，文字符号转换为思维内容是至关重要的、复杂的环节，无法简单概括其规则。我们持续阅读，阅读的能力就会有所提高，不断进步。

王余光先生则把阅读定义为："阅读是阅读主体（读者）与文本相互影响的过程，是阅读主体实践活动与精神活动的一种体现。"③从上述定义中可以看出，研究者一致认为阅读是认知的基础。

随着越来越多的学者参与阅读理论探索、阅读教学研究和全民阅

---

① 范祖奎. 外语阅读和外语阅读焦虑感的研究[J]. 新疆职业大学学报，2008（2）：54-58.

② 中国大百科全书总编辑委员会. 中国大百科全书：教育[M]. 北京：中国大百科全书出版社，1985：505.

③ 王余光. 中国阅读文化史论[M]. 北京：北京图书馆出版社，2007：5-6.

读推广活动的研究，阅读概念一直处于动态演进的发展中。如1991年5月，在重庆师范学院成立了"中国写作学会阅读学专业委员会"（亦称"中国阅读学研究会"，China Reading Association，CRA）[①]，作为专门从事中外阅读基础理论研究、学术交流与教学实践以及国民阅读促进与指导活动的学术团体，系"国际阅读协会"（IRA）的团体会员。该学会同仁出版了《阅读学新论》《汉文阅读学研究》《全民阅读推广手册》《全民阅读参考读本》等学术专著，发表了大量论文，对阅读是什么、为什么阅读、公民须具备哪些阅读能力、读什么书、怎样阅读等一系列学术问题，提出了前瞻性观点[②]。学会成员基本上形成了一个共识：阅读是一种过程，是人们获得知识的最重要的手段，阅读的对象是表意符号；阅读不是从符号中获取意义的单向度的过程，而是读者与文本交互比照、成长的复杂心理机制；读者的知识存储、认知结构、心理状况以及阅读环境等因素，深刻影响了阅读活动；获取认同与知识、增进理解，是阅读的主要目的之一。

综合各个研究领域的研究观点，可以得出以下结论：阅读是指读者主动从媒介所提供的符号信息中获取意义的一种实践活动、社会行为和心理过程[③]。

中国阅读学研究会副会长兼秘书长甘其勋解释"阅读"的作用时说："阅读应该具有求知、立德、开智、审美的多重功能。"他还形象地把这四者比喻为旋律和谐、节奏一致的四重奏[④]。阅读是人们的思维活动和理解吸收的过程，是获取知识的主要途径，对人的价值观、道德观、人生观和审美观等方面有着深刻的影响。

---

① 郭伟.秋缘斋书缘札记选辑[J].山东图书馆学刊，2009（2）：115-117.
② 甘其勋.缘定"4·23世界读书日"：汉文阅读与国际阅读文化的对接[J].山东图书馆学刊，2015（2）：18-20.
③ 李玉梅，王沛战.新媒体环境下大众阅读行为与公共图书馆对策[M].天津：天津人民出版社，2014：5.
④ 李玉梅，王沛战.新媒体环境下大众阅读行为与公共图书馆对策[M].天津：天津人民出版社，2014：6.

第二节 何谓"阅读推广"

一、缘起

（一）国外阅读推广开展情况

文化传承和发展是社会文明进步的阶梯。1972年，联合国教科文组织向全世界发出了"走向阅读社会"的号召，提出建设阅读社会的目标①，倡导通过提升全民阅读素养，营造人人阅读的浓厚氛围，使人的情感、智力、心理诸方面的潜能和素质通过自主学习得以发展。为了推动阅读在全社会更加深入人心，各国纷纷开展形式多样、内容丰富的读书活动和扫盲运动。1982年，美国伊利诺伊州图书馆协会（Illinois Library Association，ILA）开发了核心素养教育活动——iREAD暑期阅读计划，为学生配备相应学段教育过程中所需的图书信息资源，激励孩子阅读。1987年，美国又规定当年为"读书年"，目的是培养民众阅读素养，重视学生素养教育发展和终生学习意识，最终"逐步形成适应个人终身发展和社会发展需要的必备品格和关键能力"②。1995年，联合国教科文组织将4月23日定为"世界图书与版权日"（World Book and Copyright Day），简称"世界读书日"，向全世界推广阅读、出版和知识产权保护意识，号召在当天各地书店都要悬挂醒目的节日形象标志——"一本打开的书，中间是一颗心"，传达"用心读写，保护版权"的人文理念③。

---

① 郝振省，陈威. 中国阅读·全民阅读蓝皮书：第1卷[M]. 北京：中国书籍出版社，2009：3.

② 李清华. 经典文学阅读与大学生核心素养培养探究[J]. 内蒙古师范大学学报（教育科学版），2018（8）：61–63.

③ 甘其勋. 缘定"4·23世界读书日"：汉文阅读与国际阅读文化的对接[J]. 山东图书馆学刊，2015（2）：18–20.

20世纪90年代以来，世界发达国家的文化政策逐渐导向满足公民的基本文化权利①，许多国家、地区和国际组织都致力于面向未来育人目标的研究和行动。1997年，国际经济合作与发展组织（OECD）启动了"素养的界定与遴选：理论和概念基础"（Definition and Selection of Competencies：Theoretical and Conceptual Foundations，即DeSeCo）研究项目，强调把创新与创造力、信息素养、国际视野、沟通与交流、团队合作、社会参与及社会贡献、自我规划与管理等概念融合为有机统一的整体。2010年，上海教科院普教所课程室通过对学生学习现象的观察，积极促进教与学的课堂转型实践，在课堂中落实学生的积极情感、个体与群体学生的协同学习和深度学习能力②。这些行动标志着国际社会开始把全民素养教育建设纳入国家政治经济和社会发展战略之中。尽管各研究主体提出了多种素养指标，但都鲜明地指出这些指标具有很强的共通性，即学会学习，由教师引导转向学生独立应用、说明和解释，发展批判性思维和问题解决能力。而阅读是一切知识学习的基础，阅读经典可以培养人文与社会素养、艺术素养、批判性思维、创造性与问题解决能力、学会学习与终身学习的能力；其他素养诸如沟通与合作、领导力、跨文化与国际理解、公民责任与社会参与也可通过阅读经典中的原则和思想间接地实现③。

在注重全民素质提高和文化产业快速发展的背景下，许多国家开始重视建立全民阅读工作长效机制，一方面强化政府责任和统筹协调，另一方面加强阅读立法建设。例如，美国推出《卓越阅读法》（1998）、《不让一个孩子落后法案》（2002）；日本推出《关于推进儿童读书活动的法律》（2001）、《关于国民读书年的决议》（2008）；韩国颁布《图书馆及读书振兴法》（1994）、《读书文化振兴法》（2009）；2012年俄罗斯出台《民族

---

① 赵洪生. 春风送暖，书香龙江：黑龙江全民阅读采录[M]. 哈尔滨：黑龙江教育出版社，2015：198.

② 张民生. 先一步高一层的素养研究和培育实践[EB/OL]. [2018-06-19]. http：//www.sohu.com/a/ 236654953_772617.

③ 李清华，孔冬秀. 经典文学阅读与大学生核心素养培养探究[J]. 内蒙古师范大学学报（教育科学版），2018（8）：61-63.

阅读大纲》①；2015年1月1日荷兰推出新版图书馆法②，其中提到图书馆五大核心职能之一是促进阅读。

另外，专业协会和民间机构也充分发挥各自优势，不遗余力地推动阅读。例如，2018年美国图书馆协会（American Library Association，简称ALA）发起全国性的"图书馆=强大社区"（Libraries = Strong Communities）宣传项目。该项目旨在突显高校图书馆、公共图书馆和中小学校图书馆的价值，激发公众对图书馆及图书馆工作人员的价值和资源的重新认识。以美国慈善机构为主体发起的ROR（Reach Out and Read）项目，在美国儿科学会的支持下推广阅读，为美国4500多家医院及诊所0～5岁儿童及其家庭免费提供书籍，并通过医生和义工在候诊室组织读书活动等形式进行阅读技能培训和宣传。

1997年联合国教科文组织发起了"全民阅读"（Reading for All）倡议书。自此，"Reading Promotion"（阅读推广）开始出现在联合国教科文组织、国际图书馆协会联合会、美国国会图书馆、美国国家艺术基金会等倡导全民阅读的各类工作报告中。如国际青年书籍委员会（International Board on Books for Young People，简称IBBY）设置的"IBBY-ASAHI Reading Promotion Award"（IBBY-ASAHI阅读推广奖）就使用了"Reading Promotion"一词，该奖项每两年举办一次，颁发给对阅读推广做出突出贡献的团体或机构。

（二）国内阅读推广开展情况

国际上发出全民阅读倡议之后，我国也迅速响应。1997年1月，中宣部、文化部、新闻出版总署、全国总工会、共青团中央、全国妇联等联合发出《关于在全国组织实施"知识工程"的通知》，启动实施"倡导全民读书，建设阅读社会"的"知识工程"③。2000年，全国"知识工程"领

① 赵霞.新媒体对青少年阅读的影响研究[J].中国青年研究，2014（2）：21-26.
② LANGENDONK A，BROEKHOF K. The Art of Reading：The National Dutch Reading Promotion Program[J]. Public Library Quarterly，2017（4）：23-27.
③ 郝振省，陈威.中国阅读·全民阅读蓝皮书：第1卷[M].北京：中国书籍出版社，2009：5.

导小组把每年12月定为"全民读书月"。在此号召下，各种阅读活动，如读书征文、演讲比赛、文化公益讲座、读书沙龙、主题文化展览、爱书家庭评比等在全国各地如火如荼展开，通过各种阅读形式提高个人素养和民族素质。1997年以来，"阅读推广"一词随着学习型书香社会的建设逐渐成为国内外图书馆界、出版界的一个热词和高频词。这反映了知识经济时代提倡阅读是社会潮流的真实体现。

2005年开始，中国图书馆学会（Library Society of China，简称LSC）每年都会组织举办各种与阅读相关的主题系列活动，倡议各地图书馆利用"4·23世界读书日"，结合五四青年节、"图书馆信息服务宣传周"等集中开展各类读书活动。2006年，中宣部和国家新闻出版总署提出全民阅读活动理念。中国图书馆学会增设了"科普与阅读指导委员会"，深入开展社会阅读活动，如书香中国全民阅读电视晚会、全国书香之家等。这一年国际图联（International Federation of Library Associations and Institutions，简称IFLA）大会将中文列为第6种工作语言，这更加促进中国文化走向世界，扩大与同行交流阅读推广工作经验的机会。

2007年东莞图书馆设置图书自助服务站①，图书馆ATM机分布在城市街头巷尾，供读者自主借还图书。当年，图书自助服务站借还图书达到71 392册次，相当于东莞图书馆全年总借还量的3.7%。此外，东莞图书馆还在集群图书馆业务管理、通借通还服务模式、注重休闲功能等方面做出了积极的探索和尝试，通过技术改进与提高，提升大众自主学习能力，因此2007年和2008年东莞图书馆分别获得第二届文化部创新奖和美国图书馆协会颁发的国际创新奖。在美国图书馆协会颁发的国际创新奖的荣誉证书上这样写道②：

> 因为东莞图书馆打造了一个富有创造性、充满生机、以读者为中心、电子资源丰富的图书馆；因为东莞图书馆采取了特有的

---

① 2010中国图书馆学会年会新闻通稿[EB/OL]. [2010-08-11]. http://www.lsc.org.cn/contents/1168 /628.html.

② 徐黎. 政策是推进公共文化服务深入发展的保障：以东莞图书馆为例[J]. 图书馆理论与实践，2012（9）：94-96，102.

创新服务来满足读者的需要，包括设立"永不关闭的图书馆"和"图书馆ATM"供读者自助借还图书；因为东莞图书馆为市民创立了教育培训中心，通过围绕大家感兴趣的热门主题为大众开设固定的课堂和讲座；也因为东莞举办了东莞动漫节，其中2005年的东莞动漫节吸引了超过300名艺术家和2万多名读者的参与；更因为东莞图书馆还通过高质量的服务和丰富的资源每年吸引逾百万的读者走进图书馆。

东莞图书馆以创新服务诠释了图书馆推动全民阅读的作用。

2008年中国图书馆学会将"促进全民阅读"写进了《图书馆服务宣言》中。2009年中国图书馆学会"科普与阅读指导委员会"正式更名为"阅读推广委员会"，下设"阅读文化研究""推荐书目""藏书与阅读推广""图书馆与社会阅读""阅读与出版""儿童与青少年""大学生阅读推广""经典阅读推广""数字阅读推广""阅读与心理健康""图书评论与阅读推广""图书馆讲坛与培训""社区与乡村阅读推广""科普阅读推广""残疾人阅读""阅读推广理论研究""民族文献阅读推广""阅读史研究""图书馆与家庭阅读""图书馆展览与文创""新媒体阅读推广"等专业委员会，专门用来推动全国性全民阅读活动，开展阅读推广相关活动和研究，并且取得了积极成效。2012年在经典阅读推广委员会工作会议上，委员会主任吴晞讲道①：

> 阅读推广不仅仅是我们的某个专业工作，它关系到世道人心、民风民智、文化传承、人文素养，甚至还关系到我们子孙后代的成长。缘此，我们必须要有强烈的社会责任感和历史使命感，要积极努力，使广大人民群众在创造物质财富的同时，通过读书而拥有丰富高尚的文化生活，营造一个学习型的书香社会。

---

① 王余光，等.图书馆经典阅读推广[M].北京：朝阳出版社，2015：13.

在2013年中国图书馆学会年会上，他再次强调①：

> 通过阅读推广，我们要引导那些不爱读书、没有阅读愿望的人们，让他们走进书籍的殿堂，感受读书的魅力，享受阅读的乐趣，从而加入读书人的行列；要帮助那些阅读有困难的人们，包括少年儿童和阅读障碍者，引领他们顺利走上读书的康庄大道；同时也要向那些原本就热爱读书、热心读书的人们送去指引和服务，使他们多读书、会读书、读好书。这就是我们阅读推广人要做的工作，要实现的目标。

经过多年坚持不懈的倡导和推动，全民阅读活动开展得如火如荼，社会影响日益深远。党和国家领导人大力推广全民阅读，率先垂范做出榜样，并且把全民阅读纳入了法律、法规和政府工作报告。2012年党的十八大报告提出"书香中国"和"开展全民阅读活动"，推动全民阅读；2013年全国两会提出《关于制定实施国家全民阅读战略的提案》；2014年政府工作报告提出"倡导全民阅读"等顶层设计；2018年政府工作报告再次提出"倡导全民阅读，建设学习型社会"。"全民阅读"连续5年写入政府工作报告，标志着全民阅读已上升到国家战略高度，充分表明党和政府对于持续推进全民阅读的高度重视。同时，全民阅读法制化建设也取得积极进展，2018年1月1日起施行《中华人民共和国公共图书馆法》。该法明确规定：公共图书馆应当将推动、引导、服务全民阅读作为重要任务；应当通过开展阅读指导、读书交流、演讲诵读、图书交换共享等活动，推广全民阅读；将阅读推广作为公共图书馆应当免费向社会公众提供的服务之一。可以预期的是，阅读推广必将成为新时代各级

---

① 2013中国图书馆学会年会主题论坛：知识给人力量，阅读引领未来[EB/OL].[2013-11-18]. http://www.lsc.org.cn/contents/1171/497.html.

各类图书馆深化读者服务的重点业务内容①。

党的十九大报告要求"推动建设学习大国","加快建设学习型社会","满足人民过上美好生活的新期待，必须提供丰富的精神食粮"。国家层面出台相应的政策、法规、规范，不仅为开展大众阅读服务提供了政策导向，吸引各种社会力量参与大众阅读服务，更有效保证了大众阅读的健康生态环境，促进大众更加喜欢阅读。如国家新闻出版广电总局携手运营商开展了面向进城务工人员的"书香中国E阅读"工程，还有北京阅读季、书香中国上海周、书香江苏、海南书香节等一大批优质阅读活动。各地也出现了24小时书店，高校图书馆设置24小时开放阅读区，全面支持读者阅读。

中华民族向来重文尚读，有诗书继世、耕读传家的传统。信息化与数字化进程深刻影响甚至改变了信息储存、传播、接受方式，阅读在技术变革条件下有了新的内涵。数字时代，信息传播高效畅通，为全民阅读提供了有力的技术保障。我们可以深入考察新技术条件下的阅读实践，全方位梳理阅读的内涵、形式、内容、手段、需求等，引领阅读，打造特色阅读品牌，培育壮大阅读组织，通过各种阅读形式提高个人素养和民族素质，积极推动全民阅读走进新时代。

二、阅读推广的几个相关问题

（一）阅读推广与图书推广

阅读推广是不是图书推广呢？

有人提出，阅读推广和图书推广概念不同。阅读推广研究的是阅读推广主体"为激发读者阅读兴趣，培养读者阅读习惯，提升读者阅读水平，促进全民阅读所从事的一切工作的总称"②。推广目的在于推广个人阅读

---

① 刘术华,王乐春,雷蕾.以书为媒介的大众阅读互动平台体系结构及其应用[J].图书馆建设，2018（9）：72-77.

② 吴高,韦楠华.我国高校图书馆阅读推广所存在的问题与对策研究[J].图书情报工作，2013（3）：47-51.

经验，指导读者提高阅读能力，发掘阅读的快乐之处[①]。

图书推广则是出版发行部门通过各种媒介向读者传播图书信息的一种商业行为，目的是要扩大图书影响，诱发购买需求，促进图书销售。

（二）阅读推广与导读

阅读推广是不是导读呢？

阅读推广与导读也有区别[②]。导读源于教育，老师了解学生，知道学生该学什么、如何学，因此在教学中老师起着主导作用。正如孔子办学，培养了约三千名学生，虽说有教无类，但也注重因材施教，向弟子们推荐读物，指导弟子们理解和学习内容，这充分证明了导读的教育属性。《论语》中有不少与此相关的记载，例如：

> 陈亢问于伯鱼曰："子亦有异闻乎？"对曰："未也。尝独立，鲤趋而过庭。曰：'学诗乎？'对曰：'未也。''不学诗，无以言。'鲤退而学诗。他日，又独立，鲤趋而过庭。曰：'学礼乎？'对曰：'未也。''不学礼，无以立。'鲤退而学礼。闻斯二者。"
>
> （《论语·季氏》）
>
> 子曰："小子何莫学夫诗？诗，可以兴，可以观，可以群，可以怨。迩之事父，远之事君；多识于鸟兽草木之名。"子谓伯鱼曰："女为《周南》《召南》矣乎？人而不为《周南》《召南》，其犹正墙面而立也与？"
>
> （《论语·阳货》）

当学生有学习需求时，老师在学习方法等方面所给予的指导性活动称为导读。导读更偏重于阅读指导，主要涉及两个方面：

一是关于某一问题有哪些文献可读。借张之洞为劝学而作的《书目答

---

① 陈钰，赵曼娟，毛雁. 大学生阅读推广与校园文化建设[M]. 广州：世界图书广东出版公司，2014：17.

② 王新才. 大学图书馆阅读推广[M]. 北京：朝华出版社，2017：2-3.

问》所述，即"应读何书"。张之洞将书目性质从"资考订"的"著述"转向"供检索"的"选择性书目"[1]，在此基础上回应了书目如何助推学生学习，指示了读书门径。就像图书馆馆藏中有很多图书资料不为人所知、所用，如何选择好书，读者会向馆员发出资料查询请求，馆员利用检索工具为有需求的读者推荐和介绍书目，指导他们选择阅读书籍。清人唐彪在《读书作文谱》的"读书总要"中分析[2]：

> 有当读之书，有当熟读之书，有当看之书，有当再三细看之书，有必当备以资查考之书。书既有正有闲，而正经之中，有精粗高下，有急需不急需之异，故有五等分别也。学者苟不分别当读者何书，当熟读者何书，当看何书，当熟看者何书，则工夫缓急先后俱误矣。至于当备考究之书，苟不备之，则无以查考，学问知识，何从而长哉！
> ……
> 三代、秦、汉之书，全在注解。无注解及注解不确切者，阅读无益也。集成书者，贵乎分类得宜，若不分类及分类不精详者，阅读尤益也。

这其实讲的就是如何选择书目的问题。虽然我们提倡开卷有益，但是对于学习新知识和语言的学生来说，选择一个阅读切入点非常重要，需要老师的指导帮助。

为人找书相对容易，而为书找人，就要困难得多。图书馆很难对所有读者进行调查，明确其文献需求，但有一个相对简单的办法可以使图书馆藏书为更多人所知所用，这就是做阅读推广。

二是关于一定范围的文献资料该如何读，即张之洞所谓"书以何本为

---

① 李满花. 论张之洞《书目答问》的知识观和人才观[J]. 国家图书馆学刊，2018（2）：91–99.

② 张明仁. 古今名人读书法[M]. 北京：商务印书馆，1992：149–153.

善"。导读具有很大的自由度，表达的是作者主观意识情绪情感和客观事物的高度统一，解答关于作者为什么要写这篇文章，文章主题是什么，读者会关心哪些内容。阅读推广则是有明确目标的结构性活动，以跨学科、跨行业的阅读合作来激发读者的阅读兴趣，提升阅读能力，关注语言表现、阅读效率和评价，最终形成阅读价值观和阅读文化。

中国阅读学研究会会长、南京大学教授徐雁在南京师范大学图书馆敬文讲坛上的讲座《最是书香能致远——阅读选择与幸福追求》生动阐释了"读有字书，悟无字理"及"读书欲致知，致知求明理"的阅读精神①。他认为，一个人若要志存高远，必须构建自身的知识结构和做人品性，而书籍无疑是最佳的构建工具。阅读推广可以在一定程度上成为高校校园阅读推广的催化剂，特别是高校图书馆在校园文化建设、推动阅读方面可以起到带头作用。比如，为激发北大学子对于经典书目的阅读兴趣，2017—2018年北京大学网教办联合北京大学图书馆、北京云舒写教育科技有限公司共同举办了北京大学"阅读马拉松活动"。来自不同领域的教授亲自领读，与学子们共同阅读经典。参与学生通过扫描北京大学图书馆微信公众号发布的活动软文二维码或者点击"阅读原文"加入阅读马拉松活动，登录"北京大学图书馆首页→数据库→特色资源库→电子教参书→推荐图书"，提前线上阅读电子书，完成线上马拉松阅读任务，再结合线下沙龙交流，促进自己读书思考。全年阅读活动有李猛教授领读《学术与政治》、黄燎宇教授领读《魔山》、朱青生教授领读《詹森艺术史》、吴飞教授领读《哈姆雷特》、周飞舟教授领读《生育制度》、白建军教授领读《犯罪社会学》、谷裕教授领读《浮士德》、戴锦华教授领读《2666》、毛利华教授领读《改变心理学的40项研究》、韩茂莉教授领读《中国环境史》、柳春蕊副教授领读《曾国藩家书》、张帆教授领读《万历十五年》等。再如，国内外高校广泛开展的"新生共读"计划，学校给所有新生指定一本共同阅读书目，提供相关资源指南，组织阅读推广活动。美国高校"新生

---

① 敬文讲坛. 最是书香能致远：阅读选择与幸福追求[EB/OL]. [2017-05-05]. http: // lib. njnu.edu.cn/ news/ xsbg/20170505/1814.html.

共同阅读计划"、北京农学院"一年一书"、西北工业大学图书馆"书小白阅读养成记"等，都是作为迎新季的主推活动和平台，对大一新生进行集中、较大规模的阅读宣传推广，激发了年轻人的阅读热情，满足了他们的阅读需求，受到广大青年的普遍欢迎。

阅读推广并非意指某种普遍知识的空泛教育，也不代表所有普及教育，在教育目的和功能上，它与专业教育、专门化训练有异。阅读推广是通过传播历史、艺术、文学、哲学等人类文化经典，引发个人阅读兴趣，再加以阅读指导，体现的是共同知识与共同价值，培养的是个人的情感经验和价值判断。可以说，阅读推广在校园通识教育中发挥着不可替代的作用。

阅读推广通常以跨学科、跨行业的阅读合作为主。如美国高校"新生共同阅读计划"由大学图书馆联合多部门合作开展，目的是培养学生的共同价值意识，促进学生与教师及其他员工之间的交流互动，使新生能够尽快融入学校氛围中来。但是，该计划规模庞大，图书馆需要与校内外的其他部门合作才能完成。如威斯康星大学麦迪逊分校的共同阅读计划"Go Big Read"是由前校长卡罗琳（Carolyn）发起的。该计划得到了学校图书馆、校长办公室、大学一年级事务中心、招生办、教务处、可持续发展办公室、校友会、麦迪逊公共图书馆等校内外21个部门和单位的支持。霍普金斯大学每年的"新生共同阅读计划"都由霍普金斯父母基金资助。可见，图书馆与校内外多部门合作才能够保障新生阅读推广活动的有效开展[1]。再如荷兰一项全国性阅读推广计划——"阅读艺术"（The Art of Reading）项目[2]，读者群是0~18岁的儿童和青少年，目的是促进阅读兴趣，提高语言表达能力和减少功能性文盲，2016年近70万名儿童参与。该项目由荷兰国家图书馆协会（VOB）、图书推广基金会（CPNB）、阅读和写作基金会

---

① University of Wisconsin-Madison. Go Big Read[EB/OL]. [2018-08-21]. https：//gobigread.wisc. edu/about-the-program /.

② LANGENDONK A，BROEKHOF K. The Art of Reading： The National Dutch Reading Promotion Program[J]. Public Library Quarterly，2017（4）：293-317.

（The Reading and Writing Foundation）合作执行，通过评价学生阅读行为和教师阅读推广行为来判断项目运作价值。阅读艺术的核心要素是：①阅读环境（材料和行为）；②阅读计划（学校层面的结构性理由、政策和行动计划）；③评价系统（学校图书馆评价）。当地图书馆为学校提供专业支持。"阅读艺术"策略与建议并不是一蹴而就的，它是由语言学、心理学、教育学等学者根据一系列科学研究观点和成果提出的，这些研究包括：①阅读对语言发展影响的研究（Cunningham and Stanovich, 2001；Krashen, 2004）；②学校图书馆对阅读影响的研究（Lance, Welborn and Hamilton-Pennel, 1993）；③英国幼儿启蒙计划的评估研究（Wade and Moore, 2000）；④故事书阅读对儿童发展影响的研究（Bus, Van Ijzendoorn and Pellegrini, 1995； Jordon et al, 2000）。在此基础上，设计出活动结构层次，制定出阅读推广计划，促进儿童和青少年将读书变为一种习惯，提升其阅读写作水平，为阶段学习培养良好的习惯和打下坚实的基础。

上述国内外阅读推广项目、活动的特征正如王辛培在《阅读推广活动机制创新研究》中所指出的，阅读推广是图书馆、出版机构、媒体、网络、政府及相关部门等为培养读者阅读习惯、激发读者阅读兴趣、提升读者阅读水平、促进全民阅读所开展的相关活动和工作[1]。

（三）阅读推广的定义

张怀涛先生在整理分析多位学者观点的基础上，将"阅读推广"界定为[2]：

> "阅读推广"顾名思义就是推广阅读。简言之就是社会组织或个人为促进人们阅读而开展的相关活动，也就是将有益于个人和社会的阅读活动推而广之；详言之就是社会组织或个人，为促进阅读这一人类独有的活动，采用相应的途径和方式，扩展阅读的作用范围，增强阅读的影响力度，使人们更有意愿、更有条件

---

① 王余光，等.图书馆阅读推广基础工作[M].北京：朝华出版社，2015：3.
② 张怀涛.阅读推广的概念与实施[J].河南图书馆学刊，2015（1）：2-5.

参与阅读的文化活动和事业。

王波教授在此基础上又将"阅读推广"的定义重新概括表述为："阅读推广，就是为了推动人人阅读，以提高人类文化素质、提升各民族软实力、加快各国富强和民族振兴的进程为战略目标，而由各国的机构和个人开展的旨在培养民众的阅读兴趣、阅读习惯，提高民众的阅读质量、阅读能力、阅读效果的活动"[①]。

这个定义从四个方面对阅读推广做了阐释，即阅读推广主体、阅读推广客体、阅读推广策略和阅读推广方式。也就是说，谁推广，推广什么，向谁推广和如何推广。

（四）阅读推广的特征

1.阅读推广主体承担起推动阅读的社会责任

从有关阅读推广部门设置、国家顶层的关注及法律文件的支持看，阅读推广关注点是如何满足社会阅读需求，使人人享受到公平的阅读权利。所以，阅读推广主体在打造阅读品牌、扩大活动规模的同时，常会考虑照顾不同阶层社群的需要。公共图书馆是面向全民，提供非专业的图书（包括通俗读物、期刊杂志和参考书籍）、公共信息、互联网的连接及图书馆教育。公共图书馆公共责任的主要内容包括：保障公民权利，促进社会公平，发展文化公益，提高资源利用效率；公共图书馆公共责任的实现，要以公共精神为先导。例如，深圳图书馆一直以市民终身教育为己任，馆长张岩说："图书馆是一座城市的心脏，图书馆人将在履行城市文化使命、推动全民阅读、实现终身文化教育上，做出各自最大的努力。"荷兰阅读基金会自1994年以来，一直负责促进荷兰阅读活动，基金会的目标是促进荷兰语和弗里斯兰语（荷兰的第二官方语言）的阅读。在其政策中，优先考虑年龄达20岁的目标群体。阅读基金会希望确保所有儿童和青少年都有一个良好的阅读环境。正是这种社会责任和使命，世界各国的阅读推广机

---

① 王余光,等.图书馆时尚阅读推广[M].北京：朝华出版社，2015：2.

构在阅读推广策划协调、技术支撑方面发挥了重要作用，保障了阅读的可持续发展。

2.阅读推广是计划性和持续性的过程

阅读推广是一个连续的、有计划的阅读指导过程，具有目标性、系统性、持续性特征。如深圳南书房的经典阅读项目，认为家庭是社会的细胞，鼓励家庭阅读。因此，自2014年开始，深圳图书馆联合中国图书馆学会阅读推广委员会，启动"南书房家庭经典阅读书目"推荐活动[①]，向读者推荐适合家庭阅读与收藏的经典著作。选书的标准注重人文性、经典性和可读性，计划用10年时间推荐300种经典图书。在2014—2017年的"4·23世界读书日"，该书目已连续发布4期，共推荐120种古今中外经典图书，在指导家庭经典阅读、培育城市人文素养、引领深圳乃至全国的阅读风气等方面产生了良好效果。所荐的120种图书，2013年在深圳市"图书馆之城"统一服务平台的总借阅量为5.88万册次，至2017年总借阅量攀升至13.93万册次，是2013年的2.37倍；部分推荐图书如《中华科学文明史》《别逗了，费曼先生》《沉思录》等，外借量增幅较大；部分专业性较强的图书如《艺术发展史》《周易通义》等，经书目推荐后，外借量实现了零的突破；中国古典四大名著《红楼梦》《三国演义》《西游记》《水浒传》备受读者青睐，借阅量连续4年位居前列，其中《红楼梦》更是一直稳居榜首。2018年度书目包含《墨子》《闲情偶寄》《家》《夏洛的网》《时间简史》等30种古今中外经典著作。围绕该书目，深圳图书馆依托《行走南书房》公益阅读杂志开展经典品读，邀请专家学者就书目所荐图书开展主题讲座，举办书目展、图书展览、文艺沙龙、征文比赛、经典诵读等系列活动，邀请公众分享书籍、阅读、文字及文学创作，为读者创造全方位、立体化的阅读体验。2018年"南书房家庭经典阅读书目"主题征文比赛，共收到投稿549篇。此外，"深圳学人·南书房夜话"品牌聚焦传统文化，举办了《七律写法例析》《点铁成金，夺胎换骨——江西诗

---

① 深圳图书馆发布 "2018南书房家庭经典阅读书目" [EB/OL]. [2018-04-27]. http: // www. lsc. org. cn contents /1132/11956.html.

派的句法技巧及芸社习作点评》等专题讲座,解读中国文学与思想之美,增强市民对民族传统文化的了解与认同。

图1-1 南书房家庭经典阅读书目展

3.阅读推广主体采用多种渠道发挥教育功能

利用名人的社会影响力和巨大感召力来宣传图书馆,可以赢得广泛的社会关注和吸引更多的读者。如2011年5月浙江台州图书馆新馆开设"叶文玲文学馆",全面展示浙江当代重要作家叶文玲的人生历程和文学成就,为宣传浙江当代文学创作成果、扩大浙江文学影响、活跃基层文学氛围、倡导全民读书活动发挥了积极作用。

图1-2 叶文玲文学馆

在校园文化建设方面，图书馆可以通过策划固定的读书活动，为读者和馆员提供关于阅读方面的知识与信息。如沈阳师范大学图书馆设立明德讲堂，为读者提供阅读指导。明德讲堂有"大家说文"系列、"明德书话"系列、"明德读书会"系列，旨在提高读者的阅读技能和阅读兴趣，培训馆员的阅读指导能力。

其中，"大家说文"系列邀请知名作家、评论家讲述自己的作品。在讲座中，作者从创作的角度向学生们传授作品思想表达的写作手法，丰富学生的视野，提高学生的文学水平、审美能力、阅读能力和写作能力，教学生用爱与美的眼光看待生活。2018年"大家说文"邀请文学评论家季红真讲授《母语写作的心灵感悟》、作家马晓丽讲授《文学是我的宗教》、作家贺绍俊讲授《感觉、见识、文采——小说的鉴赏和批评》、小说家陈昌平讲授《我们应该怎么谈论小说的真实》、作家鲍尔吉·原野讲授《马的歌谣赏析》。

"明德书话"系列主题则围绕"读书以明德，书香能致远"开展系列讲座，以"书"为题，品经典、谈古今、知书事、阅人生。2018年"明德书话"开展了《读书有道——古人读书方法纵谈》《风雨兴替藏书楼》《气象万千的书房风景》《中国书史漫谈》《一行白鹭上青天——读书人的科举之途》等专题讲座和交流活动。

"明德读书会"系列以"新民明德"为宗旨，传习《大学》中"明德""新民"的精神理念，旨在为每个爱读书的沈师学子搭建交流的平台，为全校师生提供优质主题读书会活动，传大学之风，习读书之道。2018年"明德读书会"品读了《围城》《唐诗三百首》《社会认同过程》《习近平的七年知青岁月》等图书。

此外，还有九江学院图书馆庐山文化特藏室、山东省图书馆"图书馆+书院"公共文化服务、佛山市图书馆39°智能文化家、辽宁省图书馆文溯书房、福建师范大学图书馆陈宝琛书室、临沂市图书馆尼山书院、济宁学院图书馆儒家文化特色阅览室、郑州大学图书馆河南文献特藏室、浙江工业大学之江学院图书馆建筑艺术主题馆、上海交通大学图书馆思源阁、湖北大学图书馆琴园文献中心等等独具特色的人文空间阅读推广活动，均成效显著。

4.阅读推广过程是多种策略的综合运用

在开展阅读推广活动中，巧命名、巧设计、巧推广、巧建立、巧保护等工作，也是提升特色阅读品牌成效的重要手段。

如深圳图书馆2017年联合多馆举办"阅在深秋"公共读书活动，市内10家公共馆和高校馆分设13个阅读区，以"阅读是一种生活方式"为主题，以文献展示、现场阅读、数字资源推介、自由交流等方式，推荐丰富资源，展示图书馆多元文化功能，彰显阅读之美①。金陵图书馆2018年打造了"阅美四季"系列品牌活动，围绕一年四个季节，形成了以主题内容和时间轴为序的四大板块，开展特色分明的主题活动，即：冬季"阅美·迎新"、春季"阅美·书馨"、夏季"阅美·欢欣"、秋季"阅美·悦心"。还有江苏省15所高校共同举办了"阅读·悦人·曰美"经典名著阅读知识竞赛，其命名颇有新意，活动亮点突出。

图书馆馆刊也是图书馆阅读推广的平台和载体，是图书馆阅读推广交流经验和评价成效的窗口。如东莞图书馆有《易读》，武汉大学图书馆有《文华书潮》，中原工学院图书馆有《中原书廊》，南京邮电大学图书馆有《书林驿》，还有阅读推广委员会会刊《今日阅读》等，都是以传播阅读文化和阅读技巧、建设书香校园为办刊定位，以馆刊为平台打造阅读共享空间。

荣获中国图书馆阅读推广类"十佳内刊内报"的东莞图书馆馆刊《易读》，自2011年创刊以来，一直致力于倡导全民阅读推广，将刊物定位为图书馆与阅读界、书业界、读者之间的交流平台。在此基础上又成立了易读书友会，每月定期开展各类主题的读书活动，成为"书香东莞"阅读引领者，指导读者如何在茫茫书海中找书，如何更有效地进行阅读。

党的十九大作出了"中国特色社会主义进入新时代"的重大判断，

① 深圳图书馆2017年度工作报告[EB/OL]. https://www.szlib.org.cn/work-report-article/work-report.html.

向全党发出了"坚定文化自信，推动社会主义文化繁荣兴盛"的伟大号召，强调"没有高度的文化自信，没有文化的繁荣兴盛，就没有中华民族伟大复兴"，必须要"加快建设学习型社会，大力提高国民素质"，"提高国家文化软实力"。阅读推广活动对整个社会阅读习惯的形成有重要影响，这与阅读推广活动的特征密不可分。阅读推广活动的特征主要体现在四个方面：阅读推广主体承担起推动阅读的社会责任、阅读推广具有计划性与持续性、阅读推广主体采用多种渠道发挥教育功能、阅读推广过程是多种策略的综合运用。

第二章

阅读推广主体多元与客体归核

阅读推广是一项社会文化建设的系统工程，需要集合社会各界的力量加以推动，形成人人热爱阅读的社会氛围。阅读推广主客体研究是阅读推广基础理论研究的基础和核心，它涉及阅读推广实践中的一个关键性问题：阅读推广者与接受者的关系问题[1]。这种关系定位直接决定着阅读推广策略的方式、方法和内容。

第一节 阅读推广主体多元化

一、学界对于阅读推广主体的分歧及其分析

在哲学上，不同的哲学家对主体的认识有所不同[2]。阅读推广主体有两层含义：一是与阅读推广"客体"相对应的存在，没有客体就没有主体；二是相对于阅读推广"属性"而言，是属性承担者，是属性所依赖从属的事物的形式。国内在将"阅读推广"泛化使用时，对于"阅读推广"

---

[1] 刘亚玲. 交互主体性：阅读推广主体性研究的新视野[J]. 图书馆，2017（8）：50–53.

[2] 张志伟. 主体概念的历史演变[J]. 教学与研究，1996（5）：66–68.

概念的"主体是谁",学界有着各自不同的界定。

第一,阅读推广的主体是社会组织和个人。

如谢蓉①、赵俊玲②、惠涓澈③等学者相对于阅读推广客体(阅读对象、阅读兴趣、阅读素养等集合)研究认为,图书馆阅读推广主体是指阅读推广的策划者、组织者、实施者和管理者,包括政府、机构、社会组织和个人。英国"国家阅读年"提出了"打造一个举国皆是读书人的国度"的口号④,最重要的活动之一是"送书到学校",教育部、图书馆、演艺明星等都积极参与其中。关于"国家阅读年"的研究成果,得出三个结论:阅读在知识获取中具有关键作用;合作才能取得有效的成果;图书馆是阅读推广的主体。

比如早在1950年代,美国阅读推广工作者认识到阅读的重要性,社会组织和个人都积极支持阅读推广活动,发挥阅读推广主体作用。美国政府建立国家图书委员会,定期举办国家图书周和全国性的阅读推广运动,吸引公众积极参与,在"关于文献的信"运动中⑤,鼓励儿童用书面表达畅谈个人对读书的见解,讲述这些图书给他们的生活带来的影响,懂得写作是为了自我表达和与人交流。在这项活动中,41个地区图书中心参与,4.6万名四至七年级的学生给著名作家写信。儿童认识到写作是交际的工具,它可以使人们分享各种想法。每个州除参与全国性阅读运动外,还结合本州特色开展不同形式的活动。俄亥俄州政府多年开展"图书艺术宣传"计划,其中将阅读推广方案"Into Books"和一个针对7~9岁小学生的电视节目结合起来,鼓励人们在网上、电视上讨论读过的书,从而

① 谢蓉.数字时代图书馆阅读推广模式研究[J].图书馆论坛,2012(3):23-27.

② 赵俊玲,郭腊梅,杨绍志,等.阅读推广:理念·方法·案例[M].北京:国家图书馆出版社,2013:3.

③ 惠涓澈.图书馆阅读微推广:主体要求、客体需求和内容追求[J].图书馆论坛,2015(10):39-42,67.

④ 张新杰.国外阅读推广的实践经验分析及启示[J].南阳理工学院学报,2017(1):114-116.

⑤ 熊瑛.国外阅读推广活动的特点与启示[J].教育进展,2018(5):517-521.

激发学生书面表达的欲望。

德国美因茨阅读基金会也是致力于推动国内青少年公益阅读活动的开展，众多中小学校、出版社、杂志编辑部、图书馆、工会等帮助阅读基金会制定并实施阅读推广方案。通过在幼儿园和中小学校组织朗读活动、定期邀请作家举行图书馆的公共阅读活动、在电视上宣传阅读，提高学生的阅读技能，激发读书热情。

以阅读推广机构为主体的阅读推广活动，通过生动的语言、形象的图画，激发学生内在的语言机制，从而发挥每个学生书面表达的潜能。

第二，接受者主体说。

"接受者主体说"支持者认为，在阅读推广过程中，接受者的角色可能随时转换。主张此种观点的学者认为，这是一种交互主体性表现，即接受者兼具主体与客体双重身份①。主客体角色的确定，基于活动参与者是否具有主观能动性。参与者积极主动参与活动，也就成了活动的主体；如果缺乏主动性，被动参与活动，那就是客体。阅读推广活动是一个动态的过程，参与者存在由被动变主动的转变。阅读推广活动的目的，在一定意义上就是实现参与者角色置换。在虚拟网络等新技术环境下，读者也可能成为家庭和社区阅读推广的主体。

第三，泛主体说。

主张"泛主体说"的学者认为，阅读推广主体是指一切具备主动传播文献信息资源、组织参与或策划实施阅读推广活动的承担者，它既包括阅读推广者，也包括以信息自由为逻辑起点的接受者②。阅读推广者与接受者构成了阅读推广的共同存在的主体，两者之间的关系是建立在平等对话基础上的协同关系③。

---

① 朱芳辉. 交互主体性思维观照下阅读推广主客体关系的再思考[J]. 佳木斯职业学院学报，2018（2）：466-467.
② 刘亚玲. 交互主体性：阅读推广主体性研究的新视野[J]. 图书馆，2017（8）：51.
③ 朱芳辉. 交互主体性思维观照下阅读推广主客体关系的再思考[J]. 佳木斯职业学院学报，2018（2）：467.

前两种主体认识观点都认为，主体是能动地自主地认识和改造客体活动的发动者和承担者。而第三种观点对主体给出了相当模糊的界定。

通常我们认为，主体地位是指主体是实践—认识活动的承担者。主体作用就是"把对象性活动施加于客体，使客体按照主体的需要和目的发生改变的主导作用"①。

白君礼在《论图书馆阅读推广主体概念和研究的意义》中提出：阅读推广主体是阅读能动地自主地实践—认识活动的承担者，包括个体（业界往往称为阅读推广人，包括馆员、作家、教师等）、群体、组织（如政府、图书馆、学会组织、政府、学校等）。阅读推广实践活动是合规律性和合目的性的活动，阅读推广实践活动是把"目的"对象化，使阅读推广理想得以实现②。我们现在身处知识经济时代，一切竞争都以知识为基础，而一切知识的基础都始于阅读，自上而下开展阅读推广活动已被纳入社会发展规划，阅读推广主体通过成立全民阅读促进委员会、设立国家阅读节、推动书目编制、支持举办共读活动等，逐步消除基础阅读资源的鸿沟、视野眼界的鸿沟、阅读理解能力的鸿沟、思辨能力的鸿沟，使民众自由阅读，获得成长与进步。当然，主体是不断生成的，阅读推广人是在与他人、自然环境、社会生活、历史文化等方面沟通、交流、对话，从而寻求获得自身存在价值和生活的意义。

二、国内外阅读推广主体多元化的阅读推动策略及模式

（一）各国政府推动阅读

世界各国都在助推全民阅读运动，将培养民众具备良好的阅读习惯、提升个人的阅读素养视为一项国家工程，纷纷由政府通过立法，制定一系列政策规划、方案等，采用广泛性、多元化的阅读推广模式，自上而下向全国推行开来，旨在提高本国的全民阅读风气，提升本国民众

---

① 沈晓珊，李林昆.主体性概念试析[J].哲学动态，1991（8）：20-23.

② 白君礼，张芬.论图书馆阅读推广主体概念和研究的意义[J].图书馆，2017（7）：49-55.

的阅读能力。

比如，2001年日本公布和实施了《儿童阅读推进法》，立法的目的是确定儿童阅读推进法的基本概念、思想，清楚明确地表达了对儿童阅读重视的意见。该法在明确指出国家、地方公共团体对阅读推广的义务、责任和使命的同时，从切合实际需求的角度出发，确定能够推动儿童阅读相关的必要事项，全面而有计划地推进执行与儿童阅读有关的政策。2005年7月，日本又通过了《文字、活字文化振兴法》，并于同月开始实施。该法的主要内容之一是推进国语教育、阅读推广，认识国语教育和阅读推广的重要性和重要意义；该法还将读书周的第一天10月27日设立为"文字、活字文化日"。

2002年奥地利开始实施本国的"能读才能学"计划[①]，要求小学必须推广执行阅读测验及阅读辅导等措施行动，以减少儿童阅读障碍的比例，父母、儿童及教师必须全面介入，参与其中。

韩国于1994年制定了《图书馆与读书振兴法》。2006年12月29日通过的《阅读文化振兴法》规定：文化体育观光部为国民阅读推广的官方机构，每五年需制定一份比较全面的读书文化振兴中长远计划；读书振兴委员会指导和推动国民阅读，开展丰富多彩的阅读推广活动；规定中央和地方政府必须为全体国民提供均等的阅读教育机会；明确社区、学校等机构在推行全民阅读中的责任、义务和使命[②]。

2006年俄罗斯联邦出版、广播电视和公众媒体传播部与俄罗斯图书联盟一起共同制定发布了《国家支持与发展阅读纲要》，在具体实施上由政府给予财力和政策上的大力支持与保障[③]。

2018年1月1日起我国施行《中华人民共和国公共图书馆法》，这是中

---

① 闫伟东. 国外政府及图书馆的多元化推动阅读策略及模式[J]. 图书与情报，2013（1）：58–64.

② 李蕊，赵俊玲. 韩国社会阅读推广的主要政策和模式[J]. 襄阳职业技术学院学报，2014（4）：129–133.

③ 杨状振. 俄罗斯图书出版发行业的市场化道路[J]. 中国图书评论，2009（11）：48–55.

国第一部图书馆专门法，是为了加强对公共图书馆的管理，推进公共图书馆事业的发展，较好地保障人民群众的公共读书阅览权利而制定的法律。

除了制定相关法律外，很多政府部门还开展了声势浩大的阅读活动。国家一系列的阅读推动方案也显示出，阅读在创新推动社会进步和经济发展中的重要作用。其中，阅读节是各国开展大型阅读推广活动的重要方式和途径，具有类型多样、思想层次丰富、全方位、多角度的特点。如1998年英国政府首次推出"阅读年"概念，发动学校、家庭、图书馆、企业、媒体，共同推动阅读运动。目前，英、美、日、韩等国家采用"阅读年"形式推广国民阅读，对全民阅读社会氛围的营造起到极大的推动作用。美国最杰出的文学活动之一"美国国家图书节"始于2001年，其理念为"热爱书籍和阅读、关心社会、关爱儿童"，"得到了社会的广泛认同，获得了大批赞助者、合作者和公众的支持"[①]。从主题内容来看，这项活动可以分为三大主题：文学与诗歌（Literature & Poems）、讲故事（Storytelling）、古旧书（Antiquarian）。在美国，国家图书节已成为推崇文学的象征，获得了社会公众的支持和认可，成为美国最受欢迎、最有影响力、最有感召力的图书阅读推广活动。

（二）组织机构推动阅读

在阅读推广组织体系中，上至政府下至组织机构或个人团体，都是阅读推广的推手，并且创新发展出不同的模式或特色阅读推广形式。

国际图联（IFLA）一直致力于提升民众的阅读素养，成立了阅读和素养分委员会，专门在素养和阅读方面进行深入研究和实践，制定了《基于图书馆的素养项目：图书馆员指南》（Using Research to Promote Literacy and Reading in Libraries： Guidelines for Librarians）、《易读材料指南》（Guidelines for Easy-to-Read Materials）等多项指南，为开展阅读推广的机构提供大量实用性建议。

德国阅读基金会首席执行官约克·马斯（Joerg F. Maas）说："整个社

---

① 许欢,傅一程.流动的书香盛宴：以阅读节为锚点的美国阅读推广研究[J].大学图书馆学报，2017（5）：86-93.

会开始认识到，教育不只是国家的一种责任，也是家庭的一种责任。我们的活动要对公众舆论和个人行为产生影响。这些活动必须有持续性、规模性以及最大的营销效果，即让全德国的人都知道活动与每个家庭都有联系。"[1]2018年，阅读基金会启动了第一次全国性的宣传活动，引入一个新的口号："一切从阅读出发"（It all starts with reading），无论年轻人想实现怎样的人生，阅读技能都将引领他们启航并走得更远。其中最受欢迎的活动是11月的全国"朗读日"（Reading Aloud Day），有数以万计的志愿者、孩子父母和教育工作者都选择一个故事，在公共场合与读者共读。还有4月的"世界阅读日"，超过100万名四至五年级的学生都可以在当地书店免费领到一本童书，与老师一起阅读。此外，美国佛罗里达州政府在佛罗里达州立大学设立佛罗里达阅读研究中心（FCRR）[2]，为佛州各级学校及州政府教育局提供政策支持和后援支持，提升学前儿童及小学生的阅读能力。英国的阅读推动机构国家读写信托组织（National Literacy Trust，简称NLT），针对不同年龄阶段人群开展不同侧重点的阅读推广活动，以提升全民的阅读能力。澳大利亚青年阅读中心，致力于青少年阅读素养发展与阅读推广，以提高青少年对阅读的重视。

在我国，中国图书馆学会（Library Society of China，简称LSC）作为党和政府联系图书馆工作者的纽带，是引导图书馆行业全面推动科技进步、发展我国图书馆事业的重要社会力量。该学会倡导学术公正、独立和创新，繁荣学术研究。该学会通过促进行业联动和全国联动，将各种优质资源惠及全国图书馆和读者。比如，开展"我的书房故事"征集活动，2018年1月组织动员全国各级各类图书馆及有关单位联合开展"同筑中国梦，共度书香年"春节主题活动，面向全国各图书馆开展"阅读之美，美若初见"全民阅读与图书馆公共教育活动推广项目。

---

[1] 德国阅读基金会：推动全民阅读30年[EB/OL]. [2018-04-24]. http://www.cbbr.com.cn/article/ 121315.html.

[2] 闫伟东. 国外政府及图书馆的多元化推动阅读策略及模式[J]. 图书与情报，2013（1）：58-64.

2018年中国图书馆学会阅读推广委员会发起并与全国各城市图书馆及其他阅读机构共同开展了一项公益数字阅读推广活动——"扫码看书，百城共读"。

图2-1 "扫码看书，百城共读"活动宣传

图片来源："扫码看书，百城共读"活动页面，http://smks.lib-read.org/poster.jsp

内容是大众阅读的关键资源，也是大众阅读的起始环节。清代学者王鸣盛在《十七史商榷》中说："目录明，方可读书；不明，终是乱读。"[①]书目在阅读的过程中起着十分重要的作用。随着出版繁荣，"我国每年有30多万种中文图书出版"，面对种类繁多的书籍，"不会选、不会读"已成为一般读者阅读的障碍[②]。由此可见，阅读需要引导、带动，而推荐书目正是阅读选择过程中的重要辅助工具。"扫码看书，百城共读"活动成立书目推荐专家小组，结合时事和历史事件，适当推出针对不同对象的专题，优选重点书目，满足不同人群的爱好和需求。

"扫码看书，百城共读"阅读推广活动因势利导编制推荐书目，如第一期书目有《给孩子的诗》《听南怀瑾谈人生哲学》《勇气》《动物庄

---

① 马育敏. 高校图书馆如何推荐书目[J]. 河南商业高等专科学校学报，2003（5）：96-97.

② 李宁. 书目推荐与阅读推广[J]. 长江丛刊，2018（1）：184.

园（插图珍藏纪念版）》《发现孩子的潜能》《中国，再启动》《成大事者不纠结》《未来中国的变与不变：新秩序如何影响我们的生活？》《最贤的妻，最才的女：杨绛传》等。12期推荐书目共推荐图书108种，涉及领域非常广泛。从推荐书目可见，活动的原则体现的是图书的全面性、可读性、综合性，其"内容涵盖文学、人文社会科学、科学和家庭生活诸方面"，"注重经典性与通俗性、畅销性的统一"[1]。

图2-2　"扫码看书，百城共读"第一期书目

资料来源："扫码看书，百城共读"第一期书目信息，http://smks.lib-read.org/book.jsp

---

[1] 张盈芳.论家庭阅读书目的编制[J].图书与情报，2017（2）：17-22.

随着技术的不断进步，尤其是进入电子传播时代以来，数字电视、移动终端、手机等各种新兴媒体如雨后春笋般出现，当今社会已经进入一个读"屏"的世界。由于受到阅读群体地域覆盖面广、个人阅读习惯和阅读爱好的影响，人们的阅读方式也有一定改变。"扫码看书，百城共读"活动书目以电子图书和二维码扫描识别阅读图书内容为活动形式和阅读方式，利用海报宣传、名人形象推广、新媒体专题报道等方式，把在线阅览地址二维码的电子图书信息通过网站、手机推送到读者身旁，读者利用智能手机或平板电脑等，扫描二维码，即可识别并在线阅读电子图书全文，或通过移动终端APP（应用程序）就可下载图书全文阅读①。

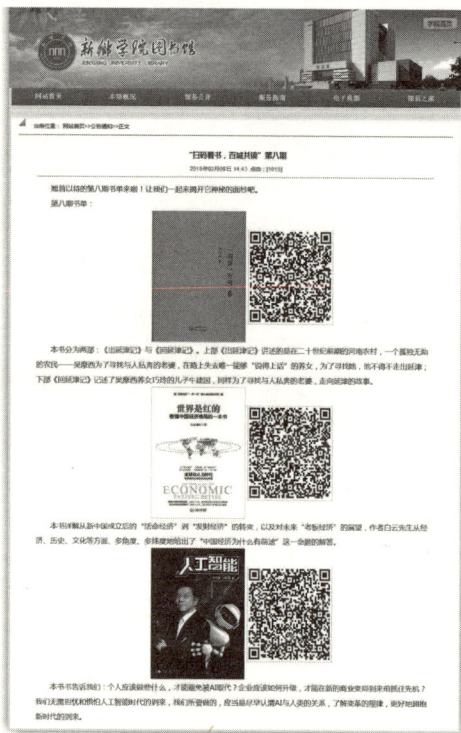

图2-3　新乡学院图书馆"扫码看书，百城共读"活动页面截屏

---

① 银晶.聆听的魅力：有声读物推广实践活动及实证分析[J].图书馆理论与实践，2018（5）：33-37.

（三）图书馆界引领并助推阅读运动

维护民众自由阅读的权利、推动阅读运动，也是图书馆的责任。在阅读运动中，图书馆能够免费为民众提供阅读资源及阅读空间，开展一系列多元的阅读推广活动，激发民众阅读兴趣、培养民众阅读习惯、满足民众阅读需求。

1.公共图书馆

公共图书馆是面向大众履行公共服务职能的文化教育机构，是国民继续教育和阅读的重要基地，是倡导和推进全民阅读最主要、最有力的组织者和实施者，是推进全民阅读的重要力量。它的社会职能主要有：保存人类的文化遗产、开展社会教育、传递科学情报和开发智力资源。其中，倡导阅读是图书馆开展社会教育的一个重要方面。公共图书馆因其服务人群的多样性而决定了其阅读推广活动的多样性，有面向儿童、青少年、成年人、老年人等群体的阅读活动。同时，图书馆界作为一个整体，致力于整个社会阅读意识和能力的培养。

国外公共图书馆在推动全民阅读运动中发挥着非常重要的作用，策划组织了众多的全民性阅读活动。如英国、美国"夏季阅读挑战""暑期阅读运动"是针对儿童所举行的一项长期阅读推广活动，图书馆在每年的暑假设计众多活动来为儿童阅读营造氛围。以纽约州为例，2011年有1 100多所图书馆提供暑期阅读项目，参与的人数也从2000年的34万人攀升至2011年的160多万人[①]。

在我国，作为大众阅读互动平台的主要阅读示范基地，国家图书馆从2015年1月开始启动新媒体的应用示范工作，进一步加强文化传承和社会服务功能。如2019年为营造新春佳节欢乐祥和的节日气氛，国家图书馆和中国图书馆学会联合全国各级各类图书馆及有关单位开展"畅读经典，欢度新年"春节主题活动，将国家图书馆优质文化和学术资源惠及全国图书馆和读者。国家图书馆制作了专题网站、微信公众号作为大众阅读互动平台，并在平台

---

① 闫伟东. 国外政府及图书馆的多元化推动阅读策略及模式[J]. 图书与情报，2013（1）：58-64.

上整合定制中国年俗文化活动春节资源库，包括展览、楹联文化古籍电子版、精选楹联、专题讲座等多个富有特色的阅读宣传活动板块。阅读互动平台的推广应用也整合了读者、学术界、出版界、图书馆界的各方信息，打造图书信息资源生产、消费、服务共同发展的绿色阅读生态圈。

从2018年2月1日开始，通过国家图书馆手机门户网站、微信公众号、国家图书馆APP等移动终端都可以访问参与"书香暖春意，新年话年俗"阅读推广活动。国家图书馆的这项活动历时一个月，以中国传统佳节春节为主题，将历史典故、民俗故事等知识性内容融入注重趣味性和娱乐性的活动之中，润物细无声地传达了民族精神和传统文化内涵。（见图2-4）活动页面设计采用了大量中国元素，营造阖家团圆、喜庆祥和的节日氛围。进入活动页面，是传统中国庭院大门。在完成贴春联仪式后，推门即可进入活动主页面。活动以传统花灯"走马灯"呈现分项内容，"走马灯"旋转则呈现一个个灯面，每个灯面上有一个与春节相关的民俗故事。腊八、祭祖、贴春联、吃年饭、拜年、迎财神、赏花灯等一一呈现，浓浓的年味尽在其中。

图2-4　中国国家图书馆微信公众号推文"书香暖春意，新年话年俗"活动页面

同时，中国国家图书馆还契合节庆时间段，将图书、慕课视频等内容放置在专栏内并加以整合，读者可以在线阅读和观看。电子图书有《普天

欢庆春节》《每天读一点民俗文化常识》《生肖童谣》《春联对联大观》《中国吉祥物》等，慕课有《春节礼俗与古代中国人的和谐理念》《春节与民俗》等。（见图2-5）

图2-5　中国国家图书馆微信公众号推文"书香暖春意，新年话年俗"电子书、慕课

　　活动还特别设计"捉吉祥金猪，赢新年祝福"游戏。游戏紧扣活动主题，在游戏过程中，页面会推送过年的吉祥语给读者，祝福不断，好运连连。读者在娱乐放松的同时，也收获了一份新春的祝福与喜庆。

图2-6　中国国家图书馆微信公众号推文"书香暖春意，新年话年俗"游戏页面

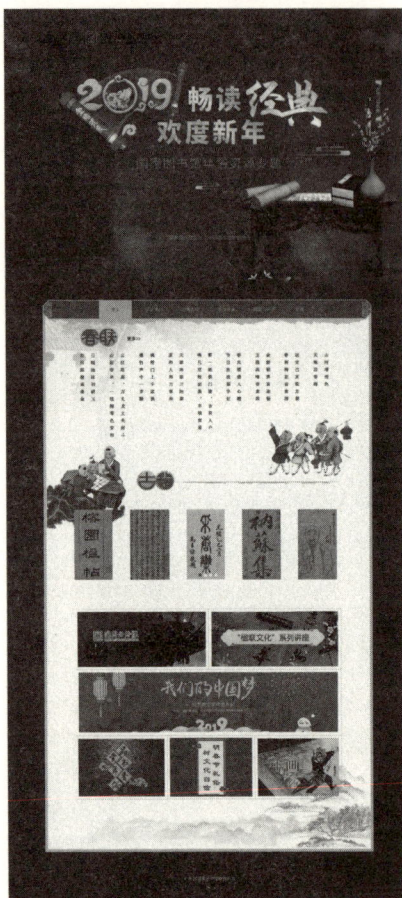

图2-7　中国国家图书馆"畅读经典，欢度新年"年俗资源专题

国家图书馆网站、微信公众平台同步整合了电子图书展览、楹联文化古籍电子版、精选楹联以及专题讲座等形式多样的阅读推广活动，以优秀图书阅读交流为中心，利用新媒体优势，引导深度阅读。

2．高校图书馆

阅读是一个复杂的心理过程，读者需要有阅读动机、阅读兴趣。读者的阅读兴趣受两个方面的影响：一是自身因素，包括自身探求未知的欲望、知识背景、知识结构、学习经历等；二是环境条件，如家庭环境、资源丰富程度、阅读环境、学习氛围等。自身因素是基础，是阅读兴趣的决定性方面；环境因素是外部条件，通过自身因素而起作用。两者相互作用，相互推动，缺一不可。在两者的关系中，环境是外部条件，在阅读发展中具有重要的作用。如我们熟悉的传统读书故事"凿壁偷光"，说明再强烈的阅读动力也需要基本的环境条件。图书馆作为高校图情服务的组织机构，具有培育读者信息素养、养成终身学习习惯及促进个人自由发展等方面的职责和功能。积极主动地通过阅读推广活动来激发学生的阅读兴趣，是高校图书馆服务育人的重要内容。

高校图书馆的阅览环境评价指标包括图书馆的馆舍环境舒适度、资源丰富程度、服务设施是否到位、文化氛围营造以及学科服务情况。为了能有效地对师生读者产生持续的影响力，国内外高校图书馆都从馆舍、资源、服务、设施、氛围、格调等方面为读者创建文化多元、视觉统一的阅读环境，形成符合图书馆理念定位的个性和风格，希望读者在此可以像在自己家的客厅或书房一样身心放松地阅读。

以美国麻省理工学院人文与科学图书馆为例，其内部空间有许多设计，明亮典雅，营造出安然、舒适、自在的阅读氛围。室内装饰的主色调采用的是较为清冷、安静的颜色。

图2-8 美国麻省理工学院人文与科学图书馆

图2-9 美国麻省理工学院人文与科学图书馆

吊顶采用的是能降低噪声的软质材料，有利于创造安静的阅读环境。环境设计力求做到在安静与有声之间、静止与互动之间、思考与讨论之间达到较好的均衡；螺旋形的书库设计让读者可以更方便地找到自己想要的书籍。

图2-10　美国麻省理工学院人文与科学图书馆

同时，注重读者对图书馆建筑风格、环境、装饰、家具等方面的视觉体验，利用自然景观或物质技术手段创造出借景、对景等视觉效果。例如，馆内设有宽大的落地窗，读者看书累了，一抬头便能看见学校的绿色草坪和中央广场。自然环境与馆内空间环境相得益彰、相辅相成，带给读者舒适愉快的体验。

图2-11　美国麻省理工学院人文与科学图书馆

图2-12 美国麻省理工学院人文与科学图书馆

我国高校图书馆也非常重视馆舍内部的空间环境设计,通过家具布置、色彩装饰、空间布局等各种形式营造和谐舒适、温馨高雅的阅读环境。例如,上海交通大学图书馆在馆内合理地利用空间,进行功能区域划分,每个区域的功能既有所侧重,又互相融合。

图2-13 上海交通大学图书馆

图2-14 上海交通大学图书馆

上海交通大学图书馆内设有阅览区域、咨询台、自助借还系统、小组学习室、多功能会议厅等,充分体现图书馆功能。温馨的环境设计和人性化管理模式将读者引入一个文化气息浓郁的学习氛围中。

图2-15　上海交通大学图书馆咨询台

图2-16　上海交通大学图书馆独立研讨区

　　此外，馆内还设有特藏区域，对资源建档管理，支持其档案保存功能；集中的陈展区域，体现博物馆功能，同时展览以科学与艺术结合为脉络，有序分布在其他区域中，遍布全馆；科技和美感特色在各区域交叉体现。

图2-17　上海交通大学图书馆

图2-18　上海交通大学图书馆

　　除美化阅览环境外，各图书馆经过多年的积累，在阅读推广活动中积累了丰富的经验。河北师范大学图书馆开展的活动项目达几十种，既有征文、演讲、讲座、读书沙龙、读书交流会等传统阅读推广方式，也有利用互联网技术的QQ、微博、微信等新媒体平台和网站的阅读推广项目。该校开展的"二维码之旅""移动图书馆""新技术环境下的经典阅读""超Pad体验"等系列活动，通过整合图书馆资源，向读者推送信息，读者可在平台上交流互动。这些活动不仅提高了图书馆的资源利用率，促进了图情服务水平和能力的提升，而且激发了读者的阅读热情。

河北师范大学图书馆开展的"学期加假期"[①]活动,实现了"学期""假期"不断档,将阅读推广活动在年度内整体安排,真正做到了图情服务全天候无空当。"学期加假期"全年工作涵盖了读书月、暑假、新生入校、毕业生离校等几个关键时间节点,穿插阅读情况统计分析、"半小时讲座"、"书香暑假"、"盟府讲堂"、书展等品牌活动,将全年的阅读推广活动贯穿起来,线条清晰,主题鲜明。

河北师范大学图书馆阅读推广活动最具特色的是"书香暑假"。图书馆通过整合资源,联合书商、数据服务商在暑假假期为学生读者服务,开展阅读推广活动。

2014年暑假,联合中文图书数据商面向学生开展数据库(平台)推广,为激发学生读者参与热情,图书馆策划并成功举办了"书香暑假"征文活动。

2015年暑假,联合外文图书数据商面向学生开展数据库(平台)推广,图书馆联合专业教师和具有一定科研水平的研究生,共同策划组织了"换一种语言读世界"英语书评征文活动。

2016年"书香暑假"举办了"寻找失落的宝藏"征文活动。

2018年暑假前夕,图书馆推荐了11本图书馆收藏的优秀科学作品给全校读者,策划组织了"读世界·科学篇"征文活动,读者可以选择与科学有关的图书、电影等,撰写书评、影评。这些假期共读活动对开阔学生的学术视野大有裨益。河北师大图书馆充分整合现有资源,积极开展阅读推广活动,积累了许多值得借鉴的阅读推广经验。

如上所述,阅读推广活动需要注重与业界多元合作。国外图书馆多主动出击,积极与政府、媒体、出版商、学校、家庭、企业等机构建立多元合作关系,共同策划和举办阅读推广活动。目前,我国图书馆界逐渐树立了跨机构多元合作的意识,通过制定整体性的规划,整合各方的资源,发挥各自的优势,以取得阅读推广的组合效益。如中原工学院图书馆以"读

---

① 张彦洁.立足师范特色致力阅读推广:以河北师范大学图书馆为例[J].图书馆理论与实践,2016(9):14-16.

书节"为平台，开展名师专题报告，联合省内多家出版机构，举办"精品图书进校园"活动，成立"爱心书屋"，为困难学生发放爱心书卡，开启免费领取图书的"绿色通道"①。通过送书进校园、学生推荐图书等活动，出版机构和图书供应商获得了大量市场信息，相关数据为今后的工作提供了依据。各方齐心协力为共同的目标努力工作，结果一定是多方共赢，共同成长。在社会化分工不断完善的今天，图书馆不再是过去的象牙塔，图书情报业是由出版机构、图书服务商、数据服务商、软件及设备制造商与图书馆共同推进发展的事业。图书馆处于多方力量汇集的枢纽位置，有条件整合资源、团结力量做出更大的成绩。

（四）出版传媒推动阅读

大众传媒机构泛指传递新闻信息的载体，是报纸、通讯社、广播、电视、新闻纪录影片和新闻性期刊的总称②。大众传媒机构阅读推广影响力最强的方式是用丰富的电视手段传递书中的精华和信息。大众分享好书的栏目，如央视《读书》，在节目中邀请爱书人士与观众分享读书的快乐，同时解读和推荐好书。此外，还有烟台网络广播电视台的《我爱读书》、广西网络广播电视台的阅读频道、凤凰卫视的《开卷八分钟》等栏目为听众输送精神食粮，聚集了一大批喜爱阅读的朋友，带动民众读好书、好读书。除了电视栏目，还有很多阅读类报纸和刊物，如《中国图书评论》《文汇读书周报》《博览群书》《中国图书商报》《图书馆报》等，这些报纸和刊物或推荐读物，或展示阅读心得，从不同侧面推动阅读。

韩生华③2017年用半年多的时间以北京某高校100名不同年级、不同专业的大学生为对象，就主题出版与主题阅读现状做了深入的调查研究。调查显示，大学生"对主题出版市场并不了解，主要依靠图书销售排行榜、

① 叶范.无情岁月增中减，有味诗书苦后甜：中国阅读学研究会所授"书香校园"阅读推广活动综述[J].山东图书馆学刊，2014（6）：116-119.

② 王余光.图书馆阅读推广基础工作[M].北京：朝华出版社，2015：211.

③ 韩生华.从一次调查管窥大学生主题阅读及出版现状[J].中国出版，2018（3）：20-22.

书评、书名等选择购买目标"。调研中还发现，低年级大学生对主题出版物更有热情，这表明刚刚进入大学的学生独立思考、自我管理、自我塑造的能力还不强，迫切希望通过阅读主题图书塑造并提升自己。可见，除了学校开展各种形式的推荐或读书活动满足他们的需求，出版企业也需要有针对性地加大宣传力度，将好书在校园广而告之。在这方面，人民文学出版社已经走在前列。根据不同的读者需求，人民文学出版社打造多版本诗词文化赏读读物《经典咏流传》系列图书，通过纸质图书的出版，将"经典"镌刻，同时运用AR等多媒体融合技术，覆盖所有年龄层读者，让更多的人听歌学诗，扩展他们的阅读视野，最终实现经典诗词在空间和时间上的双"流传"。在宣传上，2019年1月联合中央广播电视总台央视综合频道播出大型诗词音乐节目《经典咏流传》第二季。传统文化与现代音乐结合，近百位传唱人和诗以歌，用现代的唱法和曲调来演绎千年优良文化。通过鉴赏团成员的专业点评和讲解，挖掘诗词的文化内涵和人文价值，为现代文明追本溯源。这项活动在普通观众中引起了广泛的好评和讨论，节目微信公众平台文章的阅读量和点击量屡创新高，"10万+"文章就有130多篇。观众在轻松愉快的氛围下进入古诗词的学习，有利于个人阅读素养的培育。

（五）读书机构推动阅读

除了政府以及图书馆这样的专门机构倡导阅读、创造阅读条件，公益阅读推广组织、专业阅读推广人、民间读书会和沙龙、志愿者团体、书评人、独立阅读推广人等，都是优秀民族文化传统的传承者和守望人[1]。

读书会作为一种以阅读兴趣为导向的阅读群体，可以很好地解决阅读深度和阅读积极性的问题，同时可以弥补阅读扩展的问题。东莞图书馆易读书友会，组织线上讨论和线下分享活动，共举办各类读书会40多期。同时，易读书友会还积极联合东莞其他读书会，或共同开展读书活动，或提供读书分享平台。河北大学支持举办"莲池读书会"等与阅读有关的活

---

① 吴晞.清话书林：图书馆的故事[M].北京：社会科学文献出版社，2015：188.

动，将书籍与校园实践活动相结合，让更多的学生参与到阅读好书的活动中来，提高校内学生的素养并改善学校的人文教育。青岛农业大学思享读书会曾邀请青年作家进校园开展图书分享交流。

在读书会中，会员可以根据自己的特点和时间自由安排活动参与程度，主动性强，互动性好，可以利用广泛的讨论空间，进行交流与讨论①。比如，2013年山西省青联委员发起了青莲读书会②。"青莲"谐音"青联"和"清廉"，青莲读书会重视品牌的培育，提出"旨在团结求上进、有追求、爱读书、肯学习的青年朋友，落实爱读书、读好书、善读书的要求，让青年得到智慧启发、滋养浩然之气"的口号。先后邀请诸多名家讲学，积极参与高校文化建设，并与山西大学、中北大学、太原理工大学、太原师范学院、太原科技大学以及山西省图书馆、山西省博物院等多家文化单位举办学习分享，文化名家热心推广阅读，参与者甚众。阅读推广活动内容涵盖读书、国学、公益、环保、中医、家风、节气、美食、媒体等多个领域，各具特点，大大开阔了青年的阅读视野。还在阳泉市郊区石板片村、朔州市朔城区上团堡村等建立了首批10个"青莲农家书屋"，与朔州市图书馆等单位发起"家庭图书馆"，促进了广大青年的成长成才。同时，充分利用微信公众号"青莲读书会"服务平台，设置"青春党建""青莲学习""青莲之声""青莲公益"栏目，坚持推广正能量，已经成为广大青年的良师益友。

"云之上读书会"作为阅读爱好者发起成立的读书会，提出了"共读、共享、共成长"的口号，邀请成年人与孩子共同贡献出自己的阅读力量。北京菱来小院读书会以"共读共学，以读促写"为宗旨，开展了形式多样的读书交流、文学创作及征文活动，营造了良好的阅读氛围、学习氛围、写作氛围，形成了具有文化特色的庭院式读书品牌。卫生健康青年读书会是为落实中央国家机关团工委有关加强青年自组织工作要求，进一步

---

① 刘涵.高校阅读推广模式创新研究[J].办公室业务，2018（3）：158-159.

② 青莲读书会[EB/OL]. https://baike.baidu.com/item/青莲读书会/20213357?fr=aladdin.

加强国家卫生健康委员会直属机关团员青年思想教育而组建的读书组织，是卫生行业青年践行党的十九大报告提出的"健康中国"战略的重点抓手之一，它在全民阅读风尚中应运而生，营造了浓厚的读书学习氛围，引导激励广大卫生健康行业青年积极投身健康中国建设，不断向广大人民群众传播健康正能量。

以读书分享、座谈讲座、知识竞赛、文化素养展示为载体，读书机构开展了一系列活动，将聆听、交流、阅读和分享融为一体。通过这些活动，读者不仅丰富了自己的文化底蕴，而且提高了自身素养，实现了思想碰撞交融。

第二节 阅读推广客体归核化——回归核心

一、阅读推广客体是实践—认识主体活动的对象

客体指外界事物，是主体的认识对象和活动对象。辩证唯物主义认识论认为，人的活动首要是认识活动和实践活动。因此，主体和客体也有认识主体和认识客体、实践主体和实践客体。认识主体和实践主体在现实中都是社会性的人，只有实际从事社会性认识活动和实践活动的人才能成为主体。认识客体和实践客体，主要是外部客观世界中的各种事物，只有进入人的认识活动和实践活动范围、与主体成为对立两极的事物才能成为客体。此外，认识客体与实践客体也有所不同。实践客体都是物质性的存在对象，而认识客体却包括观念性存在，甚至直接就是认识本身①。

我们一般将阅读推广的客体解释为阅读推广的阅读读物，这种理解并不全面。客体既有物质（如文献信息资源、图书资源、阅读设施等），也有精神（如阅读推广意识、理念、观点），还有阅读能力、阅读兴趣、推

---

① 杨生枝.走进哲学世界：下册 [M].西安：陕西人民出版社，2015：385.

厂对象（即阅读推广项目的目标群体）。"每一项阅读推广项目都必须清楚地分析其推广对象的需求、目的"[1]，才能有针对性地策划出推广主题符合其目标群体特点的阅读活动，使读者阅读需求、目的和动机达到最大限度的满足。

1984年，日本学者伊丹敬之在《经营战略的内在逻辑》一书中强调，企业战略上的"集中"可以产生企业活动的"核"或"中心"，并且可以产生波及效应，提高企业组织的效率[2]。

过去，阅读推广主体进行的阅读推广通常有很大的自由度，在实施上缺乏明确的目标。近年来，人们越来越重视阅读推广的结构性问题。"归核化"思想就是要从阅读推广目的的角度，对阅读推广客体加以界定和认识，明确阅读推广工作的范围。

二、正确认识阅读推广客体的核心要素

对客体的核心要素进行明确的定义是归核的关键一步。在界定核心要素范围的时候，会提出很多问题。要素范围是稳定的还是变化的呢？哪些要素对阅读推广最可能产生影响力？阅读推广能力的真正源泉是什么？为了适应未来的环境，要求阅读推广的核心要素做怎样的变化？研究发现，对阅读推广最大的威胁或许是在定义阅读推广范围时所犯的错误，这种错误可能导致过早地脱离阅读推广的目的。

阅读推广影响力是阅读推广长期积累形成的，结合阅读推广具体情况，集中力量解决定义中的三个关于阅读的概念，即培养阅读兴趣、培养阅读习惯、提高阅读素养。整合阅读推广的阅读兴趣、阅读习惯、阅读素养三种客体要素，是提高阅读推广影响力的关键，最终做到提高读者的阅读质量、阅读效果和阅读能力。

---

① 李婷. 新媒体环境下我国全民阅读创新推广策略探究[J]. 中国出版，2017（5）：26–29.

② 伊丹敬之. 经营战略的内在逻辑[M]. 杨春明，译. 北京：中国审计出版社，1992：18–20.

（一）客体核心要素

1. 阅读兴趣

兴趣是最好的老师，要唤醒学生的自主阅读意识，就要从多方面引导、激发他们的阅读兴趣。原创的书人、书话、书评文章，最新图书推荐和专题书目，以及好书推荐与解读，都能对学生自主阅读意识的培养产生积极作用，吸引一批批的读者进入阅读世界。

例如，库客音乐讲师王远强在暨南大学图书馆举办的一场专题音乐讲座中现场拨动琴弦，用吉他演奏优美的古典吉他、民谣吉他名曲，分享相关知识，以艺术熏陶为本次活动主题增色。热爱吉他弹奏的同学们也纷纷前来参加讲座，整个悦赏厅座无隙地，大家热情与讲师互动，收获满满。

为营造阅读氛围，湖北大学第三届"真人图书馆"活动导语就问："你有多久没读书了呢？很久了吧！你最近一次认真地读完一本书是什么时候呢？一周前？一个月前？还是就在刚才？每天，我们做着手机、电脑忠实的拥趸，被生活琐事催得慢不下脚步。在不知不觉中，我们是否已丧失了深度阅读、深度思考的能力？"这种做法有助于引导学生关注阅读，积极参与"真人图书馆"活动。"真人图书馆"每期关注一个文化热点，有关于朗读、演讲的技巧与经验，有关于经典阅读的探讨等等，并推出3～4篇参与讨论的学生原创文章，展开深度思考，分享读书经验。有了这种浓厚的阅读氛围感染学生，学生自然就会投入到阅读中去。如2019年"真人图书馆"第三期"朗读与演讲"关注有声的语言艺术，探讨诠释美文、表达观点与演绎哲思的关系，引起同学们的广泛共鸣。

2. 阅读习惯

培养阅读习惯是解决阅读持久性问题。培养读书习惯最重要的一点就是坚持每天阅读。一个人只有养成阅读习惯，才会把阅读作为一种生活方式，将其像空气和水一样对待，须臾不可分离。在网络信息化时代，读书已经不仅仅局限于纸质书，通过手机、电子书阅读器随时随地可以阅读。在读书过程中，读者不妨加入一些读书群体，可以更好地督促自己坚持每天阅读。

例如，2018年11月5日至11月25日，山东交通学院图书馆联合数据库提供商共同举办了"21天读书打卡"阅读推广活动，全校共129人参与。其中完成14天及以上读书打卡的同学共计62人；完成21天读书打卡的同学共计21人。本次读书打卡活动书单有《诗经》《离骚》《红楼梦》《荷马史诗》《理想国》等21部国学经典和外国名著，北大、复旦、武大等21位名师对经典名著进行导读。在坚持读书打卡的同时，同学们还将自己的阅读心得、收获以文字形式发布到"21天读书打卡"专区。这项活动不仅激发了同学们的阅读热情，同时也帮助同学们培养良好的阅读习惯。

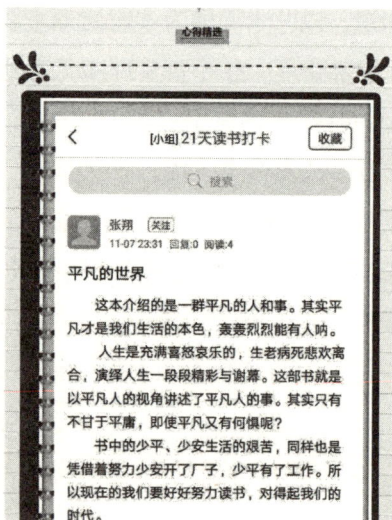

图2-19　山东交通学院图书馆微信公众平台"21天读书打卡"活动页面

3. 阅读素养

国际阅读素养进展研究项目组织曾把阅读素养界定为："理解和运用社会需要的或个人认为有价值的书面语言形式的能力，年轻的阅读者能够从各种文章中建构意义，他们通过阅读来进行学习、参与学校中和日常生活中的阅读群体并进行娱乐。"[①]阅读素养是一种基于终身学习观构建的

---

① 张颖."国际阅读素养进展研究（PIRLS）"项目评介[J]. 中学语文教学，2006（12）：3-9.

广义定义，阅读能力是阅读素养培养的核心，读者的阅读能力决定了采用何种阅读策略来控制、理解、评价阅读的动态发展过程。

阅读能力指阅读者运用已有的知识经验，掌握和利用文献，顺利而有效地完成阅读活动并获得知识的能力，又称"阅读修养"[①]。传统意义上的阅读能力包括读者在阅读活动中选择文献、掌握阅读文献的技能，理解文献内容，消化和运用获得的知识等方面。"随着网络的快速普及，阅读能力不应局限在简单的文字理解，应该扩展为对'媒介'本身的理解能力，具体表现在对网络信息的定位和评价等能力，而甄别、评价信息的能力被看作网络时代阅读能力的核心"[②]。重视读者的阅读能力培养，就是在强调阅读量的同时，应逐步关注全民的阅读能力培养。提高阅读能力一般注重两个方面：一方面要推广和引导大众阅读优质读物，通过阅读获得大量感性知识，然后通过思考上升为理性知识；另一方面要教育和引导大众提高对信息内容质量的评估能力，辨别不同信息内容的质量差异，培养大众对信息进行观点与内容的解析，激励大众通过分享、交流探索世界，从而有效激发阅读兴趣，共建良好的社会化阅读环境。

总之，阅读兴趣、阅读习惯、阅读素养这三个概念，在阅读推广活动中具有最大的通约性，可以推动人的阅读行为。首先，阅读兴趣能够唤起阅读意志，从而转化为自觉的阅读活动；其次，通过阅读感知力，即对字、词、句等语义的识别，对段、章、篇等文意的提取，保证对作品内容及形式的是非、优劣和美丑进行鉴别和欣赏。所以，阅读兴趣、阅读习惯、阅读素养这三个概念有利于稳定阅读注意力，提高记忆效率，在全面、深刻理解的基础上，可以活跃思维运动，产生积极的阅读效果。当然，阅读也受限于阅读能力和阅读习惯，而且阅读环境、阅读氛围等因素都会影响阅读的产生、过程和作用。

[①] 王余光,徐雁.中国阅读大辞典[M].南京：南京大学出版社，2016：431.

[②] 程瑞.对国外青少年在线阅读研究的综述[J].中国青年研究，2016（3）：114–119.

（二）客体归核的作用

1. 提高阅读质量

"阅读质量"就是指阅读效果的优劣程度，即阅读行为的直接结果作用于阅读主体的程度。阅读结果对于阅读主体的作用大，则阅读质量高；反之，则阅读质量低[①]。阅读质量是阅读能力的体现，受到阅读期待、阅读习惯、阅读环境等多种因素的影响。评价阅读质量的高低，一般需从理解程度、记忆情况、鉴赏情况、反思情况、创新情况等方面综合分析。

首先，"阅读期待"是阅读行为的起点，"阅读思考"是从"阅读期待"到"阅读评价"的中介。在我国古代的学习论中，"思"一直受到高度重视。子曰："学而不思则罔，思而不学则殆。"（《论语·为政》）强调学思结合，不可脱节。子思曰："博学之，审问之，慎思之，明辨之，笃行之。"（《礼记·中庸》）强调"慎思"在阅读中的突出位置。古人所说的"思"有很多内涵。例如，"温故而知新"是由已知向未知迁移，"吾日三省吾身"是对自己言行得失的反问自省。"故说《诗》者，不以文害辞，不以辞害志。以意逆志，是为得之。"（《孟子·万章上》）其中，"文"指文字，"害"指妨碍，"辞"是词句，"志"为作品的原意，"意"指读者自己的切身体会，"逆"是揣度、推测的意思，"得之"指真正懂得了阅读作品的方法。这几句的大意是：不要拘泥于文字而误解词句，也不要拘泥于个别词句而误解作者完整的意思；能以自己的切身体会去推测作者的本意，这才是懂得了阅读作品的正确方法。"颂其诗，读其书，不知其人，可乎？是以论其世也，是尚友也。"（《孟子·万章下》）孟子认为，文学作品和作家本人的生活思想以及时代背景有着极为密切的关系，"因而只有知其人、论其世，即了解作者的生活思想和写作的时代背景，才能客观正确地理解和把握文学作品的思想内容"[②]。只有知人论世之"思"，才能对作品作出正确的评价，即要求深入思考，慎重择取，蕴含"反思"的含

---

① 王余光，徐雁. 中国阅读大辞典[M]. 南京：南京大学出版社，2016：445.

② 徐晓莉. 穿越"七宝楼台"：浅谈中国古代诗歌创作与赏评原理[J]. 天津大学学报（社会科学版），2005（6）：401–405.

义。在从"博学"到"笃行"的阅读行为过程中，"慎思""反思"成为必不可少的过渡①。

南京大学历史系陈仲丹教授在一次讲座中对学生提出的读书方法问题的回答是：学习"成功人士"的读书之道。他首推曾国藩的读书方法。作为晚清重要的历史人物，曾国藩克己慎言，崇尚气节，身体力行；其文章博大精深，文字隽永优美，是近代儒家宗师，真正算得上读书的"大方之家"。关于读书方法，陈仲丹教授认为要想达到高质量阅读的目的，在一定时间内，要专读一个大家的作品，做到读精、读透，通过高效的记忆最大限度地汲取书中的精华。他坦言自己就基本读完了曾国藩的所有作品，在阅读时，遇到值得记忆的知识点和优美的文句，遇到好的内容，就反复读几遍，及时记录和记忆，加深对需要记忆内容的印象，将之转化为自己的知识储备，这决定着我们阅读的效率高低；然后通过思考，从中总结经验教训，在写作的时候有意识地将之转变为素材，"才能做到在引用曾国藩文章时候的'达于腕下'。而这种方法对大学生来说，也恰恰是非常实用的，通过这种方法，学生不仅仅可以学习到书中的知识，在潜移默化之中还会受到作家影响，形成自己独特的文笔，做到写作形式与内容兼修"②。

其次，还需要通过各种阅读主题活动加以积极倡导和引导，更需要政府、社会、学校等多方合力，持之以恒为提升大众阅读质量做实事。比如，图书馆有针对性地主动向读者进行阅读推广活动，对读者在阅读动机、阅读兴趣、阅读内容、阅读方法等方面给予直接指导和帮助，介绍各种工具书和其他检索工具，普及检索方法，使读者掌握查找文献的方法和途径，指导读者使用终端进行文献检索，包括确定检索主题词和检索程序等，提高读者选择文献、利用文献、理解读物和消化知识的能力，从而提高阅读认识、扩大文献视野、培养阅读技巧和提倡系统阅读。

阅读最重要的是保证质量，解决阅读的内容和品位问题。在阅读的过

---

① 甘其勋.甘其勋自选集：上卷 [M]. 郑州：文心出版社，2012：172.

② 陈仲丹教授分享读书之道[EB/OL]. http：//lib.nju.edu.cn/html/article.htm？id=106&fid=75.

框中，只有不断地对阅读兴趣乃至阅读评价进行阅读反思，一个人的阅读能力才能形成。现在全民阅读热潮持续升温，出版物包罗万象，全民阅读率不断提升。同时，我们也应该看到，全民阅读存在娱乐消遣性阅读较普遍、碎片式浅层化阅读泛滥、阅读层次亟待提高等问题。我们只有多角度地利用阅读期待、阅读反思和阅读评价，养成"有质量的阅读"习惯，从优质阅读中汲取有价值的知识营养，才能达到拓展思维空间、激发创造潜能、提高阅读质量、真正受益于阅读的目的。

2.阅读效果

提高阅读效果是解决阅读的理解层次问题，即阅读的消化、吸收问题。"效果的产生与读者心理机制密切相关，其间既有理性的认知，又有非理性的审美情感的跃动"[1]。"从接受美学的角度来看，可以把读者分为拟准读者、一般读者和超级读者三种类型"[2]。

拟准读者是初级层次的读者类型，这类读者属于具备自发批评的读者，是虽具有一定的文化修养，但述而不作的读者。一般读者是相对于专业读者而言的，他们是以文学文本阅读为职业，具有较高的文学修养和审美能力，是获得审美解放和自由的职业批评家或专家。日内瓦学派的学者认为："文学是人类的一种意识现象，文学批评是一种关于意识的意识。文学批评是一种对作品进行的创造性的阐释，是一种阅读的艺术，批评是阅读的延续与升华。"[3]因此，对一般读者的界定要高于拟准读者层次，定位为"自我阅读经验的忠实报道者"或"文学意蕴的忠实破译者"。一般读者文学阅读的审美功能主要是鉴赏、阐释和评价。超级读者是高级层次的读者类型，他们在许多专业领域多有建树，能够把握文学文本存在的普遍规律和共同主题，更为重要的是架构起文学文本乃至其他文化文本都未涉及的规律阐释和主题分析[4]。

① 龚光明.翻译认知修辞学[M].上海：上海交通大学出版社，2010：82.

② 郭昭第.文学元素学：文学理论的超学科视域[M].北京：中国社会科学出版社，2006：435.

③ 郭宏安.从阅读到批评[M].北京：商务印书馆，2007：1.

④ 龚光明.翻译认知修辞学[M].上海：上海交通大学出版社，2012：82-83.

对同一作品价值的判定，人们的认识各有差异，因此阅读效果依读者不同而各有差异。所以文学价值是一个动态的发展过程，受到多种因素的影响。多读固然重要，但尤其重要的是怎样读。

影响阅读效果的因素主要有三个方面：一是阅读习惯。阅读习惯是指在阅读实践中养成的在一定情况下自动化地进行有关阅读操作的行为倾向[①]。只有养成良好的阅读习惯，并在阅读中不断思考和判断，我们的阅读自觉性、思考力、理解力与意志力才能获得强化。不良的习惯则常使阅读"劳而无功"，对很多事情的了解流于表面，无法深入思考事情的本质，甚至贻害无穷。所以，培养良好的阅读习惯，要有明确的阅读目的、具体的阅读计划、严肃认真的阅读态度和按一定程序进行的阅读方法。以往大家都认为书要读得越多越好，最好各种知识都能粗略懂一些，但事实上，只有在反复的阅读中将阅读和记忆结合在一起，才是最高效实现知识转化和创造性思维活动的方式。如果在阅读时只是让文字"路过"眼睛，那么再优美的文字、再深刻的哲理、再感人的故事，也无法转化为自身的知识储备。

二是阅读速度。阅读速度是指单位时间里眼睛所接触的字符量和完成的阅读内容。阅读速度在一定程度上会作用于"理解、消化和记忆的质量"，读者应根据不同的阅读需求以接收词句的信息并能发现上下句之间的联系为基准，合理把握阅读速度，实现信息整合[②]。若阅读速度太快，阅读时投入程度不够，则会导致无效阅读；若不能接收词句的语言信息，或不能发现前后文的联系，则会导致阅读效果低下甚至无效。

三是阅读者对读物的专注程度。专注程度的明显标志是阅读时字字坐实，能清楚地感觉到读物上下文的联系。这就要求读者在读书时要使自己的头脑清醒，注意力高度集中，切勿"分心"，这是提高速读效果的关键。同时要身心放松，让大脑处于一种最佳的工作状态，展开联想，并能迅速地整合阅读信息，使之系统化，那么阅读的效果就会十分理想。人们阅读一本书，通常是带有一定目的的。有时通过"序言"和"目录"，就能对

---

① 王余光, 徐雁. 中国阅读大辞典[M]. 南京：南京大学出版社，2016：437.
② 王余光, 徐雁. 中国阅读大辞典[M]. 南京：南京大学出版社，2016：436.

书的内容有所概括或了解背景知识，读者在随后的阅读中对阅读文本语言的敏感程度也会随之提高，能在阅读中迅速感觉到上下文的联系，提高阅读速度。然后根据自己的需要，有所侧重地阅读某些章节，这样就能比较快捷地整合阅读信息。如果阅读时分心和受到的干扰过多，心不在焉，自然而然阅读专注度就会降低，不注意前后联系，导致注意力和理解力的下降，看了后面忘了前面，眼睛一离开文本则脑子里一片空白，难以收到好的阅读效果。

能够认识到阅读中存在的问题并进行有效的调节，对阅读和阅读指导来说是十分重要的。很多时候，人们往往把阅读水平问题作为无效阅读结果的症结，而导致失去阅读自信或对阅读状况作出错误的判断。除一些内容属于知识性问题以外，注重阅读速度、阅读专注力能大大提高阅读训练效果，而且有助于促进我们的注意力、记忆力、理解力等智力因素和非智力因素的发展。所以，在阅读推广活动的阅读指导中，导师除了个别地方略做点拨，多数时候可以要求学生将文本信息整合成系统性的信息，让学生集中注意去想，去尝试思考、评价，也是阅读训练的有效方法。

除了充分重视阅读习惯的养成，注重阅读方法的运用、开展多角度高层次的阅读活动也是吸收读物的内容、实现阅读目标、提高阅读效果的途径。例如，武汉大学图书馆微天堂真人图书馆主讲人将自己阅读文章的品评、鉴赏、心得和思考传递给听众，以此启发学生的思维，调动学生的积极性和创新性，提高学生的阅读效果。

综上所述，阅读推广是一项复杂的系统工程，涉及的主体有政府、图书馆、出版社、媒体、个人及其他相关社会组织。多方合作、集中发力，是目前阅读推广主体的基本共识。阅读推广刚起步，初战告捷，然而任重道远。目前面临的问题错综复杂，亟待厘清的有这样一些问题：确定工作主旨与重点，并从实体空间、虚拟平台建设、品牌塑造、工作流程与机制、组织管理等方面展开规划设计，丰富感知作品内容的手段，以便创造良好的阅读氛围，有效地指导阅读推广工作的开展。

实践是解决问题的钥匙。在如火如荼的阅读推广实践面前，我们有理由相信，一切问题都会在图书馆人的努力中迎刃而解。

第三章
高校图书馆阅读推广

2013年中国图书馆学会年会主题是"知识给人力量，阅读引领未来"。在2015年"阅读·城市·图书馆"论坛上，业界、学界再次向阅读致敬，发出"天下风光在读书"的号召，对图书馆在全民阅读推广普及、服务、技术创新方面起到的示范和引领作用给予肯定。通过公共图书馆、高校图书馆发布的"阅读"大数据，我们欣喜地看到，经过十余年的建设和发展，文化始于阅读的理念深入人心，大众阅读品位趋于成熟和理性，"书香中国"建设对繁荣学术研究、促进文化交流和推动各项事业发展起到了积极作用。在倡导全民阅读的时代背景下，高校图书馆作为校园推动阅读的枢纽，是开展全民阅读的重要力量。高校图书馆具有优美的阅览环境和丰富的馆藏资源，是学生在教科书之外亲近人文阅读、科普阅读和经典阅读，培养阅读意识的主要场所，阅读推广已经成为高校图书馆重要的工作之一。数字时代，各种新技术和新媒体也在不断改变着图书馆阅读推广服务手段，关于阅读的未来、阅读服务的生态发展，是图书馆界、出版界和学界共同探讨的问题。

第一节　高校图书馆阅读推广概念

《普通高等学校图书馆规程》（2015）明确指出，"图书馆应积极参与校园文化建设，积极采用新媒体，开展阅读推广等文化活动"。从该规程中可见：

第一，阅读推广是高校图书馆服务体系的重要组成部分。

第二，彰显了图书馆作为提升读者信息素养和推动校园文化建设的助推器的价值所在。

第三，图书馆运用新技术、新媒体和新载体，以信息资源为平台，以阅读活动为纽带，实现校园阅读资源整合，创造良好的阅读氛围，激发读者阅读兴趣，培养阅读素养。

具体到如何实现鼓励读者多读书、读好书，丰富校园文化建设等系列阅读推广配套活动，还得从研究高校图书馆阅读推广概念入手。

于良芝教授在《国家图书馆学刊》2014年第6期上发表了《图书馆阅读推广——循证图书馆学的典型领域》一文。该文推荐讲解了美国的阅读推广实践经验，讲到以戈登霍尔（Goldhor）为代表的美国图书馆学者分析研究阅读推广方式所做的实验。他们同时测试了几种阅读推广方式：一是站在校园十字路口，向师生发阅读推广书单；二是在图书馆内用展板展示推荐图书；三是直接把推荐的图书集中在专架上，放在图书馆的显眼位置。观察后发现，这三种方式都是有效果的，但最有效的是把实物摆在显眼位置直接推出去，其次是展板宣传，效果略差的是在十字路口发传单。这个案例启发我们如何去研究阅读推广的效果。最后的研究结论提出："凡是能够将读者的注意力从海量馆藏引导到小范围的有吸引力的图书的推广方式，都有可能提高图书的流通量"；"公认最好的图书与借阅量最大的图书之间不存在显著关联性"[1]。

王波教授从这些结论继续引申，在撰写的《图书馆时尚阅读推广》一书中探讨了图书馆阅读推广，所给出的定义是："图书馆阅读推广，是图书馆通过精心创意、策划，将读者的注意力从海量馆藏引导到小范围有吸引力的馆藏，以提高馆藏流通量和利用率的活动。"[2]

---

① 于良芝,于斌斌. 图书馆阅读推广：循证图书馆学的典型领域[J]. 国家图书馆学刊，2014（6）：15.

② 王波. 阅读推广、图书馆阅读推广的定义：兼论如何认识和学习图书馆时尚阅读推广案例[J]. 图书馆论坛，2015（10）：1–7.

"高校图书馆阅读推广"的含义，从字面上理解，主要体现在学生阅读权利保障、学生阅读素质提高、图书馆职能发挥以及学习型社会构建等方面。

首先，高校图书馆依托馆藏纸质书刊和数字化资源及馆内外空间，可以联合学校相关部门及校外组织，发挥阅读推广主体的主动性，营造书香氛围、引领阅读方向、激发阅读热情，从而引导大学生养成阅读习惯。

其次，高校图书馆阅读推广活动开展可以通过专业化的服务方式运作，就大学生的阅读状况，从阅读推广的角度进行调研，指导和帮助大学生养成自主阅读学习的意识，这也可以极大地促进大学生阅读素养的提升，从而推动高校教学科研的发展。

因此，本书选择借用王波教授对"图书馆阅读推广"所下的定义，将"图书馆阅读推广"引申为"高校图书馆阅读推广"，旨在讨论高校图书馆如何充分利用馆藏资源、馆舍空间及设备设施，发挥高校图书馆图情队伍的专业优势，根据学校师生特别是学生的图情需求，开展文献信息资源推荐及深化阅读活动的方法及途径。

第二节　高校图书馆阅读推广要素

关于高校图书馆阅读推广要素，可以从"主体"和"客体"角度来分析，以便理解阅读推广服务的内容。

一、主体

高校阅读推广活动的发起者、组织者、实施者和管理者，是图书馆。高校图书馆阅读推广主体作用体现在图书馆职能发挥与学习型校园环境构建等方面。图书馆作为保存教学资料以及文化遗产的重要场所，是实现校园知识传承与发展的根基。

图书馆可以联合校内部门（如团委、学生处、研究生院、院系、宣传部等）和校外组织合作开展各项推广活动。读书协会、文学社等社团是与高校图书馆联合开展阅读推广活动最多的学生组织。合作的优势有三点：

一是"图书馆搭台，学者唱戏"[①]，一方面可以解决院系由于缺乏完整的阅读资源而存在的困难，另一方面又可以解决图书馆馆员队伍本身的专业和素养难以适应非图书馆学科专业阅读所涉及的深度问题。例如，武汉大学图书馆医学分馆与武汉大学学生社团阅微书社合作，寻找各种有兴趣、有阅历的人开展微天堂真人图书馆项目。该项目通过采访真人、编写索书号、制作海报软文进行推广，所出版的真人图书采用平等交谈的形式供读者阅读。自2012年12月17日首次开馆，截止到2018年11月30日，已经举办过45期真人图书馆，推出了107本真人图书，5 000余位读者通过线上线下等多种形式参与了活动。真人图书馆邀请到的主讲人都是各个领域的专家学者和精英，如海外志愿者、"90后"作家、公司CEO（首席执行官）、互联网达人、世界记忆大师、心外科医生、考古队员、手绘画师、漫画家、诗词大赛冠军、配音演员等等。

二是在课余时间组织开展讲座、沙龙，增进专家与学生彼此间的交流。微天堂真人图书馆的口号是"读有故事的人，做有深度的书"，倡导读者与主讲人之间的深度对话。在主讲人演讲（30分钟）之后，给现场及线上的读者提供更长的互动及问答时间（约90分钟）。学生多问几个"为什么"意味着会有更多来自各方面的想法可以交流，主办者创设良好的氛围，使"交流"变成了活动的一道亮丽的风景线。

三是学生与教师面对面交流，不仅可以分享读书心得、研究感悟，还能够了解与读书生活相关联的个人经历、心路历程。微天堂真人图书馆通过读者与专家学者现场交流，引导读者学习读书技巧、治学方法，理解读书与学习生活之间的深刻联系。同时，专家学者对提高学生参与热情、吸引学生积极参与交流互动具有感召力。武汉大学历史学院教授、博士生导

---

① 覃熙.高校专业阅读推广内涵及实践探讨[J].图书馆界，2016（5）：72-75，88.

师李工真的讲座《从音乐到文学——迈向文明的通途》，以演奏一曲舒曼的《梦幻曲》开始，伴随着江柏安教授关于《听雨》的朗诵，主讲人从音乐的启蒙，到用文学为自己开一扇窗，再到最终脱离那个灰暗年代走向文明，渐渐铺开自己的成长画卷，与师生共同分享音乐与文学。

二、阅读推广客体

高校图书馆阅读推广客体主要是阅读读物——传统的纸质图书、电子资源等，再就是提升读者阅读能力、培养阅读兴趣、养成阅读习惯以及营造阅读氛围。

总体来说，高校图书馆阅读推广服务的对象是全校师生。事实上，师生群体间存在图情需求的差异，需要我们进一步细分阅读推广客体，才能有的放矢、精准服务。

一般来说，根据教师的专业、学位、职称、年龄等标准可以划分出阅读推广客体的子群；同样，依据学生的专业、年级等标准也可以划分出阅读推广客体的子群。我们还可以根据师生的图情需求来划定阅读推广客体，比如学生准备考研究生、公务员、职业资格证书等，他们的需求有很大的区别。认真研究阅读推广客体，调查研究师生具体的图情需求，是开展好阅读推广活动的基础性工作。前期调研充分，往往能起到事半功倍的效果。

三、阅读推广载体

阅读推广载体方面通常是指本馆馆藏。若不是图书馆自己的馆藏，理论上是不适合推荐的。馆藏包括三类：现有馆藏、未来馆藏和延伸馆藏。

（一）现有馆藏的揭示

图书馆现有馆藏资源的推荐方法比较依赖于图书管理集成系统附带的推荐功能。由于知识产权保护，数据库之间的底层数据格式、基本架构的算法存在巨大差异，一个数据库就成了一个壁垒森严的堡垒。在知识壁垒不断加剧的今天，读者需要一个库一个库地寻找资源。如何让读者在海量资源中快速找到所需要的文献，或者如何增强知识的可及性，在今天是图书馆必须面对并亟待解决的重要课题。

李民等[①]通过对国内116所"211工程"院校图书馆资源推荐系统进行网站访查和问卷调查，发现其问题主要表现在图书馆推荐系统个性化程度不高，过于依赖图书管理集成系统所附带的推荐功能，不够系统化、智慧化，推荐系统的满意度有待提高。

随着图书馆馆藏资源增加、大数据技术应用以及读者需求多元化，图书馆在揭示现有馆藏方面已经开始尝试利用新型智能技术寻找读者感兴趣的资源，及时将海量资源推送给有需求的读者，充分发挥现有馆藏的作用。比如，广泛应用于计算机领域和电子商务领域的用户画像技术，是当前图书馆计算机辅助分析读者需求特征、实现精准图情服务的一个热门话题。"用户画像"（User Profile），是"通过数据建立描绘用户的标签，具体而言通过分析消费者社会属性、生活习惯、消费行为等信息而抽象出该消费者需求偏好的一个标签化的过程"[②]。用户画像将焦点聚集在目标读者的动机和行为上，进行数据挖掘、分析，进而提取读者的兴趣标签，了解读者的需求过程，用于个性化资源推荐服务、精准图情信息服务及读者服务拓展等方面。

（二）未来馆藏的建设

高校图书馆近年来对未来馆藏建设计划采用了创新形式，对阅读推广和校园文化建设有很大促进。

一是"你荐书，我买单"图书荐购活动。图书馆馆员在前期调研的基础上精心筛选图书，现场为师生加工、借阅图书，这种现选、现编、现借一条龙服务新模式对满足读者需求更具针对性和适用性，博得了广大师生的一致好评，提高了借阅率。

二是举办外文原版学术图书展，开展现场选购活动。其目的是提高

① 李民，王颖纯，刘燕权."211工程"高校图书馆馆藏资源推荐系统调查探析[J]. 图书情报工作，2016（9）：55-60.

② 王庆，赵发珍. 基于"用户画像"的图书馆资源推荐模式设计与分析[J]. 现代情报，2018（3）：105-109，137.

图书馆馆藏的学术性和专业化，更好地为本校科学研究与学科建设提供资源保障。中国药科大学图书馆2018年秋季外文原版图书展汇集了众多国外知名出版集团（社）的最新学术出版物，出版社包括Elsevier、Springer、Wiley、John Wiley & Sons、Macmillan、Cambridge University Press、Taylor & Francis、World Scientific、Peter Lang、Brill、Edward Elgar等，展出图书所涉及的专业包括化学、生命科学、药学、制药工程、食品化学、环境化学等，展出图书近千种，广大师生可以直接面对国外最新原版图书进行选购。杭州师范大学2018年外文原版图书展为全校师生准备了5 000余种外文原版图书，供师生挑选教学科研所需的原版图书资料。图书内容紧扣各专业研究方向，涉及语言、文学、教育、法律、政治、历史、艺术、心理学、哲学、商学、经济、计算机、数学、物理学、材料化学、生命科学、医学、管理学等学科。这种活动有利于丰富高校图书馆外文原版馆藏，助力教学科研，提高学生阅读兴趣，满足学校教学科研对外文原版图书的需求，推动书香校园建设，为师生营造良好的阅读氛围。

三是以图书排行榜为索引，寻找高质量的图书，推进馆藏建设。

我国每年出版图书约30万种，如何选择图书，多买好书？主流媒体的读书专版或读书频道都会定期推出图书排行榜。尽管个别图书排行榜背后有商业利益驱动，但是，综合考察多个图书排行榜就会对出版动态、一段时间内的图书精品有所了解。我们将图书排行榜作为寻找高质量图书的线索，是切实可行的。

最具影响力的年度图书排行榜当属"中国好书"。"中国好书"排行榜是由中国图书评论学会推出的，中央电视台一套专题节目发布。"中国好书"旨在通过好书推介传递正能量，具有权威性和引导全民阅读的作用。"中国好书"遴选程序十分严格，先以全国主流媒体排行榜入榜图书、重点出版社申报的印数为4万册以上的精品畅销图书和重点推荐的优秀图书、知名书评人推荐的优秀图书为基础，再广泛征求意见，组织专家学者评议，最后郑重推出。

入选"中国好书"的图书，紧随时代前进步伐，在社会政治、经济、艺术创作、社会生活等诸多方面有较高艺术水准和制作水平，能够指导读者建立健康科学的生活方式，给人以较高的审美享受。"中国好书"排行榜可以用作图书入藏的指导。比如说，图书馆可以把29本2017年度"中国好书"作为阅读推广活动用书，活动前需逐一查重，若馆里还没有，那就应该一边推荐一边采购。这种采用文献调研与网络搜索相结合的方式，可以保证图书馆用优质图书扩充馆藏资源。

（三）延伸馆藏

在读者需求面前，单个图书馆的馆藏总有不能满足读者需求的时候。因此，高校图书馆之间加强合作、实现资源共享具有特别重要的意义。馆际互借和文献传递是传统的馆际合作、资源共享的有效方式之一。

在纸本主导馆藏的时代，对于读者需要的图书，可根据图书馆之间的协议，通过馆际互借的方式满足读者需求。比如说一本很珍贵的图书，学术价值很大，应该向读者推荐，但很昂贵，图书馆没有收藏，就可以通过馆际互借和文献传递等途径获得所需文献，弥补馆藏资源因馆舍和经费限制而无法完全满足读者需求的困难[1]。

在网络信息技术条件下，数字化电子文档能够通过互联网迅速传达到任何联网的终端。文献传递就是信息化、数字化条件下新型的文献共享方式。文献传递的流程大致是：读者通过文献共享平台一键检索所需要的文献，检索到文献所在图书馆，向所在馆发出文献请求，对方管理员将文献数字版传递至读者指定的邮箱。目前较为著名的文献互借传递平台有上海交通大学的"思源探索"、复旦大学的"望道溯源"等。

图3-1　上海交通大学的"思源探索"

---

① 王波.图书馆阅读推广的定义、类型、方法：在"图书馆阅读推广理论与实践"专题研讨会上的演讲[J].上海高校图书情报工作研究，2017（1）：6-19.

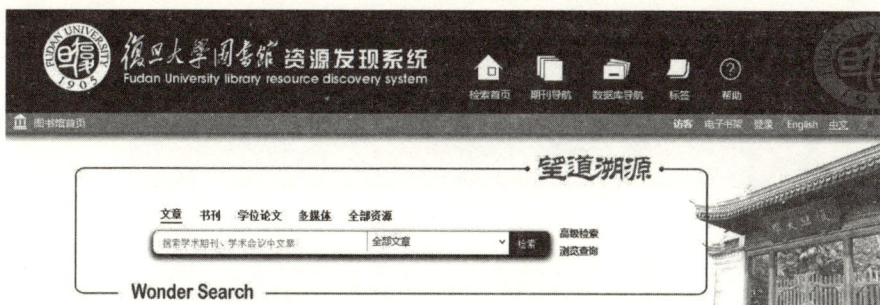

图3-2　复旦大学的"望道溯源"

在国外，文献传递有"快传"（Rapid ILL），馆际互借有"立借"（Borrow Direct），都是非常成熟的资源共享服务体系。其中，"立借"是美国泛常春藤盟校（Ivy Plus）的馆际互借项目，1999年由哥伦比亚大学、宾夕法尼亚大学和耶鲁大学创建，与图书馆自动化系统无缝交互，用户提交申请后，系统会自动发送邮件，告知用户申请提交成功以及图书寄出情况。该项目到2018年发展为13家成员馆共享馆藏，参加的大学有布朗大学、芝加哥大学、哥伦比亚大学、达特茅斯学院、杜克大学、哈佛大学、约翰·霍普金斯大学、麻省理工学院、宾夕法尼亚大学、普林斯顿大学、斯坦福大学、耶鲁大学和康奈尔大学，每年提供超过275 000本书籍、乐谱和其他可回收的图书馆资料。"立借"已经成功处理了超过300万用户请求。2017财年，成员馆共产生了近27万笔的借入申请①。

"立借"发现系统通过一个简单的搜索界面，为教师、学生和员工提供美国泛常春藤盟校图书馆集体馆藏。读者可以从约9 000万册图书的联合目录中搜索和索取研究资料。"立借"会在合作伙伴中根据实时货架状态和负载均匀分配请求，确保所有请求在3～5天内处理完毕。"立借"利用NISO（美国国家信息标准协会）标准，与不同的图书馆系统集成，在馆际互借周期内提供借阅资料的本地流通和综合资源管理。

---

① 杨薇，曾丽军. 从"快传"（Rapid ILL）和"立借"（Borrow Direct）看馆际互借与文献传递服务体系的发展[J]. 大学图书馆学报，2018（4）：18-23，44.

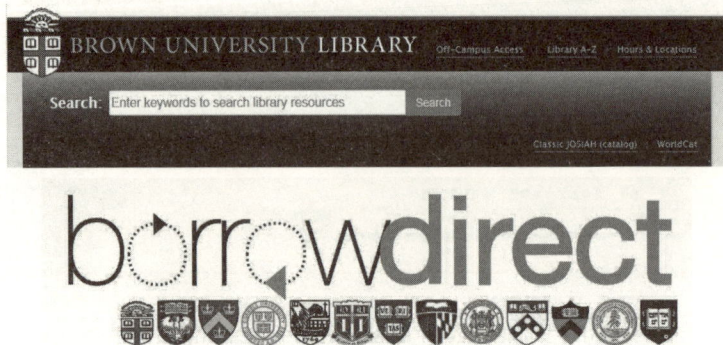

图3-3 布朗大学"立借"发现系统

　　我国在馆际互借服务方面质量控制最为严格、服务效益最好的，是中国高校人文社会科学文献中心（China Academic Social Sciences and Humanities Library，简称CASHL），它也是全国性的、唯一的人文社会科学文献保障体系，CASHL服务馆都能在3个工作日内寄出图书。CASHL收录了7 500多种国外人文社会科学领域的重要期刊、900多种电子期刊、20多万种电子图书。CASHL全国中心设在北京大学、复旦大学；区域中心设在武汉大学等5所大学；学科中心设在北京师范大学、东北师范大学等10所大学。

图3-4 中国高校人文社会科学文献中心

第三节　高校开展阅读推广服务的重要性

阅读推广是图书馆、专业任课教师和学生三方的共同需求。高校图书馆在开展阅读推广服务前，应对上述三方进行充分的需求调研。

广西民族大学图书馆对本学校500名学生进行了问卷调研，对于我们了解大学生阅读状况有一定的借鉴意义[①]。

调查结果显示：在读者基本的阅读需求中，人文经典荐读需求占42.3%，专业阅读需求占89.4%。表明学生对专业阅读指导的需求较为强烈。这一结果反映了高等教育与基础教育脱节的事实。基础教育的中学阶段基本不涉及专业教育，高考填报志愿选择专业基本是看着专业名望文生义，进入大学后对专业的认知需从零开始。调查报告中与之相关的数据令人担忧。在二年级至四年级本科学生中，52.4%的人对自身所学专业表示"不了解专业精神"，94%的人选择了"未读过任何一本专业经典著作"。在一、二年级的研究生中，44%的人表示"未读过任何一本专业经典著作"，76%的人表示"没有掌握科研方法，还不太会写论文"。说明专业素养教育的缺失在大学阶段并没有得到改善。由此看来，专业书籍阅读、专业学习方法的指导应成为高校图书馆阅读推广的主要内容之一。

调查报告中的人文经典荐读需求与专业阅读需求严重不平衡。这并不表明学生缺乏提高自身人文素养的需求。同样在这份报告中，大学一年级新生对二者的需求均为100%。这说明大学生在一年级对两者的需求是均衡的，到了高年级变得越来越偏重专业阅读需求。其原因在于：学生对自身专业认知、学习能力及专业技能缺乏信心，就业压力所引发的未来职业焦虑让高年级学生更加重视专业文献阅读需求。

---

① 覃熙.高校专业阅读推广内涵及实践探讨[J].图书馆界，2016（5）：72–75，88.

从问卷统计结果来看，大学第一年是大学生成长的关键期，能否使新生顺利实现角色转换，适应大学学习生活，关系到未来人生的长远发展。大学新生在生活环境、观念和方式等方面面临着全新的概念，首先需要完成的任务就是确定奋斗目标，适应学习和人际环境，转变学习生活观念和方式[1]。

周廷勇[2]认为，学生收获与成长的具体维度包括社会性发展、通识能力发展、实践能力发展和科学技术能力发展四个方面。丛晓波[3]调研发现，超过70%的大学新生常使用的学习方法是利用课堂笔记和工具书、预习和复习课程内容、写课堂作业，而超过40%的新生不常使用研究性学习方法和自我评价方法。

从调研数据来看，大学一年级新生普遍存在如何适应大学生活，尤其是适应专业学习方法、专业文献阅读技巧和方法的迫切需求。众所周知，高等教育与基础教育所属层次不同，两者的教育目标、教育原则、教学方法有着很大的差异。中学教育强调知识传递，以建立学生的认知结构为目标。高等教育以专业知识和专业技能教育为基础，培养适应未来社会需要的全面发展的高级人才。高等教育专业培养是基础、是立足点。简而言之，基础教育是"学会学习"，高等教育是"学会生存"。大学一年级新生面对的是两种教育理念的衔接和撞击。图书馆作为学生成长的支持机构，必须帮助学生完成身份转换，平稳度过适应期。通过阅读推广满足大学新生的阅读需求，是支持学生成长的有效途径。

桑斯特（Sangster）[4]等认为，高校通过向学生提供一系列包含新的观点、人员和经历的学术和社会活动，吸引学生投入其中，充分利用这些活

① 孔国庆. 大学生成长评价阶段模式构建[J]. 国家教育行政学院学报，2011（6）：69–73.

② 周廷勇，周作宇. 高校学生发展影响因素的探索性研究[J]. 复旦教育论坛，2012（3）：48–55.

③ 丛晓波，张宵. 大学新生自我适应问题及社会工作介入研究[J]. 延边大学学报（社会科学版），2018（3）：133–138，145.

④ 张骞文. 大学新生成长愿景系统的构建[J]. 国家教育行政学院学报，2018（6）：75–81.

动使大学新生实现自身的成长愿景，获得发展。

为确保学生在过渡期实现个人发展和学业成功，20世纪70年代以来，美国推行专为新生设计的新生体验计划。美国教育体制基本实现了高等教育与基础教育的无缝衔接。优秀的高中生利用假期进入大学课题组做一些辅助工作，计算机专业新生进入大学之前已经写了几万条程序，所以，美国大学专业教育的起点更高，也更专业。大学的新生体验计划更强调专业的乐趣与价值，以及自我实现的理想。如公立常春藤高校特拉华大学（University of Delaware）声称：新生体验计划的宗旨是为培养成功的学生甚至是将来能够改变世界的人而准备。新生体验计划为新生提供尽可能丰富和多元的学习途径和成长机会，同时也对他们寄予厚望[1]：

（1）确保你所做的每个决定都有助于提升你的幸福指数和达到既定目标的能力；

（2）努力在多元化的社区和全球化的社会中成为受人尊敬且有贡献的一员；

（3）确立明确目标，实现自己的学术理想；

（4）培养批判性分析和综合辨别信息的能力；

（5）能够理性地提出有说服力的观点；

（6）与导师建立良好的关系。

美国高校一直以来都非常重视本科生信息素养的培养，大学生信息素养培养方面的成效结果显示[2]：在前两年，学生关于新生体验计划课程的后测平均成绩比前测平均成绩高出11%，而第三年学生该成绩的对比差距高达19%（见图3-5），达到并超出新生体验计划项目设立之初平均成绩增

---

① University of Delaware. First Year Experience[EB/OL]. [2018-05-03]. http：//www1. udel.edu/fye/ goals.html.

② 李玲玲，张照旭. 新生体验计划：美国大学促进新生过渡及成功的策略[J]. 比较教育研究，2018（9）：59-68.

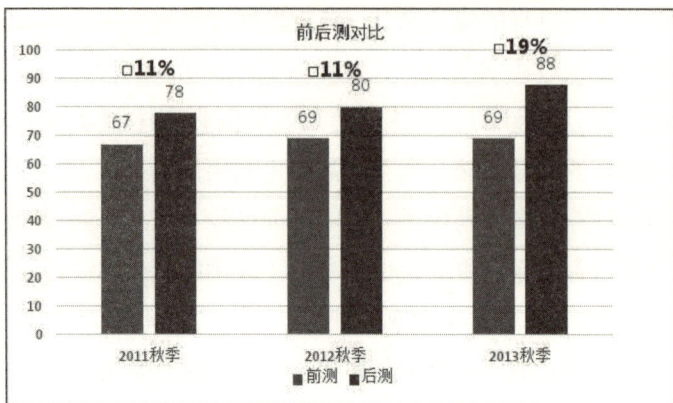

图3-5 学生在FYE课程前后信息素养的平均成绩对比

数据来源：Kyrille Goldbeck Debose，Rebecca K Miller. Stewarding Our First-Year Students into the Information Ecosystem： A Case Study[J]. Journal of Agricultural & Food Information，2015，16（2）：129.

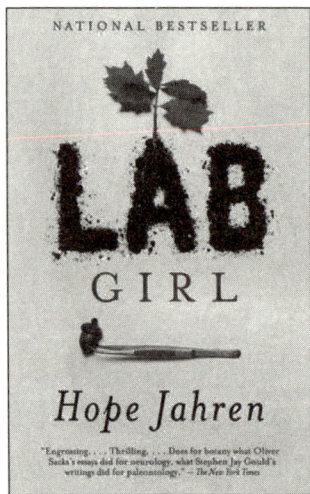

图3-6 《实验室女孩》（Lab Girl）①

长10%的预期目标。

学校通常会选择富有学校或本地特色的图书为学生提供共读的机会，让新生们了解校园或当地的风土人情，进行有意义的交流，并分享整个校园的知识生活。

美国科学家霍普·杰伦（Hope Jahren）撰写的书《实验室女孩》（Lab Girl）被选为特拉华大学2018年新生共读的一本书。该书作者是一位屡获殊荣的科学家，是三次富布赖特奖的获得者，也是唯一一位获得地球科学奖青年研究员奖章的女性。自1996年以来，她一直从事古生物学的独立研究，在加州大学伯克利分校获得博士学位后，到佐治亚理工学院和约翰·霍普金斯大学进行

---

① 实验室女孩. [EB/OL]. https://www.commonreader.fye.udel.edu/news/novelist-colson-whitehead-engages-ud-audience-2/.

教学和研究。在美国国家科学基金会、能源部和国立卫生研究院的支持下，她建立了同位素地球生物学实验室。她在回忆录《实验室女孩》中描述了她的科研生活，讲述了她的科研方法、专业发展、职业挑战以及研究植物神秘生活所带来的快乐。

这本书先由新生在到校之前的假期阅读，开学后的第一学期，阅读推广组织方会围绕本书的主题组织演讲、电影和其他文化活动。每一个新生都对未来抱着憧憬和梦想。他们都需要导师的指引，通过"新生共读"计划项目可以更好地引导他们参与交流，在阅读中成长，从而更好、更快地融入新的学习生活。

此外，2017年"新生共读"计划选用的是《地下铁路》（The Underground Railroad），2016年选用的是《圣君》（When The Emperor Was Divine），2015年选用的是《慈悲》（Just Mercy），2014年选用的是《感谢您的服务》（Thank You For Your Service），2013年选用的是《我亲爱的世界》（My Beloved World），2012年选用的是《永恒美丽的背后》（Behind The Beautiful Forevers）。

"新生共读"计划特别强调通过教育者和学习者的共同投入来实现学生在语言表达能力、书面表达能力、艺术欣赏和理解能力以及看待问题的国际视野等方面的提升目标，帮助新生实现从中学到大学的顺利过渡。

我国高校图书馆阅读推广应通过有计划的设计，提高或充实大学新生的能力和信心，以彻底摆脱学习困境，进而提高学生的参与度和投入度，使大学新生强化自我认识，建立自信，改善人际关系，增强社会适应能力，发挥潜在能力。

例如，为促进学生的全面发展，香港理工大学自2011年开始推行"READ@PolyU"共同阅读计划[①]。该项阅读活动的理念及运作模式，源于美国高校广泛推行多年的"新生共读"计划。

香港理工大学为入校新生每人派送一部英文小说作为共读文本，让

---

① 陈进，李笑野，郭晶.高校图书馆阅读推广案例精编[M].北京：海洋出版社，2017：3.

大家共同阅读。为了保障阅读效果和质量，活动中有教师导读、读者讨论等环节。主要目的是：提高学生的英文水平，为本科全程英文教学打好基础；为新生提供共同体验活动，有助于他们能更快地融入校园生活。该项计划不仅培养了学生多读好书的习惯，而且提高了图书馆馆藏的使用率，获得广大师生的踊跃支持及热烈好评。

该项阅读活动作为一个全校性项目，计划庞大，需要各部门合作推行。香港理工大学成立了筹备委员会，负责项目的策划及开展。在共同阅读计划中，图书馆担当着协调及管理整项计划的核心角色，其中包括宣传、推广、订购及派发小说等。此外，图书馆负责统筹阅读以外的延伸活动，例如组织讨论小组、链接与所读图书相关的补充资料、图片及书籍展览、作家讲座，以及就书籍内容或主题设计相关课程、举办写作比赛等。

"选书标准"是整个共同阅读计划的前提和基础，也是实现阅读推广目标的关键。香港理工大学图书馆每年2月都会邀请所有师生提名心目中的好书，筹委会审阅提名书单，并以书本的价值、可读性、吸引力和启发性为衡量准则，投票选出最合适的五本书籍，再邀请该校学生读书会的同学试读这五本书的选段。经咨询各方意见后，筹委会最后选出年度书籍。2011年共读的是《追风筝的人》，2012年共读的是《相约星期二》，2013年共读的是《饥饿游戏》，2014年共读的是《穿条纹睡衣的男孩》。图书馆之所以选择文学作品作为共读文本，基于三方面的考虑：首先是文学作品传达一定价值观，选择适当作品可以体现阅读导向意图；其次，文学语言与科学用语相比，文学语言理解和掌握的难度更大，适合用来提升语言能力；最后，文学作品具有感性悦人和适宜人群广泛的特征，能够增强活动的吸引力和读者的参与度。

在阅读互动方面，共同阅读计划为每位学生提供参与三场小组讨论会的机会，与各院系的教职员及学长以英语讨论小说的内容。小组讨论会是一个自由开放的沟通平台，设立小组讨论会的目的是：一方面希望新生在教职员及学长的指导下，通过探讨书中的人物和情节，能掌握阅读的技巧及策略，并培养从阅读中思考的能力；另一方面，通过小组讨论和交流，新生共同分享读书心得、对生活的认知和感悟，增进同学之间的认同、理解，建立密切的情感以至思想的联系。共同阅读活动对于新生掌握阅读技巧，了解老师、同学，获得对于新环境的"归属感"，尽快适应校园生活等方面起到了帮助和支持作用。

为确保能有效地引导新生分享书中的感想，图书馆还邀请英语教学中心语言导师为新生提供培训课程，主要以阅读和讨论交流的方式进行，深入浅出地教授小组讨论的方法及技巧。

为鼓励学生参与小组讨论会，凡同学出席讨论会三次，有关记录就会显示在学生事务处的课外活动成绩单上，并获得赠书。

图书馆把年度书籍纳入大学的通识课程中。教师会从小说中选取与课程大纲相关的情节，设计问题引导学生在课堂上互相讨论，希望活动能增强学校成员的互动与理解。此外，还举办与图书题材相关的展览及书展、电影欣赏会、优秀图书作者见面会，以提高学生的阅读兴趣及知识水平；组织英语反思写作比赛，通过写作提升创造力和语文技巧。共同阅读活动不但是创建学校成员的"共同意识"和"共同体验"的阅读推广平台，也是新生融入校园，培养正确的世界观与批判思维、学术研究思维，开阔视野、登高博见与扩大个人社交圈的渠道①。

在共同阅读计划结束后，图书馆鼓励学生捐出读完的年度小说，再由图书馆免费转赠给其他年级的学生，让全校同学分享图书及阅读乐趣。

共同阅读计划于2011年推出后即获得热烈反响。图书馆于2015年1月曾进行问卷调查，探讨学生在整项计划中所获得的益处。这项调查一共收到129位师生的回复，其中71%的师生反映计划有助于他们学习从不同角度讨论及分享，61%的师生表示阅读技巧有所提高，51%的师生觉得从阅读中得到启发及对生活的反思，36%的师生认为计划增强了老师与学生的交流。在2014—2015年度，PolyU Read馆藏内的1 039本书籍的总借阅次数为5 112次，平均每本被借出4.9次，远超一般外借书籍的使用量，可见在

---

① 冯展君.美国高校"新生共读计划"：对于我国大学生阅读推广活动的基本借鉴[J].高校图书馆工作，2018（2）：57-64.

增强校园阅读好书的风气方面，确实取得了明显效果[①]。

目前，很多高校图书馆都把"新生共同阅读计划"设计为一个常规活动，在新生入校时，各高等学校都会掀起阅读推广的高潮。中央民族大学从2009年秋季开始启动"同读一本书"活动，并参与一系列延展活动。陕西科技大学、北京师范大学也连续多年开展"师生共读一本书"活动。也有些高校将"共读"项目安排在"世界读书日"活动中。

阅读推广活动与读书节结合起来开展，这样有利于增强读者对"阅读"的关注度，促进活动的开展。事实上，校园内大家每天都在读书，每天都是美好幸福的节日。

第四节　阅读推广理论研究

一、数字时代对高校图书馆的影响

（一）环境因素

据中国互联网络信息中心（CNNIC）发布的第42次《中国互联网络发展状况统计报告》[②]，截至2018年6月，我国网民规模为8.02亿人，上半年新增网民2 968万人，较2017年末增加3.8%，互联网普及率达57.7%；我国手机网民规模达7.88亿人，上半年新增手机网民3 509万人，较2017年末增加4.7%，网民中使用手机上网人群的占比达98.3%。2018年上半年，网络娱乐市场需求强烈，相应政策出台以鼓励引导互联网娱乐业态健康发展。网络音乐原创作品得到扶持，网络文学用户阅读方式多样，网络游戏类型的多样化和游戏内容的精品化趋势明显。短视频应用迅速崛起，74.1%的

---

① 陈进，李笑野，郭晶. 高校图书馆阅读推广案例精编[M]. 北京：海洋出版社，2017：5–8.

② 第42次《中国互联网发展状况统计报告》[EB/OL]. [2018-08-02]. http://www.cac.gov.cn/ 2018-08/20/c_1123296882. htm.

网民使用短视频应用。

在"互联网+"环境下，电子通信移动终端诸如手机、平板电脑等成为人们普遍使用的获取信息的工具。我们得到截至2018年6月的统计数据：网络文学用户规模达到4.06亿人，较去年末增加2 820万人，占网民总体的50.6%；手机网络文学用户规模为3.81亿人，较去年末增加3 713万人，占手机网民的48.3%。统计数据表明：在信息化与数字化的今天，人们的阅读方式已经改变，手机、电子阅读器等电子设备代替书本成为阅读工具，虚拟数字阅读已逐步替代传统实体纸本阅读。

信息化与数字化深刻地影响了人类获取信息的方式和途径，也开启了高校图书馆阅读推广研究的新模式。

（二）阅读趋势数字化

数据时代，信息技术的发展对人类信息的生产、储存、传播、消费产生了全方位、多层次的影响。

从信息生产来看，人类不到一个月时间产生的信息量超过过去历史的总和，在信息海量增长的同时，原创信息在信息总量中的比重越来越小；从信息的储存来看，数字技术已经可以将绝大部分信息以二进制摹写，信息储存几乎摆脱了空间的束缚，"万卷书"可以全部储存到手机或电子阅读器里，放进口袋，成为名副其实的"移动图书馆"[1]；从信息的传播来看，互联网可以瞬间将信息从一处终端传递到世界任何一处终端，信息传递几乎摆脱了时间的制约；从信息的消费来看，人们可以便捷地获取大量信息，信息短缺现象基本消除，信息消费空前高涨。数字化对阅读的影响，最直接的是文献载体的改变，电子终端成为多数人尤其是年轻人的选择；网页、网络小说、博客、数据库、电子书等数字化读物成为阅读对象，而且渐成主流；在阅读方式上，随时随地阅读已成现实，娱乐消遣碎片化阅读已成气候；等等。

世界的信息化与数字化没有停下脚步，仍旧昂首阔步、日新月异地迈

---

① 王家莲.图书馆微书评应用前景探析[J].图书馆建设，2013（1）：56-58.

向未来。图书情报工作者应当对其影响，尤其是在阅读活动方面的影响有充分的评估和认识。高校图书馆适应新媒体的发展，不仅落脚在有效利用门户网站、微博、微信、QQ群等新平台和新途径上，而且要厘清数字时代的内在逻辑，为读者成长给予全方位的支持。

（三）推广媒介多样化

在大数据背景下，网络媒体使知识信息传播更快、更及时，"用户和读者可以通过智能移动终端实时接受最新资源和讯息"，这也为高校图书馆"最新资源、最新动态推送传递"提供高效支持，"使推广服务时效更强"，影响更远[①]。以深圳职业技术学院图书馆为例，图书馆定期在主页上推出"新书掠影""好书点评"栏目，还利用"移动图书馆"、图书馆微信公众服务号、大厅的大屏幕，宣传图书馆资源和服务，开展经典分享微博互动、与他人讨论等活动，在校园书香文化建设中发挥了作用。

高校图书馆可以利用新技术、新媒体和资源优势，根据信息接受规律和阅读习惯，实行内容分层、时段优选，增强活动效果，提高阅读推广效益。如建立微信读书群、QQ读书群，将具有相同阅读需求的读者聚集起来，围绕一个主题交流讨论，每个微阅读群由一位馆员负责，加强互动，了解用户需求。通过新技术进行推广，能够做到更有感染力，更富时代性。有些图书馆还设立了移动阅读体验区、新技术体验区，利用大学生对新技术特有的敏感开展阅读推广工作。

（四）大数据分析推动

数据时代，大数据分析和挖掘方法在各个领域得到不同程度的应用。"大数据"是一个用来描述海量的结构化和非结构化数据的短语，其特性可用"4V"描述，即数量庞大（volume）、种类多样（variety）、更新快速（velocity）和真实准确（veracity）。大数据有着非常广泛的分布，包括业务流程数据、社会大数据、个人大数据、科学大数据等。利用大数据，不仅可以在产生、收集和传递信息方面减少人力投入并缩短时间，而且可以

---

① 刘丽杰，范凤霞. 大数据环境下高校图书馆阅读推广策略与实现路径[J]. 西南民族大学学报（人文社科版），2017（8）：225-228.

在信息分析和解释上担当更重要的角色，还可以根据数据做出正确的、有效的、有依据的决定[①]。在图书馆领域，图书馆所拥有的大数据通常包括：书目数据、馆藏数据、文献知识数据、用户数据、用户行为数据、服务数据、内部业务数据等。这些数据经过分析、挖掘，可以用于馆藏分析、资源整合、用户行为分析、用户需求挖掘、了解读者阅读需求和阅读习惯、掌握读者阅读过程、精确评价读者阅读结果等各个方面。图书馆员也要努力学会使用这样的方法，不断从各个信息系统中提取、整合有价值的数据，深度挖掘，从中获取信息，从而为图书馆阅读推广提供方向性引导和日常工作的支撑。

凡雕像均有阴影，事情需要从两方面来看。数字阅读，一方面以图文绘声绘色、有声有色、情景交融且便于获取及存储的优势，给读者以全新阅读体验，这样的阅读方式便捷、轻松，大大提升了读者的阅读量；另一方面，数字阅读也容易养成碎片式阅读习惯、娱乐消遣主导、浅阅读泛滥等需要警惕的倾向。现在的年轻人是数字阅读的拥戴者。我们只有对数字阅读全面准确审视，才能对热衷于数字阅读的青年学生给予正确的引导和切实的帮助。

大学图书馆纸本图书借阅量逐年减少已是不争的事实。许多专家表达了他们的忧虑。他们认为，量的提升并不一定代表质的变化。中国阅读研究会会长徐雁教授认为，大学生阅读中缺失纸质文本阅读，在网络所营造的"大视界"中奔跑游走，存在阅读内容零碎化和阅读目标盲目化、功利化的现象[②]。事实上，阅读的历史和现实表明：消遣娱乐、获取资讯同样是阅读的功能，即便在纸本时代也是如此。阅读的意义和价值在于：增进读者的理解力，在阅读中认识自己、世界及两者的联系，形成从容不迫应对所有困境的智慧。这是阅读的本质功能，无论文献载体是纸本的

---

① 陈传夫，钱鸥，代钎珠. 大数据时代的数字图书馆建设研究[J]. 图书情报工作，2014（4）：40.

② 成爱萍. 新媒体时代高校图书馆数字阅读微媒体推广研究[J]. 图书与情报，2015（2）：57–60.

还是数字的，无论任何时代，都是如此。阅读推广从根本上讲，就是引导学生回归阅读的本质。

对高校图书馆而言，要对读者的阅读行为与需求进行调查，以读者为中心，强化读者阅读体验，完善阅读生态系统，增强大学生深度阅读的意识，关注为大学生的全面发展提供基本技能的服务。

图书馆是一个不断生长着的有机体，吴建中先生特别强调，"今后图书馆应该不断丰富载体形态，促进多元知识流通，把图书馆打造成支撑和促进创新发展的第三空间，助力用户多元素养的提升和社群活力的激发"①。

二、国内外阅读推广研究

阅读推广，是近一个时期专家学者讨论、研究的热门话题。理论的繁荣源自丰富多彩的实践活动。信息化与数字化对传统图书馆形成巨大冲击，图书馆人开启智慧、勤奋工作、努力创新，开拓图书馆服务的范围，寻找促进阅读的策略。

（一）国内阅读推广研究

1.发文量

以"中国知网"为检索系统，以关键词"高校图书馆阅读推广"为检索词，检索截止时间为2019年2月2日，共计检索到1 933篇文章，去掉174篇无效文章，采用文献分析法对这些文献的年代分布以及研究内容进行分析，具体分布情况如图3-7所示。

发文数量的年度变化，能反映出我国高校阅读推广相关方面研究的前沿动态和总体情况。图3-7是根据检索结果绘制的2010—2018年期间文献发表年代分布的折线统计图，可以看到，高校阅读推广于2010年刚起步，近年来飞速发展，进展极快，目前呈上升趋势。

---

① 孙鹏，王磊.高校图书馆创新发展趋势分析[J].大学图书情报学刊，2018（1）：75-80.

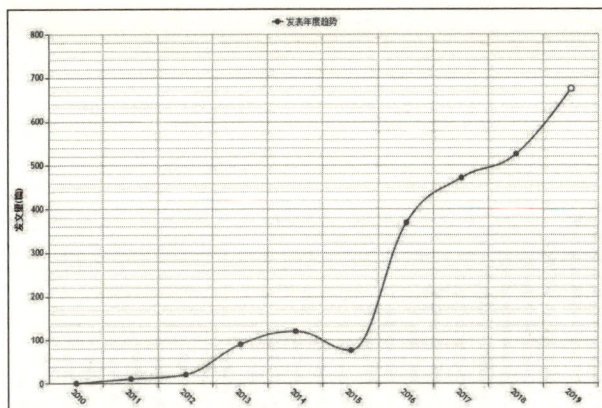

图3-7　阅读推广研究发文量年度趋势图

2.研究层次

从图3-8中可以明显看出，近年来，随着图书馆阅读推广研究的深入，学者们除了关注案例和应用的基础研究，还把焦点放在阅读推广的宏观与基础性的理论问题研究上，包括图书馆阅读推广的概念框架、图书馆阅读推广界限、图书馆阅读推广评价体系及价值等。目前，从发文量看，图书馆阅读推广依然受到图书馆界的广泛关注，阅读推广相关论文占比大，反映了图书馆阅读推广的普及性，阅读推广成了图书馆服务的主流，并且在不断拓展阅读推广的研究层面。

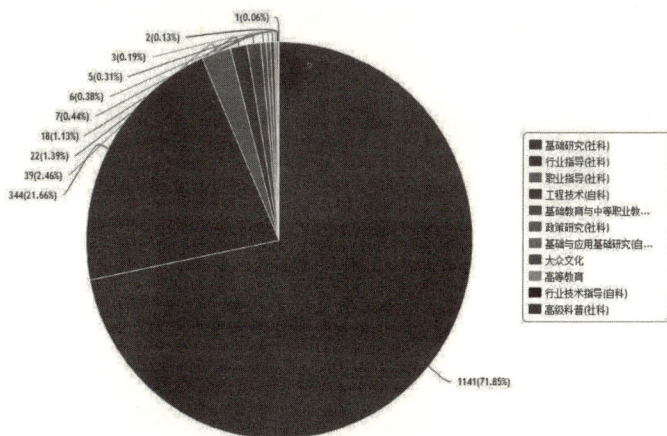

图3-8　阅读推广研究层次分布图

3. 发文机构

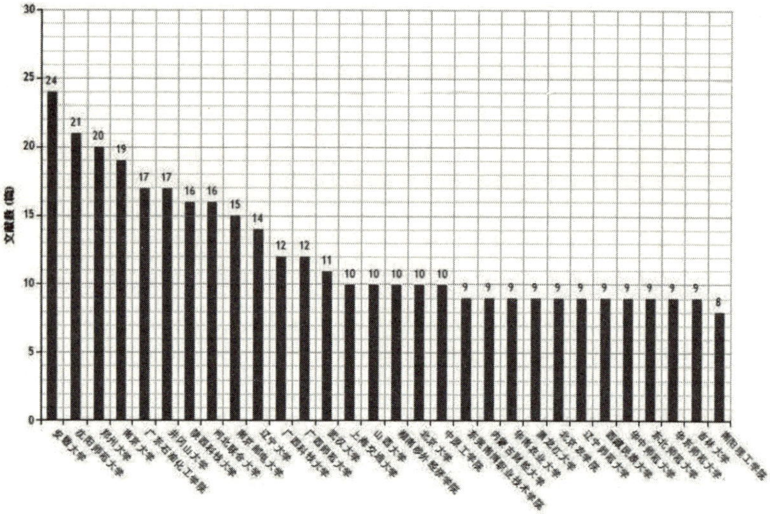

图3-9　阅读推广研究发文机构统计分析

　　根据第一作者（包括独立作者）的发文情况统计，阅读推广研究发文机构主要是高校图书馆（见图3-9）。其中，安徽大学图书馆作为第一机构，发文数量为24篇，位列第一。阅读推广理论成果的统计结果与现实实践活动高度吻合。目前，阅读推广活动开展最广泛、最深入的是高校图书馆。

　　安徽大学图书馆阅读推广实践活动也是相当突出，成绩斐然。该馆依托入学季和毕业季推进大学生阅读，以"文典大讲堂""阅读经典"为阵地推广好书好文。

　　沈阳师范大学图书馆每年4月随着世界读书日的到来开启读书季。一年一度的读书文化节旨在大力倡导全民阅读理念，用阅读涵养文化精神，用经典传承时代之声，引领书香校园新风尚。每一届读书文化节都为同学们策划组织丰富多彩的校园文化活动。每年9月在孔子诞辰日到来之际，图书馆还有文化季活动。一年一度的文化季目的是传承中华经典，弘扬传统文化，倡导经典阅读。每一届文化季也为同学们策划组织丰富多彩的传统文化体验活动，从书法、绘画、古琴、茶艺、古典音乐、文学经典等不同角度让全校师生感受中华民族优秀传统文化的魅力和精髓。这些学校既抓理论研究又抓活动实践，多措并举，用创新思维指导阅读推广实践，他们的实践经验和理论总结对业界具有重要的参考价值，值得效仿。

此外，通过发文机构所在地区的范围统计可发现，高校阅读推广工作的重要性和积极作用已成为图书馆界的共识，发文机构几乎分布到全国各地，比比皆是。

4.研究热点及趋势

在阅读推广研究中，"阅读推广""高校图书馆""图书馆阅读""大学生阅读""图书馆服务""高校图书馆服务""馆藏资源""建筑物""图书馆员"等9个关键词具有普遍意义，不具有分析价值。表3-1显示，词频数量位居前十的关键词有"阅读推广活动""阅读推广策略""微信公众平台""经典阅读""数字阅读""新媒体""阅读服务""阅读需求""阅读推广模式""移动阅读"，表明高校阅读推广领域注重研究读者的层次和阅读动机，关注在互联网、新媒体、全媒体等环境下，高校阅读推广活动及策略何去何从。

表3-1 阅读推广研究热点高频关键词统计表

序号	高频关键词	频次	序号	高频关键词	频次
1	阅读推广	1279	15	图书馆员	29
2	高校图书馆	1276	16	阅读需求	26
3	阅读推广活动	749	17	阅读推广人	25
4	图书馆阅读	283	18	媒体时代	25
5	建筑物	172	19	阅读推广模式	25
6	阅读推广策略	64	20	互联网+	25
7	微信公众平台	56	21	高校图书馆服务	25
8	经典阅读	52	22	微信公众号	24
9	大学生阅读	49	23	移动阅读	24
10	数字阅读	49	24	新媒体时代	22
11	新媒体	48	25	经典阅读推广服务	21
12	阅读服务	37	26	读书节	21
13	推广模式	36	27	阅读方式	21
14	图书馆服务	32	28	馆藏资源	20

有关研究领域早期主要侧重阅读推广存在的问题及推广策略方面的研究，随后的研究趋向将阅读推广与数字阅读、移动阅读、新媒体等相结合，并在服务模式和服务创新方面研究不断深入[①]。

国内高校图书馆阅读推广主要呈现以下特点：

（1）经典阅读活动占主导地位。传统文化经典承载着丰富的文化基因，是经过历史积淀的永恒的民族智慧记忆，是我们的情感、生活方式及价值观念的源头。围绕传统文化经典开展阅读推广，意义重大。

（2）新型阅读推广媒介得到普遍使用，各种创新活动引领了新的宣传趋势。伴随着移动互联技术的发展，智能手机、平板电脑等移动终端设备的普及，高校普遍开通了移动图书馆功能，读者可以手持移动设备登录图书馆网页，随时获取图书馆的相关资源和服务[②]。

（3）目前图书馆阅读推广评价受到了越来越多的重视，研究视角主要有阅读推广者视角和读者视角，并主要集中在单项活动评价、单个高校评价、区域性高校阅读推广评价三个层级[③]，主要方法则以实证为主，大多聚焦于活动评价指标研究。在理论研究方面，一些学者提出不能只关注数量上的指标，更应从读者角度出发，讲究实效，不能停留在场次、参与人数等表面指标上[④]，活动评估更多地需要对读者的心理和收获进行研究，其评价指标应关注读者是否养成阅读习惯和阅读成效方面，并需要设计一套科学的评价指标体系来立体地考量阅读推广活动的得失[⑤]；李斌斌[⑥]提出了阅读推广活动评价指标主要指的是针对阅读推广活动成果的评

---

① 李涛. 基于文献计量分析的高校图书馆阅读推广研究[J]. 大学图书情报学刊，2018（6）：108-114.

② 王聪. 我国高校图书馆阅读推广现状研究[J]. 江苏科技信息，2017（16）：3-4，15.

③ 章小童，柯佳秀，阮建海. 国内高校阅读推广评价研究现状与存在问题分析[J]. 图书馆工作与研究，2017（6）：52-57.

④ 王波. 图书馆阅读推广亟待研究的若干问题[J]. 图书与情报，2011（5）：32-35.

⑤ 尹秀波. 读者视角下高校图书馆阅读推广活动评价指标体系构建研究[J]. 大学图书情报学刊，2016（1）：98-101.

⑥ 李斌斌. 高校图书馆阅读推广评价机制的研究[J]. 传播力研究，2018（15）：256.

价，强调评价活动过程、活动开展后的具体指标以及通过基础数据信息反映活动的结果。徐天才等[1]提出了包括预评价机制、评价流程、激励制度等在内的完整评价机制，从活动准备、活动特色、图书馆基础运转指标、读者深度体验等多个方面来进行评价，并有效反馈到图书馆今后的活动设计和改进中。

（二）国外阅读推广研究

国外高校图书馆阅读推广的显著成效与政府的重视和支持密不可分[2]。美国政府注重图书馆建设发展，图书馆的发展上升到国家发展的战略层面，以政策法规保障图书馆的社会地位和公众对图书馆的认知。同时，政府推出"美国大学生阅读挑战""美国大学生阅读项目"等国家阅读推广项目，设立国家阅读基金、公益基金和私募基金，保障大学生阅读推广持续、高质量开展。

高校图书馆联合开展阅读推广活动，可以提升阅读推广活动的效果和影响力。美国早在19世纪时便开始尝试阅读推广的活动，已积累了上百年的经验，无论在政策立法还是项目实施的公众参与度上，都具备相对成熟的理论体系，国民阅读推广活动水平也处于世界领先地位[3]。比如美国"新生共读"计划，各高校图书馆联合开展阅读推广活动，建立阅读推广工作部门，长期有效开展各项活动。

国外高校图书馆注重通过开展特色服务，协助读者有效利用图书馆的各种资源。如美国哈佛大学图书馆推出藏书数字化、借阅直通、一对一咨询和移动阅读等服务模式；新加坡南洋理工大学图书馆开展移动阅读服务，推行"口袋图书馆"理念；韩国江源大学实行阅读认证制度，推荐优秀的图书书目，面向在校生定期举办各种读书引导宣传活动。

国外高等院校根据读者的图情需求实际情况，开展了形式多样的阅读

① 许天才，等. 高校图书馆阅读推广评价机制的研究[J]. 图书情报工作，2016（17）：47–52.

② 熊玉娟. 浅谈国外高校图书馆阅读推广活动及启示[J]. 丝路视野，2017（31）：178.

③ 王翠萍，刘通. 中美阅读推广比较研究[J]. 情报资料工作，2012（5）：97–102.

推广活动，适时向读者推送馆藏建设资源信息和服务信息，同时，又充分利用社交平台与读者互动交流，及时了解读者图情需求、解答相关疑问，实现个性化图情服务。我们可以通过深入分析、认真研究国内外高校图书馆阅读推广的成功经验，寻找解决师生图情需求的方法和途径，为读者提供更优质的服务。

第四章

高校图书馆阅读推广活动类型

在阅读活动越来越受到重视的情况下，国内外高校图书馆积极开展了各种类型的阅读实践活动。对阅读推广类型的划分和比较，可以将阅读推广目的、功能、性质、特点等内容清晰地、完整地展现出来，有助于加深对阅读推广研究对象体系化、层次化的认识。

第一节　理论研究

一、按要素分类

中原工学院图书馆馆长张怀涛出版了专著《读书有方》。他认为，阅读活动的三项要素是：读者、读物、环境，可将阅读推广方式归为三个维度。在读者维度下，根据读者特征（行业、学科、阅读能力层级、年龄、性别、地域、时间）、读者水平、读者需求、读者群集进行阅读推广类型的划分；在读物维度下，根据媒介形式（人媒、物媒、纸媒、视媒、数媒、多媒）、运作形式（对话式、沙龙式、授课式、参与式、展示式、集会式、参观式、评介式、游戏式）、组织形式、过程形式进行再次划分；在环境维度下，根据推广力度、活动周期、启动机制、效果范围进行划分[①]（见表4–1）。

---

① 张怀涛. 阅读推广方式的维度观察[J]. 大学图书馆学报，2015（6）：59–65.

表4-1 张怀涛对图书馆阅读推广类型的划分

一级要素	二级要素	活动类型
读者	读者特征	行业型推广、学科型推广、层级型推广、年龄型推广、性别型推广、时间型推广、地域型推广
	读者水平	养成型推广、训练型推广、帮助型推广、服务型推广
	读者需求	导向型推广、导读型推广、导用型推广
	读者群集	个别型推广、群体型推广、普适型推广
读物	媒介形式	人媒式推广、物媒式推广、纸媒式推广、视媒式推广、数媒式推广、多媒式推广
	运作形式	对话式推广、沙龙式推广、授课式推广、参与式推广、展示式推广、集会式推广、参观式推广、评介式推广、游戏式推广
	组织形式	直接式推广、间接式推广、联动式推广
	过程形式	正向式推广、反向式推广、多向式推广
环境	推广力度	指令性推广、倡导性推广、感染性推广、疗愈性推广
	活动周期	常态性推广、策划性推广、随机性推广
	启动机制	主动性推广、被动性推广、互动性推广
	效果范围	单项性推广、系列性推广、氛围性推广

马璇[①]等认为，国内高校图书馆开展阅读推广活动的形式主要包括读书征文、主题书展、图书漂流、同城共读、借阅排行榜、讲座培训、推荐书目、电影展播、人模、图书馆报刊等，笔者将其概括归类为"以人为媒、以书为媒、以屏为媒"三种阅读推广类型。其中，"以书为媒""以人为媒"的活动最为丰富，读者参与度高，具有可持续性，并且图书馆尝试利用新技术和新媒介将传统阅读推广活动整合为创新时尚新类型活动，受到读者的广泛好评。（见表4-2、表4-3）

例如，2018年宁波大学图书馆以"海上丝绸之路"的历史脉络与空间联络为主线，联合校团委、音乐学院等单位举办了"寻音梦海"海上丝绸

---

① 马璇,李曦,王璐.高校图书馆阅读推广活动模式研究[J].图书馆研究,2018（2）：57-65.

之路音乐会、主题书展、老宁波海洋主题照片展、主题讲座等活动，以歌曲演唱、曲艺表演、真人图书馆等形式引导读者和观众感受海上丝绸之路的历史风采，了解海上丝绸之路背后的故事。这些活动丰富了广大读者的阅读生活，也让读者更深入地了解了海上丝绸之路的文化。

表4-2 "以书为媒"阅读推广案例

序号	活动形式	代表案例	主办单位	活动内容
1	读书征文	阅文品书	陕西科技大学图书馆	通过征文活动加深读者对书本的理解记忆，同时达到导人读书、荐人书目的目的。
2	主题书展	馆藏朝鲜本精品展	华东师范大学图书馆	兼具展示性和教育性的信息传播方式，也是获取信息、促进交流、加强沟通的重要手段。
3	图书漂流	寻找书飞的印记	浙江师范大学图书馆	打破了阅读的时空限制，使人们随时随地都能享受到阅读的快乐。
4	同城共读	一校一书	湖南省各高校图书馆	通过共同阅读同一本书，打破人与人之间相互隔离的状态，将城市凝聚在一起。
5	借阅排行榜	借阅榜	南京师范大学图书馆	按图书在图书馆被借出的次数为依据而进行排序。
6	推荐书目	品味经典·沐浴书香	北京师范大学图书馆	是高校图书馆阅读推广的一种重要形式，可获取性强，持续时间长，受众面广。
7	图书馆报刊	《书林驿》	南京邮电大学图书馆	提供读者服务，使读者通过刊物与图书馆保持良好的沟通和互动。

表4-3 "以人为媒"阅读推广案例

序号	活动形式	代表案例	主办单位	活动内容
1	读书分享会	同读一本书	陕西科技大学图书馆	有共同兴趣的聚集一堂，就活动主题及书目畅所欲言，交流分享，学习反省。
2	作品朗读	"心语·畅听"朗读会	东南大学图书馆	作品朗读，是作者、作品、朗诵者、听者四个灵魂的交融。
3	培训课程	开设"阅读学"课程	中原工学院图书馆	将阅读推广从活动转化到课堂中，以教师讲授的形式呈现。
4	文化沙龙	影像读书沙龙	西北政法大学图书馆	多以茶话会呈现，活动以专家导读、读者讨论的形式进行。

（续表）

序号	活动形式	代表案例	主办单位	活动内容
5	真人秀	爱书人真人秀	东南大学图书馆	以书为核心，以人为主体，通过比赛、表演、演讲等形式呈现。
6	游戏	拯救小布之消失的经典	武汉大学图书馆	图书馆通过提供游戏服务区、举办游戏项目、设计网络小游戏，招徕和吸引读者。
7	人模	校长担任阅读推广大使	上海交通大学图书馆	形象大使凭借本人的社会影响力和个人魅力开展相关代表性的阅读推广工作。
8	主题讨论	大学生讲坛	三峡大学图书馆	开展主题讨论活动，使读者能够较快地理解主题内容，达到深入学习的目的。
9	知识竞赛	读书达人秀	郑州大学图书馆	旨在让读者更加积极地学习、掌握某类知识，掀起群体的学习热潮。
10	讲座	阅读推广，走进学院	陕西科技大学图书馆	引导读者的学习方向，使读者及时了解各个学科领域的最新研究成果。
11	真人图书馆	鲜悦	上海交通大学图书馆	以一种面对面沟通的形式来完成"阅读"人的一种知识传播手段。
12	创客空间	创客服务	南京工业大学图书馆	让知识创造与实践体验相结合，创新和交友相结合，交流创意思路，相互协作。

"以屏为媒"的形式是在"互联网+"环境下创新型的数字阅读推广模式，通过新媒体网络平台将"书""人""屏"融合，三者相互穿插，互为补充，增强读者阅读兴趣。将"书""人""屏"结合在一项阅读推广活动中是目前高校图书馆举办活动的主要方向。（见表4-4）

表4-4　"以屏为媒"阅读推广案例

序号	活动形式	代表案例	主办单位	活动内容
1	网页博客类	新书通报	东北师范大学图书馆	通过网页博客进行新书推荐，是目前高校图书馆新书推荐的主要方式。
2	微博/微信	@大学生阅读分享平台	郑州大学图书馆	加强图书馆与读者的沟通交流，增强读者与图书馆的黏性，展示推荐图书馆资源。
3	数字资源体验	数字资源·我代言	成都理工大学图书馆	宣传图书馆数字资源，使读者充分认识数字资源，提高读者的数字资源利用能力。

（续表）

序号	活动形式	代表案例	主办单位	活动内容
4	LED屏	馆藏书目推荐	陕西科技大学图书馆	利用LED屏在馆内醒目位置宣传、推荐馆藏图书。
5	经典电影展播	经典影视观摩	清华大学图书馆	以视觉和听觉上的感观刺激引发读者的阅读兴趣，提升阅读能力。

如北京大学图书馆大厅展出的"书读花间人博雅"——2013年好书榜精选书目暨摄影展，就是运用"对比+模仿"的形式，展出了30本推荐书目，创意性地将"好书推荐+摄影+模特秀"元素相结合，向北大师生发出读书的"邀请"，以特别的展览形式引起读者注意和阅读兴趣。这30本书是图书馆根据主流媒体发布的2013年好书榜单精选书目于2014年读书季推荐给北大师生的。

图4-1 北京大学图书馆"书读花间人博雅"——2013年好书榜精选书目暨摄影展展板

二、按媒介形式分类

关于文献，"文"指记录语言的符号，是有关典章制度的文字资料，也是人类劳动成果的总结载体；"献"指熟悉掌故的人，属于贤达之人。孔子曰："夏礼吾能言之，杞不足征也；殷礼吾能言之，宋不足征也。文献不足故也。"朱熹集注："文，典籍也；献，贤也。"（《论语·八佾》）古代的"文献"就是指有关典章制度的文字资料和多闻熟悉掌故的人。可见，如今流行的"真人图书馆"并不是一个新现象，我国古代就很重视贤人的交流价值。载体之下，"可分为纸质载体、数字载体、富媒载体，再加上人物载体，就构成四个类名"[①]。

岳修志[②]把图书馆阅读推广活动分为21类。（见表4-5、表4-6）

表4-5　岳修志对图书馆阅读推广类型的划分

读书征文比赛	图书推介	名家讲座
图书捐赠	读书有奖知识竞赛	图书漂流
精品图书展览	经典视频展播	读书箴言征集
名著影视欣赏	馆徽设计征集	名著名篇朗诵
品茗书香思辨赛	评选优秀读者	污损图书展览
书法作品选	书签设计	校园风景摄影比赛
读书节启动仪式	读书节闭幕仪式	读书节口号征集

表4-6　最"费力"和最"省力"的图书馆阅读推广活动

最"费力"的活动	最"省力"的活动
读书辩论赛	经典视频展播、名著影视欣赏
读书节启动仪式和闭幕仪式	图书推介
书法作品选（展览）	读书征文比赛
校园阅读（风景）摄影比赛（展览）	名家讲座
名著名篇朗诵	污损图书展览
读书有奖知识竞赛	图书漂流
书签设计	读书箴言征集
精品图书展览	评选优秀读者

① 王波. 图书馆阅读推广的定义、类型、方法：在"图书馆阅读推广理论与实践"专题研讨会上的演讲[J]. 上海高校图书情报工作研究，2017（1）：6-19.

② 岳修志. 基于问卷调查的高校阅读推广活动评价[J]. 大学图书馆学报，2012（5）：101-106.

三、按活动动因分类

张彬[1]将图书馆阅读推广活动分为23对、46种类型。有些类型是比较有特色的总结，比如仪式型和日常型、财政拨款型和社会捐助型、阅读关怀型和阅读疗法实践型等。（见表4-7）

表4-7　张彬对图书馆阅读推广类型的划分

仪式型和日常型	理念型和实施型	政策型和法规型
财政拨款型和社会捐助型	有纸型和无纸型	低碳型和共享型
网络型和实体型	展示型和推荐型	快速阅读型和深度阅读型
儿童阅读型和成人阅读型	亲子阅读型和故事会型	班级读书会型和图书馆读书会型
分级阅读指导型和生日书包型	文本阅读型和绘本阅读型	科普型和人文型
互动型和反馈型	有奖竞赛型和趣味型	主角型和主题型
一托多型和多托一型	汉民族语言型和少数民族语言型	讲坛（论坛）型和沙龙型
阅读关怀型和阅读疗法实践型	阅读推广人型和阅读大使型	

胡陈冲[2]在《大学图书馆学报》发表了一篇题为《"推—拉理论"视角下高校大学生参加阅读推广活动的动因分析》的文章。第一，从人的心理特征、发展需求因素分析了读者的阅读兴趣爱好、认同感、阅读能力、知识背景与知识结构以及自身发展的迫切程度对参加阅读推广活动的影响。第二，从环境条件因素与主体因素的相互关系分析了阅读推广活动的属性特征。比如，参与活动是强制性的还是自愿性的？阅读推广活动是否纳入学校课程体系？是否有学分？这主要用于评估读者参与阅读推广活动

---

[1] 王波. 图书馆阅读推广的定义、类型、方法：在"图书馆阅读推广理论与实践"专题研讨会上的演讲[J]. 上海高校图书情报工作研究，2017（1）：6-19.

[2] 胡陈冲. "推—拉理论"视角下高校大学生参加阅读推广活动的动因分析[J]. 大学图书馆学报，2017（1）：79-84.

的主动性。另外，胡陈冲的分类法还把中间的时间障碍和空间障碍作为考察因素，避免学生繁忙的时段和空间距离对阅读推广活动产生影响。（见表4-8）

表4-8 胡陈冲对大学生参加图书馆阅读推广活动因素的划分

读者类型	影响因素	二级因素	三级因素
学生读者	内在推力	心理特征	好奇心
			兴趣爱好
			图书馆认同感
			从众心理
		发展需求	阅读能力
			增长知识
			今后发展
	中间障碍	时间空间	
	外部拉力	主体因素	活动属性
			组织因素
			奖励制度
		环境因素	学校环境
			人际环境
			政策环境

四、按活动性质分类

王波专门对图书馆阅读推广类型进行了研究，按照5个标准来划分阅读推广类型：按活动频率分为随机性推广、常态性推广和策划性推广；按活动性质分为直接推广和间接推广；按活动角色分为主角推广、配角推广和媒角推广；按活动方法分为拉法推广、推法推广和撞法推广；按活动手段分为借图、借声、借影和借演[①]。（见表4-9）

---

① 陈幼华.阅读推广基础理论研究进展和展望[J].图书情报研究，2018（4）：14-19，40.

表4-9　王波对图书馆阅读推广类型的划分

划分标准	阅读推广类型	备注
活动频率	随机性推广	
	常态性推广	
	策划性推广	
活动性质	直接推广	
	间接推广	格式转换服务、存取共享服务
活动角色	主角推广	
	配角推广	
	媒角推广	
活动方法	拉法推广	有需求、大需求文献：热点文献、荐购文献、经典文献
	推法推广	小需求、无需求文献：新进文献、陌生文献、睡眠文献
	撞法推广	需求不明、需求混合文献
活动手段	借图	
	借声	
	借影	
	借演	

从较宏观的角度对阅读推广类型进行研究，强调的是指导性和实用性，多是在探究其他问题时体现出的一种分类思路。比如从国家立法或发布纲领性文件的角度来考虑保障公民阅读权利、优化阅读环境、多元合作促进阅读推广等问题[1]。

----

[1] 闫伟东. 国外政府及图书馆的多元化推动阅读策略及模式[J]. 图书与情报, 2013（1）：58-64.

第二节　阅读推广方法

在探究阅读推广方法时，为明确范畴，可根据活动动因、运作形式、活动过程三个方面的要素将阅读推广方法分为三类，进一步归纳为八种方法，见表4-10。

表4-10　图书馆阅读推广方法的划分

一级要素	二级要素	活动类型
活动动因	时间型阅读推广	比较典型的是高校图书馆已形成的以"两季两日"为中心的阅读推广活动，"两季两日"指的是毕业季、迎新季、校庆日、世界读书日
	联动式阅读推广	"一校一书"活动、"共读"活动
运作形式	阅读兴趣养成型推广	书目推荐、主题展览、讲座、视媒式推广、借阅排行榜、图书馆报刊
	阅读习惯帮助型推广	阅读打卡、阅读马拉松、图书漂流
	阅读导向型推广	信息素养教育、真人图书馆
	阅读能力训练型推广	读书征文活动、微书评、读书交流会、培训课程
活动过程	游戏型阅读推广	搜索大赛
	正反型阅读推广	正向式推广，即先推广图书再推广与图书有关的电影；反向式推广，即先推荐电影再推荐与电影有关的图书

一、时间型阅读推广

时间型阅读推广主要是指以高校或图书馆历史积淀形成的阅读活动时间节点为中心开展阅读推广活动。目前，高校图书馆较为普遍的阅读活动节点为"两季""两日"。"两季""两日"指的是毕业季、迎新季、校庆日、世界读书日。在"两季""两日"开展阅读推广活动，是诸多高校图书馆较为一致的选择。时间型阅读推广易于营造读书氛围，参与者都有一个共同的愿望即利用阅读活动表达强烈的读书情感，这样就可以通过互动交流，引起读者共鸣，形成巨大的阅读兴趣和深入学习的动力。

高校图书馆根据学校历史传承、办学定位和特色，形成了各有千秋的主题文化阅读推广活动。比如，南京大学读书节活动始于2006年，每年10月举办，至今已成功举办13届。活泼多元的读书节活动已经是南京大学重要的校园文化活动品牌，温馨的阅读交流场地和热情的组织者使每年的读书节激发起读者的好奇心和阅读兴趣，读书节宛如一场嘉年华盛会。2018年读书节主题为"文脉书香，学海远航"，推出各类富有创意的专项阅读活动，像题为"青春致敬匠心"的展览、读书征文活动、评选年度"优秀读者"、"唤醒沉睡的借阅卡"活动等；举办名家讲座，邀请名家走进图书馆，将他们的读书心得、人生阅历与广大读者分享；还组织举办创意类活动，如图书馆智能盘点机器人的展示、录播系统体验活动、"图书馆奇妙夜"嘉年华活动。丰富多彩的读书节活动激发了读者的阅读欲望，弘扬了人文精神，丰富了校园文化。从深度和广度来看，读书节实现了创办方通过读书节来打造爱书人世界的理念，在全校范围内进一步营造爱读书、爱学习、爱钻研的良好学习氛围，同时也使图书馆更好地围绕学校教学科研需要，进一步提升服务质量。

表4-11　南京大学第十三届读书节2018年活动安排

活动内容	时间
Ⅰ. 预热节目——露天电影《霸王别姬》	10月20日18：30
Ⅱ. 预热节目——露天电影《美丽心灵》	10月21日18：30
1. 开幕式	10月22日10：00
2. "东方紫玉茶道生活美学"——品茶活动	10月22日10：30—11：30
3. 剞劂成书，纸墨传之——雕版印刷体验活动	10月22日10：30—16：00
4. 我也来当主持人——虚拟演播室体验	10月22日10：30—16：00
5. 了解图客——你身边的智能盘点机器人	10月22日10：30—16：00
6. 享美文，助科研——关注CASHL微信领取礼品	10月22日13：30—16：30
7. "匠心传承，青春筑梦"——沙龙	10月22日14：00—16：00

（续表）

活动内容	时间
8.明信片慢递之"写给毕业日的自己"	10月22日—10月24日
9.2018年港台原版学术图书展	10月22日—10月25日
10.青春致敬匠心——东方紫玉紫砂艺术走进校园	10月22日—10月26日
11.爱我就来"修理"我——爱心图书修补活动（仙林）	10月22日10：30—12：00
12.爱我就来"修理"我——爱心图书修补活动（鼓楼）	10月24日—10月26日
13.名家讲座	
14.知识讲座17场	10月23日—11月22日
15.图书馆奇妙夜	10月26日18：00—21：00
16.2018年秋季人文社科类经典图书展	10月29日—11月2日
17.Scifinder数据库检索竞赛	10月30日—11月2日
18.年度十大"优秀读者"评选	
19.图书馆优秀志愿者、优秀勤工助学者评选	
20.闭幕式	10月29日15：00

表格来源：http://lib.nju.edu.cn/html/article.htm? id=109&fid=75

沈阳师范大学图书馆丰富多彩的阅读推广活动也是从"两季"开始的，"致青春"毕业季主题活动有："真人图书馆"学长开讲、"我的推免之路"演讲活动、"以书之名，共递温暖"图书漂流、数字资源推介、校友卡申领、"朗读者"青春故事、书海留痕借阅记录打印、最美毕业照拍拍拍、"梦想时光机"毕业站活动、毕业微语录征集、"纸短情长"以信寄情征文、"筑梦一代为我发声"脱口秀大赛等。

图4-2 沈阳师范大学图书馆2018年毕业季主题活动网站宣传页面

图4-3　沈阳师范大学图书馆"大学第一课从图书馆开始"网站宣传页面

"大学第一课从图书馆开始"入学季主题活动有：图书馆初印象、新生见面会、书影同展、"梦想卡片"活动、"心愿书单"约谈会、走读图书馆、"朗读者"榜样、"我梦想中的图书馆"有奖征文等。

浙江财经大学东方学院[①]主题书展活动开始于2016年，已举办3次，主要是以时间节点为契机，选取代表某个时间段的特定主题进行书展。比如三八妇女节，展出杰出女性相关书籍180册，借阅率为30%。2017年开始，作了一些改进，主要以迎合学生的喜好、培养阅读兴趣为主。比如，"十月，以文学的名义"主题书展，结合诺贝尔文学奖公布获奖信息这个热点，展出具有重量级的国内外各类奖项的获奖作品，如诺贝尔文学奖、雨果奖、茅盾文学奖、鲁迅文学奖、十月文学奖等著作532册，吸引读者眼球，借阅率为35%，取得良好成效；"文化传承，感恩有你"主题书展，结合西方节日感恩节这个时间节点，展出时下学生偏爱的心灵治愈系书籍，如文学、心理学等著作293册，效果显著，此类图书借阅率高达79%。

二、联动式阅读推广

联动式阅读推广活动形式并不常见。比较典型的案例是湖南省高校图工委参考美国"一书，一城"以及美国高校"新生共读"活动形式，联

---

① 郭冰瑶.高校图书馆主题书展策划研究与效果分析：以浙江财经大学东方学院为例[J].科技经济导刊，2018（8）：171–172.

合全省高校举办的"一校一书"活动，即各校教师和学生读者都推荐一本书，被推荐的次数最高的那本书就作为当年推荐给该校全体读者共同阅读的共读书。中国图书馆学会倡导开展的"同城共读"活动影响广泛，活动内容主要包括：优秀书目和必读书目推荐、读书分享会、书写读书体会等。联动式阅读推广活动打破校与校、人与人之间相互隔离的状态，让每所高校乃至每个城市都形成一种良好的阅读氛围。

三、阅读兴趣养成型推广

大数据时代，图书馆有可能通过数据分析，帮助读者找到阅读兴趣相投的伙伴，让他们建立联系，提供分享交流的平台。比如你正在读的一本书，还有哪些人在读这本书？或者读过这本书？宁波大学图书馆开发的"智慧图书馆"APP就可以对这些问题给出明确的回答。事实上，不算复杂的算法就可以将图书馆读者借阅行为留下的数据整理、归类，并进行定量分析处理，列出同一本书有谁借过、读过。根据其身份、年龄、专业等信息，融合线上线下行为数据，确定大家阅读兴趣是否相投，是否可以组成读书会集体交流同一本书，"那么大家的兴趣就会越激发越大，对所读书的内容和作者就会越钻研越深，逐渐成为这方面的达人或专家"[1]。所以，数据分析使读者行为具有"可知性"，这给图书馆与读者的交互带来机遇。

（一）书目推荐

书目推荐是以特定读者群为对象，在某个阅读关注点范围内，向读者推荐图书文献、信息资源。《中国大百科全书》将书目推荐定义为："为指导读书治学或普及文化知识，选择适合特定读者群需要的方面而编成的目录"[2]。

市面上的书籍多如牛毛，想从浩瀚的书海里找到想读的好书，并不是

---

① 王波.图书馆阅读推广的定义、类型、方法：在"图书馆阅读推广理论与实践"专题研讨会上的演讲[J].上海高校图书情报工作研究，2017（1）：6–19.
② 刘美东.高校图书馆书目推荐服务[J].晋图学刊，2015（6）：24–27.

一件容易的事情。对于图书馆而言，图书馆举办主题书目推荐活动有利于强化图书馆服务的针对性和主动性，把优秀、合适的图书资源介绍给读者来阅读。主题性书目推荐以培养读书兴趣、提高阅读技能为目标，帮助读者寻找属于自己的好书，更好地享受读书之乐，同时也拓展其阅读广度和深度。书目推荐是图书馆开展阅读推广的有效策略之一。

大学生阅读活动最基本和关键的目的便是满足求知愿望。优秀的图书目录应当能够较大程度地帮助大学生强化所学。在选择书目时，要考虑到书籍的教育性、均衡性和特色性，可适当考虑兼顾古今中外各个领域，如在哲学、文学、历史、艺术、地理等领域推荐优秀书籍，让读者广泛阅读，接受熏陶，逐渐形成较为丰富的见识。面向大学生的推荐书目，在数量上应少而精。若数量过大，则造成读者注意力分散，失去推荐的意义；若数量过小，则不利于读者知识结构的建立。

书目推荐的方式主要有以下几种。

一是与阅读研究相关的学会、协会、高校图书馆等推荐的书目。如中国阅读学研究会"年度好书"、复旦大学等校组织专家编制的《大学生阅读书目》、南京大学《南大读本》之"中外经典悦读书目"等。

南京大学2015年在秋季开学之前启动"悦读经典计划"，向本科生推荐60本经典书目。这项计划筹备了几个月时间，先由学校人文、社科、自然科学领域有很高学术造诣的校内资深教授组成专家委员会，推荐了188本候选书目，再通过师生网络评议、主编集体审定等，最终确定了60本经典书目，包含"文学与艺术""历史与文明""哲学与宗教""经济与社会""自然与生命""全球化与领导力"六个主题的经典著作及延伸书目，形成《南大读本》之"中外经典悦读书目"，具体书目如下：

文学与艺术

《唐诗选》《红楼梦》《呐喊·彷徨》《中国文学欣赏举隅》《世说新语校笺》《哈姆雷特》《安娜·卡列尼娜》《中国美术史讲座》《美的历程》《艺术的故事》

历史与文明

《史记》《中国近代史》《国史大纲》《万古江河：中国历史文化的转折与开展》《伯罗奔尼撒战争史》《海权对历史的影响（1660-1783年）》《意大利文艺复兴时期的文化》《全球通史》《罗马帝国衰亡史》《大国的兴衰》

哲学与宗教

《老子注译及评介》《四书章句集注》《理想国》《沉思录》《论人与人之间不平等的起因和基础》《精神现象学》《共产党宣言》《新教伦理与资本主义精神》《科学革命的结构》《坛经》

经济与社会

《现代经济学与中国经济改革》《新卖桔者言》《经济发展理论》《集体行动的逻辑》《不平等的代价》《乡土中国：生育制度》《中国人》（又名《吾土吾民》）《旧制度与大革命》《白领：美国的中产阶级》《资本主义文化矛盾》

自然与生命

《天工开物译注》《中国自然地理纲要》《物种起源》《什么是数学》《科学研究的艺术》《自私的基因》《千亿个太阳：恒星的诞生、演变和衰亡》《时间简史》《大流感：最致命瘟疫的史诗》《量子之谜：物理学遇到的意识》

全球化与领导力

《世界是平的：21世纪简史》《文明的冲突与世界秩序的重建》《帝国：全球化的政治秩序》《孙子兵法译注》《控制论：或关于在动物和机器中控制和通信的科学》《卓有成效的管理者》《从传统人到现代人：六个发展中国家中的个人变化》《变革的力量》《个人与组织的未来》《文化与组织》

再如，山东交通学院2017年4月23日在第22个世界读书日来临之际，确定2017年读书节的主题是"行在书道"。比起往届来，本届读书节增添了一项重要的内容，即容纳了"经典·传统阅读计划"。在《南大读本》之"中外经典悦读书目"基础上，经过学校多位专家遴选、推荐，"哲学与宗教"增加了《道德经》《墨子与墨家》《忽然惊起卧龙愁：王阳明励志文选》《人生须自重：黄宗羲励志文选》《力行而后知真：王夫之励志文选》；"历史与文明"增加了《中国史学入门》；"文学与艺术"增加了《中国建筑艺术》《桥梁史话》《刻竹小言》《高居翰（James Cahill）作品系列》《王世襄集》《沈从文的文物世界》《前朝梦忆：张岱的浮华与苍凉》《梓翁说园》。根据"交院经典·传统阅读书单"，图书馆特别采购了这批经典图书，将它们摆放在图书馆二楼的"交院经典·传统阅读书单"图书阅览区，供同学们借阅。

二是媒体、出版社定期发布的好书榜单。如"亚马逊年度图书畅销排行榜""豆瓣图书排行榜""当当图书排行榜""人文社科联合书单""凤凰读书"等好书榜，既可作为国民阅读的风向标，也为购买者在浩瀚书海中提供指引。以此为参照，读者可以从好书中汲取养分，开阔视野，滋润心灵，陶冶情操。

人文社科联合书单是由全国人文社科领域优秀出版单位联合发布的新书书讯，在近五年时间里影响力不断增强。每一期书单都集合全国40余家优质的人文社科出版机构，如中华书局、北京大学出版社、社会科学文献出版社、三联书店等的新书书讯，同时主动广泛搜寻品质优秀但知名度不高的人文社科类图书。人文社科联合书单以月为单位，从2015年5月至今，每月推出一期，每年推出11期（每年除夕当月暂停），形成40多期书单，因推荐书目具有较高的人文思想价值而引起了广泛的社会反响，成为高校图书馆、线下实体书店的采购依据，许多热爱人文社科书籍的读者也以此作为购买的参考书目。例如，2018年12月份的书单包括《1944：罗斯福与改变历史的一年》《巴尔干两千年》《百年战争（第一卷）：战争的试炼》《被狩猎的人类》《表征的重负：论摄影与历史》《长安与河北之间：中晚唐的政治与文化》《卡尔·马克思》

《罗素文集（第一辑）》等等。

在设计书目推介时，也可以参考"当当好书榜"，制定虚构类和非虚构类书单推荐，从内容到宣传以新奇特别的方式展现在读者面前。当当网每年都会从纸书购买册数、网友评论、发行码洋等维度综合考量，推出一份年度好书榜。2018年当当网虚构类好书榜十大图书为《活着》《追风筝的人》《摆渡人》《三体》《岛上书店》《我不》《许三观卖血记（新版）》《雪落香杉树》《外婆的道歉信》《失乐园》；非虚构类好书榜十大图书为《我们仨》《正面管教》《我喜欢生命本来的样子》《所谓情商高，就是会说话》《生活需要仪式感》《万历十五年》《天才在左疯子在右》《半小时漫画中国史》《皮囊》《断舍离》。从这两份书单来看，"虚构""非虚构"是对应一切以现实元素为背景的写作。从当当网的非虚构类好书榜单中不难发现这些关键词：生命、情商、仪式感……无论是《我们仨》《我喜欢生命本来的样子》，都不难发现：上榜的大部分图书之所以为购买者所青睐，在于从个人的切身感受出发，以个人的体验为核心进入一个"小世界"。从这个角度出发设计阅读推广书目推荐，既新奇又可以引起读者的阅读兴趣。

标题、摘要、封面是对书目主题的直接体现[1]。标题、摘要是内容的最重要信息的概括。标题有着自身的结构、形式和内容，有着独特的语义、语用功能和一定的美学功能。标题选择十分关键，通过标题的短短几个字，要全面呈现出内容主体中事件的时间、地点及人物等要素和整篇文章的精髓。

如东北师范大学图书馆微信推荐书目，对标题、摘要这些重要部分就有细致的分析和规定，强调了标题的美学功能。在版面设计上，通过占用较大的空间、使用粗大的色彩丰富的字体、标题的内在深意、黑白或彩色的图片等，给予读者视觉享受，提升读者阅读书目的兴趣。（见表4-12）

---

① 黄颖，杨贺晴. 高校图书馆微信公众平台推荐书目模式及效果调查研究[J]. 大学图书馆学报，2018（3）：75-83，101.

表4-12　东北师范大学图书馆微信推荐书目模式

	内容准则	格式准则
主题	贴近校园生活，紧跟时事热点	
标题	言简意赅，有吸引力	20个字以内，系列书单前缀统一，如"校长书单"
摘要	延伸标题含义，预示书目内容	50个字以内，可回行
封面	与标题、内容相关	清晰、美观，无多余Logo，最佳分辨率900*500
正文	原创、生动有趣、弘扬正能量、可读性强	图文并茂，避免大段文字
推荐书目	书名、封面、作者、出版社、索书号、馆藏地、简介	信息准确，封面清晰，无多余Logo，排版简约
往期索引	用关键词概括往期书目信息，并添加超链接，每期更新	蓝色12号字

三是根据节日、时事政治、社会热点，进行专门的主题书目推荐。高校图书馆对相关主题的图书资料进行搜集整理，可进行系统推荐，同时推荐书目还要满足本校图书馆现有馆藏的条件。例如，东南大学图书馆的"书香东南"栏目向大家介绍五本经济类书籍《长尾理论》《黑天鹅：如何应对不可预知的未来》《新卖桔者言》《浪潮之巅》《大败局》，希望能够帮助读者用简单的经济理论与概念来解释表面看似复杂的世界。

【案例】

山东交通学院图书馆微信公众号书目推介

今日大寒 | 这份书单带你读懂节气的故事

小寒之后过15天就是大寒，在农历四九前后，为二十四节气中最后一个节气。"寒气之逆极，故谓大寒。"（《授时通考·天时》引《三礼义宗》）

实际上，大寒与小寒仅是相对而言，表示天气寒冷程度与物候变化的关系。所以，民间有"小寒大寒，冷成一团""大寒不寒，春分不暖""大寒见三白，农民衣食足"等等谚语。

图4-4　山东交通学院图书馆网站宣传页面

这时寒潮南下频繁，大风，低温，地面积雪不化，是我国大部分地区一年中最冷时期。此时天气虽然寒冷干燥，但因为已近春天，所以不会像大雪到冬至期间表现得那样酷寒。

到大寒时节，各地农活依旧很少，人们开始忙着辞旧迎新，赶年集，买年货，写春联，腌制年肴，节气中充满了喜悦与欢乐的气氛，中国人最重要的节日——春节，就要到了。

BOOK 1

中国书写：二十四节气

作　　者：庞培　赵荔红
出版社：上海文艺出版社
出版年：2018年4月
分类导航：I 文学
索书号：I267/3883
所在馆藏地点：长清社科图书阅览室/无影山社科图书阅览室

图4-5　《中国书写》书影

内容介绍：

二十四节气是中国农历中的特定节令，是中国传统文化的精髓，在千年的传承中，凝结了整个汉民族的智慧、情感、人伦以及对天地人的透彻感悟。本书精心挑选了中国文坛24位优秀散文家，以一个人书写一个节气的方式，从不同角度书写以二十四节气为核心的自然物候、历史文化、故乡亲情、生命体验。

BOOK 2

花开未觉岁月深：二十四节气七十二候花信风

作　者：丁鹏勃　任彤　撰文

　　　　（日）巨势小石　绘

出版社：中国画报出版社

出版年：2018年8月

分类导航：P 天文学、地球科学

索书号：P462/3

所在馆藏地点：长清白科图书阅览室

图4-6　《花开未觉岁月深》书影

内容介绍：

本书内容主要由五部分组成：一是中国国家博物馆副研究员丁鹏勃和北京民间文艺家协会会员任彤对二十四节气民俗的阐释；二是19世纪日本画家巨势小石《七十二候名花画帖》的手绘原稿；三是中国农业大学园艺学教授义鸣放对七十二候植物的鉴赏；四是每候植物配以两首古典诗词；五是附有二十四张可涂色黑白线稿。另外，中国社会科学院文学研究所民间文学室主任、2015—2017年联合国教科文组织非遗审查机构评审专家安德明作文推荐。装帧设计方面延续《美了千年，却被淡忘：诗经名物图解》"书中书"的形式，裸脊锁线装订，三面朱红色刷边。

BOOK 3

于丹趣品汉字：节气节日篇

作　者：于丹

出版社：九州出版社

出版年：2018年5月

分类导航：H 语言、文字

索书号：H12-49/15（1）

所在馆藏地点：长清社科图书阅览室

内容介绍：

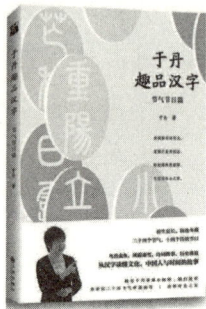

图4-7　《于丹趣品汉字》书影

从2016年11月30日开始，我们的二十四节气被正式列入联合国教科文组织的人类非物质文化遗产名录。其实从小时候起，许多中国孩子都熟悉且背诵过《二十四节气歌》："春雨惊春清谷天，夏满芒夏暑相连，秋处露秋寒霜降，冬雪雪冬小大寒。"这四句里，藏着一年四季二十四节气。这是古人长期对自然界的物象进行观察的经验总结，里面充满了生活的智慧。

春种夏耕，秋收冬藏，节气与节日里藏着大自然的语言和代代沿袭的民族基因。

于丹老师从文字学角度，讲中国历史悠久的节日与节气。从节气故事、历史由来到古诗谚语、天文气候，应有尽有，字里行间传递着传统文化与自然之美。

四是学校师生读者和馆员协同推荐书目。

教师是学生学习知识的引导者和组织者，他们对学科领域有着深入的理解。教师在各自的研究领域推荐读物，对大学生知识学习有很大的指导作用。复旦大学图书馆在举办"红楼梦图像传播"讲座之后，对于红楼梦研究的代表性著作，由孙逊老师给出了下面的推荐书目：

研究著作：胡适《胡适红楼梦研究论述全编》、周汝昌《红楼梦新证》、俞平伯《红楼梦研究》、李希凡《评〈红楼梦研

究）》、何其芳《论红楼梦》、蒋和森《红楼梦论稿》、余英时《红楼梦的两个世界》、冯其庸《瓜饭楼重校评批红楼梦》

有关图像书籍：阿英《红楼梦版画集》、阿英《杨柳青红楼梦年画集》、王少石《红楼梦印谱》

罗书华老师则给出了下面的推荐书目：

原著：《脂砚斋重评石头记甲戌校本》《脂砚斋重评石头记己卯校本》《脂砚斋重评石头记汇校汇评》《重校八家评批红楼梦》《王伯沆批校〈红楼梦〉》

研究著作：蔡元培《石头记索隐》、俞晓红《王国维红楼梦评论笺说》、胡适《胡适红楼梦研究论述全编》、俞平伯《红楼梦研究》、杜景华《红楼梦的心理世界》、邓云乡《红楼风俗谭》、陈维昭《红学通史》

此外，图书馆也应该和老师、学生联合起来，通过举办座谈会等形式的信息交流活动，对主题书目进行评议，去粗取精，为学生推荐一系列参考价值高、知识性强、信息较新的书籍。

主题书目推荐的形式可以多种多样，主题书展是最常见的形式，还有微信公众号平台也可推送推荐书目信息。微信书目推荐的每本书均会标注索书号、馆藏地等信息，可以把OPAC（联机公共目录查询系统）和微信公众平台联系起来，通过微信平台向读者提供馆藏纸本图书及电子资源的查询服务，方便读者获取，满足读者随时随地了解资讯的需求。

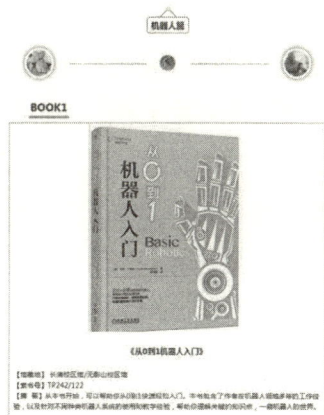

图4-8　山东交通学院微信公众平台新书推荐

图4-9　山东交通学院微信公众平台扫码读书

　　五是新书推荐。

　　"新书"一词在《现代汉语词典》中的解释为："崭新的书；将出版或刚出版的书（多指初版的）。"要把图书推荐工作做得细致，让用户看得清晰、明白，就需要对推荐图书的"新旧"类别进行区分。一般来说，按出版时间划分的图书推荐可分为"新书推荐"（新出版的图书推荐）、"经典推荐"（以往出版的图书推荐）和"专题推荐"（不分出版时间的图书推荐）[①]。新书推荐是比较常用的书目推荐方式。图书馆员对于采购的新书比较了解，可以把最新采购的图书依据采购重点，有针对性地按主题进行分类、重组和再次呈现，进而确定优质书目，定期、分批推荐给读者。在宣传方式上，推送的信息还可以包含第三方书评、借阅情况、电子书链接等信息，设计出符合读者群审美、设计感强的海报或微信推文，吸引读者的关注。通过刊物上的固定栏目，定期向读者推送资源建设信息，让读者及时了解图书馆资源更新动态，从而提高文献信息资源的使用效率。

　　山东交通学院信息科学与电气工程学院为适应社会发展形势，探索和

---

　　① 谭翔尹. 国内公共图书馆新书推荐服务探析[J]. 山东图书馆学刊, 2018（4）：82-85.

建立协同育人机制，在2018级学生中遴选62名优秀学生组建人工智能"卓越计划"创新班。图书馆也主动提供了与"人工智能"相关的新购置图书的出版信息、内容简介及馆藏情况，便于读者对主题新书给予更多关注。

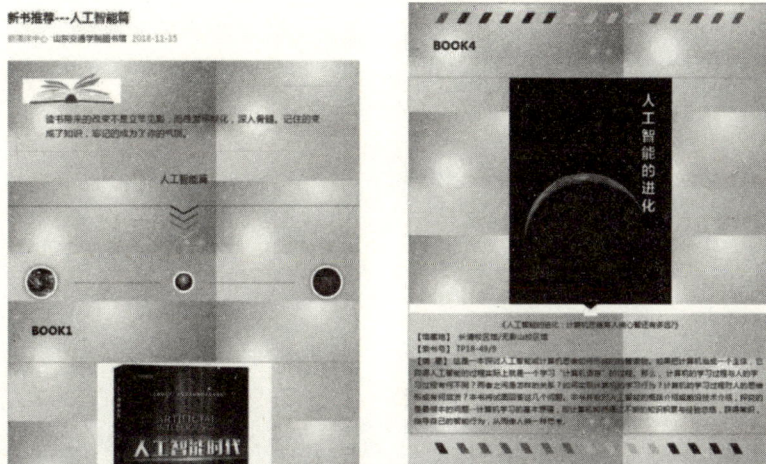

图4-10 山东交通学院图书馆微信公众号"新书推荐——人工智能篇"

（二）主题展览

意大利社会学家维尔弗雷多·帕累托提出的帕累托原则揭示："80%的阅读量取自书架上20%的书籍。"读者在选择书籍的时候，往往面临选择困惑和信息闭塞。图书馆针对不同类型的图书，可以定期开展主题书展活动。展览是一种集信息、通信和娱乐为一体的营销媒介。高校图书馆纸质馆藏经过多年的采购工作，形成了一定的系统性和学科特色，展览能够吸引更多师生走进图书馆，将读者目光吸引到小范围馆藏资源上，资源展示更能激发参观者的阅读兴趣，从而提高藏书资源的利用率和借阅量。

山东交通学院曾在图书馆一楼大厅设置了经典热门图书专柜，效果显著。图书馆约请各专业资深教师推荐图书，并将所有图书整理到展厅，供读者轻松取阅。

关于书展策划，首先可以采用追踪读者学习热点与图书馆员积极引导相结合的方式，进行主题设计；其次，要注重宣传，可利用海报、微信、图书馆主页等宣传方式，进行全方位的持续性报道，在读者中形成广泛而持久的影响。

图4-11　山东交通学院图书馆书展

主题展览要建立一个长效机制，形成一个主题书展品牌，有一套符合本校气质的书展理念，如"让书活起来"的理念。2018年复旦大学图书馆在开放特藏中心之前，举办了图书馆的特色珍藏展——老西文图书展，向师生展示一批珍贵的馆藏精品，内容涉及中外的政治、文化、地理、风俗、艺术、宗教等，涵盖社会生活的各个层面，从国际视角来宣传图书馆保存的文化。

（三）讲座

高校图书馆针对学生较为感兴趣的某个专题，聘请专家学者举办与专题有关的知识讲座，可以扩大学生视野，满足学生多元文化需求。讲座内容涉及学科专业前沿信息、学科动态、文化生活等各个方面。

高校图书馆是对学生进行第二课堂成长教育的重要场所，除了要为读者提供文献信息资源获取和咨询的服务，还应辅助素养教育，为学生举办各种开阔视野、活跃思维、启发智力的讲座活动。南京大学图书馆在读书节举办名家讲座，邀请南京大学文学院副院长、中国古代小说网创办人苗怀明讲述《悲情千古说红楼》；邀请南京大学历史学院教授、江苏省基础教育指导委员会历史学科专家组组长陈仲丹分享《经典阅读与传统阅读的二难选择》。这些讲座利用直接交流的互动方式，以知识为纽带拉近专家和读者之间的距离，使学生接受不同学科专家学者的知识信息，在图书馆浓厚的知识氛围中自我学习。山东交通学院图书馆为继承发扬中华民族优秀传统文化，挖掘经典文化的现实意义，2017年12月6日在教师阅览室举办了主题为"经典深阅读·再读《道德经》"的读书沙龙活动，由图书馆馆长刘一石主讲，部分馆员和初评入围读者共80余人参加。参加者积极踊跃，纷纷举手争取发言。主讲人刘一石对大家各种见解的点评切中肯綮、恰当精确，不仅能引领大家兴起人生的终极思索，也能令人感受到经典文化带来的自豪和幸福之感。

图4-12　山东交通学院图书馆"经典深阅读·再读《道德经》"读书沙龙

【案例】

山东交通学院图书馆"文苑雅集·中国传统文化初体验"系列讲座活动

随着山东交通学院国际化进程的加快，图书馆采取多种措施，积极适应学校国际化人才培养的新形势以及构筑留学生人才培养的新体系。

2017年5—12月，成功举办了"文苑雅集·中国传统文化初体验"系列活动。50余名留学生兴致盎然地参加了沙龙讲座精心设计的融听、说、读、写和深度体验于一体的中国文化系列活动。

"文苑雅集·中国传统文化初体验"系列活动介绍了茶道、书法、绘画、香道等门类的中国传统文化艺术。为进一步加强留学生与中国学生的互动与交流，使活动成为中外学生沟通的平台，活动还邀请了国学社、汉服社、兰心亭书画社、外国语学院、经济与管理学院、艺术与设计学院等团体和单位，中国学生参与了口译和才艺展示表演。活动特邀孙洁副教授为学生讲解中国传统文化的内涵。在活动中，同学们深深体会到了中华文化的博大精深和独特魅力，每位体验者的脸上都洋溢着欢快的笑容。沙龙结束后，同学们意犹未尽，兴奋地向老师们展示自己的成果，如唯美的水墨画、个性十足的书法等。

"文苑雅集·中国传统文化初体验"沙龙已成功举办过四次，为来华学生提供了亲密接触、了解和体验灿烂的中华文化的机会。留学生纷纷表示非常喜欢这种将中华文化的展示和汉语课堂教学、语言实践活动有机融合在一起的文化沙龙活动，希望有机会再次体验。

通过不断改进活动内容和活动形式，优选文化内涵丰富、表现力强的文化项目，"文苑雅集·中国传统文化初体验"逐步成为图书馆助力留学生汉语学习的经典品牌，为推动学校文化教学的发展发挥重要的作用。

一、文苑雅集·中国传统文化初体验——茶道

琴棋书画诗酒花，这是古代文人的七件雅事；柴米油盐酱醋茶，这是人们生活的必需品。茶，一片最普通的树叶，却被中国人列在了生活必需品中。茶可以很高雅，美得可以用来表演，从水、火、器、境等方面给人以美学的享受。而茶又可以很通俗，通俗到人人可用，拿个盖杯，放一撮茉莉花，倒上热水，便是一番享受。

图书馆邀请孙洁副教授主持面向留学生的中国传统文化沙龙，讲解中国传统茶道文化。沙龙从茶史到每个朝代的饮茶方式，再到茶道器具的使用方法，一点一点地展示给留学生。在活动中，孙老师还讲解了茶道礼仪。中国人是爱茶的，中国人也是最讲究礼仪的，当这两者融合在一起时，给人的并不是繁文缛节的感受，而更像是用一种仪式感来唤醒茶中的自然韵味，让留学生体会中国传统美学的意境。

二、文苑雅集·中国传统文化初体验——中国书画

2017年12月6日，图书馆再次邀请孙洁副教授在教师阅览室举办"文苑雅集·中国传统文化初体验——中国书画"沙龙。沙龙还邀请了国学社、兰心亭书画社、艺术与设计学院学生、经济与管理学院学生及留学生。师生共同认知与赏析中国传统书法、绘画艺术，体验用毛笔蘸墨在宣纸上书写、勾勒、晕染，一起了解极具东方魅力的中国书画。

图4-13 文苑雅集·中国传统文化初体验——中国书画

图4-14 文苑雅集·中国传统文化初体验——中国书画

三、文苑雅集·中国传统文化初体验——香道

2017年11月，孙洁副教授在教师阅览室主持"文苑雅集·中国传统文化初体验——香道"沙龙。国学社、汉服社、外国语学院学生及留学生共同品味中国香道文化。

宋代著名文学家苏轼曾写下"花气无边熏欲醉，灵芬一点静还通"。古人闻香、品香的历史源远流长。在观看表演前，大家共同学习调息，让呼吸更顺畅；然后是备火、梳灰、整理灰形、压灰、打香筋等一系列流程，最后是赏香、闻香。留学生通过香道这一传统文化，了解如何利用品香静下来调养气息、提升智慧。

图4-15 文苑雅集·中国传统文化初体验——香道

　　2017年11月"文苑雅集·中国传统文化初体验——香道"沙龙采用中英双语对话，孙洁副教授指导外国语学院英语专业的学生翻译了"香道"的英文文稿，两位学生现场口译。

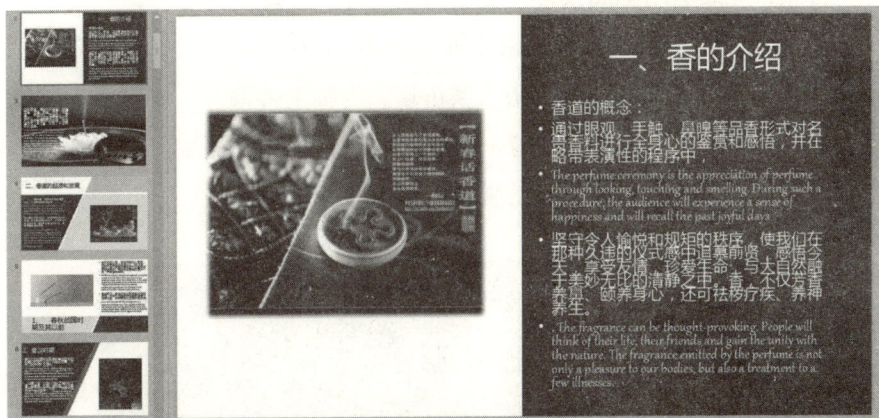

图4-16　文苑雅集·中国传统文化初体验——香道

（四）视媒式推广

　　视媒式推广是在新媒体技术条件下，采用微视频等形式，以影像视觉传播为手段的新型阅读推广方式。

　　微视频，顾名思义，即短小的视频。微视频时长一般不超过10分钟，拍摄、制作设备和技术要求低，因此制作方便、成本低。奥斯卡"最佳动画短片"都能叙述一个跌宕起伏、扣人心弦的完整故事，然而影片时长一般不超过5分钟。所以，一则微视频只要精心编剧、制作，可以容纳相当丰富的内容。

　　以微视频为载体开展阅读推广，不仅丰富了活动的形式，推广起来也有自身的优势和特点。

　　首先，微视频集中了声音、图像，包含着丰富的感性材料，具有直观、亲切、悦人的属性，因此以其作为阅读推广的媒介，更容易吸引人，实现传播目的。

　　其次，微视频播放时间短、体量小，适合在移动终端设备上播放。视媒式推广适合年轻人喜爱移动阅读、碎片化阅读的习惯，能增强活动的效果。

最后，微视频制作技术要求不高，简单方便。活动参与者经过简单的学习就可以拍摄素材，若构思得当的话，不经剪辑就可以完成一则视频。这一特点，无疑会增强阅读推广活动的趣味性、互动性和参与感。

微视频已成为校园流行的阅读推广方式。2017年5月12日，山东大学隋华教授做客山东交通学院影山人文讲坛，为师生带来了一场主题为"诵读诗韵，传承经典"的精彩讲座。隋华教授在开讲前，播放了山东工艺美术学院广告学专业为讲座录制的微视频宣传片。

图4-17　微视频宣传片截屏

图4-18　微视频宣传片

（五）借阅排行榜

借阅排行榜的排序方式通常有两种：

一是根据一定时间内书籍的借阅量或次数由多到少来排列。由图书借阅量形成的排行榜，在一定程度上反映了读者的阅读趋向。如果我们按照教师、学生以及他们所属的专业或年级进一步细化，分类排行，可以形成引导读者阅读的书目，起到阅读推广的作用。需要注意的是，借阅量大的图书未必是适合拿来推荐的，需要根据阅读引导意图加以研究甄别。

二是根据一定时段内读者借阅数量由多到少来排列。由读者借阅行为形成的排行榜，可以在一定程度上反映读者个人或群体的阅读状况和阅读氛围。排行榜可根据需要按照院系、专业、年级、个人形成榜单。需要注意的是，对于异常的数据，需要分析其背后形成的原因。比如一位读者在很短的时间内借了100多种书，这已经违背了阅读规律。

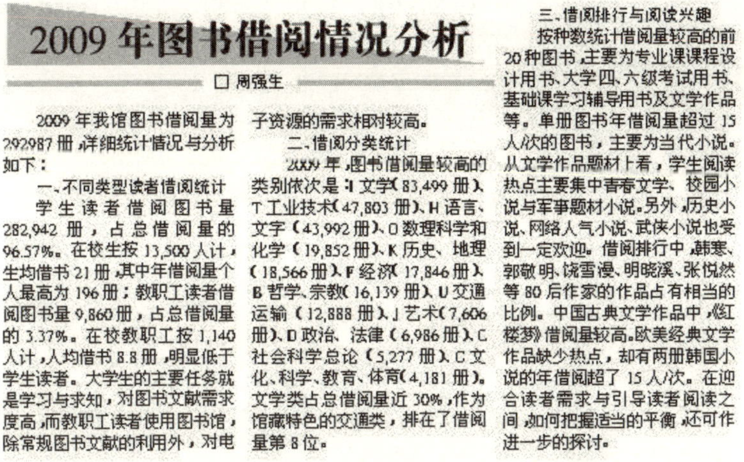

2009 年图书借阅情况分析

□ 周强生

2009 年我馆图书借阅量为 292987 册，详细统计情况与分析如下：

一、不同类型读者借阅统计

学生读者借阅图书量 282,942 册，占总借阅量的 96.57%。在校生按 13,500 人计，生均借书 21 册，其中年借阅量个人最高为 196 册；教职工读者借阅图书量 9,860 册，占总借阅量的 3.37%。在校教职工按 1,140 人计，人均借书 8.8 册，明显低于学生读者。大学生的主要任务就是学习与求知，对图书文献需求度高，而教职工读者使用图书馆，除常规图书文献的利用外，对电子资源的需求相对较高。

二、借阅分类统计

2009 年，图书借阅量较高的类别依次是：I 文学（83,499 册）、T 工业技术（47,803 册）、H 语言、文字（43,992 册）、O 数理科学和化学（19,852 册）、K 历史、地理（18,566 册）、F 经济（17,846 册）、B 哲学、宗教（16,139 册）、U 交通运输（12,888 册）、J 艺术（7,606 册）、D 政治、法律（6,986 册）、C 社会科学总论（5,277 册）、G 文化、科学、教育、体育（4,181 册）。文学类占总借阅量近 30%，作为馆藏特色的交通类，排在了借阅量第 8 位。

三、借阅排行与阅读兴趣

按种数统计借阅量较高的前 20 种图书，主要为专业课课程设计用书、大学四、六级考试用书、基础课学习辅导用书及文学作品等。单册图书年借阅量超过 15 人/次的图书，主要为当代小说。从文学作品题材上看，学生阅读热点主要集中青春文学、校园小说与军事题材小说。另外，历史小说、网络人气小说、武侠小说也受到一定欢迎。借阅排行中，韩寒、郭敬明、饶雪漫、明晓溪、张悦然等 80 后作家的作品占有相当的比例。中国古典文学作品中，《红楼梦》借阅量较高。欧美经典文学作品缺少热点，却有两册韩国小说的年借阅超了 15 人/次。在迎合读者需求与引导读者阅读之间，如何把握适当的平衡，还可作进一步的探讨。

图4-19 山东交通学院《图书馆文苑》2010年春季号“2009年图书借阅情况分析”

我们可以将以上两种方式结合起来推出综合排行榜。由于可供参照的数据多，综合排行榜可以用来分析借阅行为的相关性。综合排行榜在实施阅读推广、引导读者阅读方面更有价值。例如，2017年北京工业大学读者最爱看的图书和续借最多的图书情况统计见表4-13和表4-14。

表4-13　北京工业大学读者最爱看的图书

人文社科类借阅榜				
书名	作者	出版社	出版年	借阅次数
明朝那些事儿	当年明月	浙江人民出版社	2011	115
中国通史：彩插普及版	李伯钦	凤凰出版社	2012	23
统计建模与R软件	薛毅	清华大学出版社	2007	22
新版中日交流标准日本语：初级	人民教育出版社	人民教育出版社	2005	20
社会心理学=Social Psychology	迈尔斯	人民邮电出版社	2006	19

自然科学类借阅榜				
书名	作者	出版社	出版年	借阅次数
Integrated solid waste management=固体废物的全过程管理：工程原理及管理问题	Tchobanoglous，George	清华大学出版社	2000	70
ABAQUS有限元分析常见问题解答	曹金凤	机械工业出版社	2009	44
Basic television and video systems	Grob，Bernard	Glencoe/McGraw-Hill	1999	35
数字图像处理=Digital image processing	冈萨雷斯	电子工业出版社	2007	32
性心理与人才发展	蔺桂瑞	世界图书出版公司北京公司	2001	29

表4-14　北京工业大学读者续借最多的图书

读者续借图书榜				
书名	作者	出版社	出版年	续借次数
鸟哥的Linux私房菜/基础学习篇	鸟哥	人民邮电出版社	2007 2010	24

（续表）

读者续借图书榜				
书名	作者	出版社	出版年	续借次数
Basic television and video systems	Grob,Bernard	Glencoe / McGraw–Hill	1999	20
ABAQUS/Explicit有限元软件入门指南	庄苗	清华大学出版社	1999	14
ABAQUS有限元分析常见问题解答	曹金凤	机械工业出版社	2009	14
数字图像处理=Digital image processing	冈萨雷斯	电子工业出版社	2007	13
Integrated solid waste management=固体废物的全过程管理：工程原理及管理问题	Tchobanoglous, George	清华大学出版社	2000	13
红楼梦：百家汇评本	陈文新	长江文艺出版社	2005	12
MATLAB数字信号处理	王彬	机械工业出版社	2010	12
精通MATLAB神经网络	朱凯	电子工业出版社	2010	12
结构力学	朱慈勉	高等教育出版社	2004	11

按读者续借次数统计情况来看，《鸟哥的Linux私房菜/基础学习篇》成为北京工业大学读者看了又看的图书。

按外文图书被借次数统计情况来看，与2016年相比，北京工业大学读者最喜欢看的外文图书是《Integrated solid waste management》，年借阅次数高达70次。

（六）图书馆报刊

图书馆报刊是图书馆同仁之间、图书馆与读者之间、馆际同行之间的交流平台，也是展示图书馆的文化和形象的窗口。图书馆报刊过去一般是报纸、刊物两种形式，现在多为传统纸媒+数字版的形式。南京邮电大学图书馆的《书林驿》、东南大学图书馆的《书乐园》（季刊）、西南政法大学图书馆的《法府书香》、暨南大学图书馆的《暨南书虫》等，是目前业界有影响力的图书馆报刊。

时至今日，栏目内容已经成为图书馆报刊细节设计的重要环节。虽然图书馆报刊从本馆书目介绍、馆内动态、活动开展、本地文化到图书馆学各个领域及相关学科发展论述都有所涉及，但是与其他公开出版的专业刊物相比，作为图书馆报刊结构中的重要环节，栏目内容的创新打造、深耕拓展却常常被有意无意地忽略掉。

过去，因为获取信息的渠道不多，图书馆报刊版面较少、承载的信息量有限，人们打开图书馆报刊，很容易读到自己感兴趣的内容。但随着信息时代的发展，通过阅读获取的信息趋于多样化、碎片化，一个缺少栏目内容设计而让读者自己去找内容的版面，显然其可读性难以体现，读者也不会有必读的需求和兴趣。不言而喻，连续在相对固定的位置刊登同类性质稿件的栏目内容，很容易牵动读者的视线，引起读者的注意，分众功能可以满足不同读者对不同信息的需求，读者总会不自觉地寻找自己喜欢的栏目内容。一些重点栏目内容，因其字体的变化、框线、题头、色彩的运用等，会产生明显的视觉变化，达到信息刺激的效果，因而也能有效提高关注度。有些栏目内容还建立起新型的传受关系，注重与读者的互动。譬如，专栏作者都会留下与读者互动的联系方式；有的专栏还开设与读者互动的小板块；采用一些时下流行的现代交流方式，建立个人主页、APP客户端，与读者进行网络互动等。这样，可建立起有效的信息反馈机制，使图书馆报刊能够最直接迅捷地获得宝贵的反馈信息。在栏目内容成熟的时候，可适当推出衍生产品，进行二次开发。比如，以栏目内容的名义拍微电影，召开读者见面会，举办读者沙龙、研讨会，组织各种公益活动，充分实现图书馆报刊和读者之间的零距离。

具有一定号召力和影响力的高质量栏目内容，必定经过了长期培育、包装、改进，集中体现了所属图书馆报刊的特色和个性，是图书馆报刊的鲜明标志。因为该栏目内容在其目标受众中呈现出一种独特、稳定的形象，以一种简单易识的个性化和独有性而赢得读者，可谓是图书馆的招牌和名片。

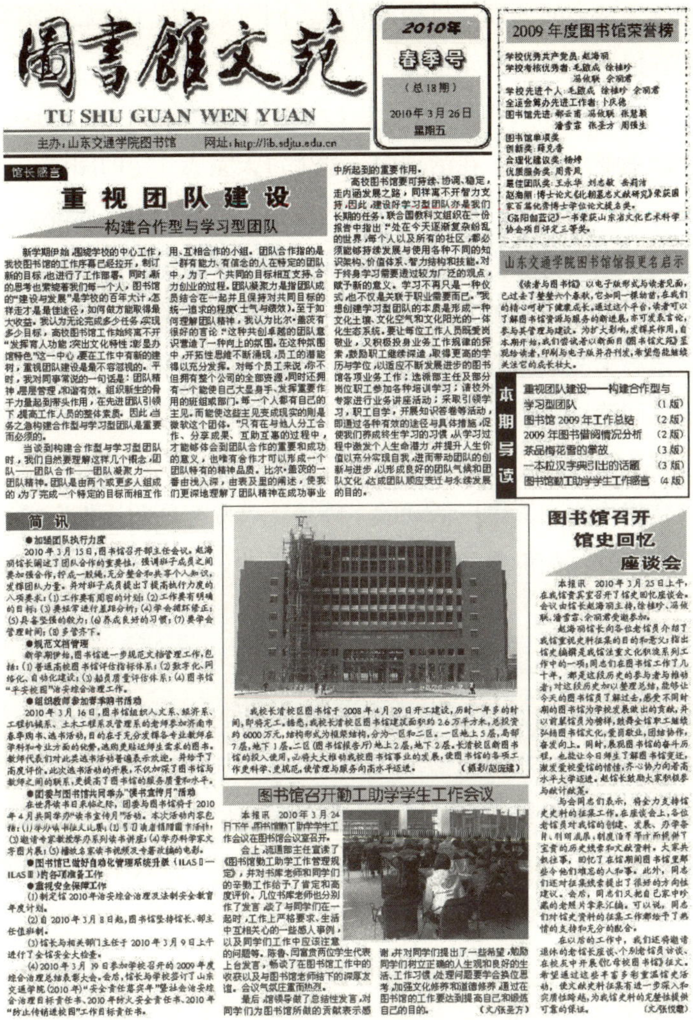

圖書館文苑

TU SHU GUAN WEN YUAN

主办：山东交通学院图书馆　网址：http://lib.sdjtu.edu.cn

2010年 春季号 （总18期） 2010年3月26日 星期五

2009年度图书馆荣誉榜

学校优秀共产党员：赵海丽
学校考核优秀者：毛殿成 徐桂珍 冯依联 余丽君
学校先进个人：毛殿成 徐桂珍 余丽君
全运会筹办先进工作者：卜庆德
图书馆先进：郗云甫 冯依联 张慧颖 潘雪霏 张圣方 周德生
图书馆单项奖
创新奖：薛克香
合理化建议奖：杨婷
优质服务奖：周秀凤
最佳团队奖：王永华 刘志敏 岳莉清
赵海丽：博士论文《北朝墓志文献研究》荣获国家百篇优秀博士学位论文提名奖。
《洛阳伽蓝记》一书荣获山东省文化艺术科学协会项目评定三等奖。

馆长感言

重视团队建设
——构建合作型与学习型团队

新学期伊始，围绕学校的中心工作，我校图书馆的工作序幕已经拉开，制订新的目标，也进行了工作部署。同时，新的思考也萦绕着我们每一个人，图书馆的“建设与发展”是学校的百年大计，怎样走才是最佳途径，如何做方能取得最大收益。我认为无论完成多少任务，实现多少目标，高校图书馆工作始终离不开“发挥育人功能；突出文化特性；彰显办馆特色”这一中心，要在工作中有新的建树，重视团队建设是最不容忽视的。平时，我对同事常说的一句话是：团队精神，层层管理，和谐有效。组织新生的骨干力量起到带头作用，在先进团队引领下，提高工作人员的整体素质。因此，当务之急构建合作型与学习型团队是重要而必须的。

当谈到构建合作型与学习型团队时，我们自然要理解这样几个概念，团队——团队合作——团队凝聚力——团队精神。团队是由两个或更多人组成的，为了完成一个特定的目标而相互作用、互相合作的小组。团队合作指的是一群有能力、有信念的人在特定的团队中，为了一个共同的目标相互支持、合力创业的过程。团队凝聚力是指团队成员结合在一起并且保持对共同目标的统一追求的程度（士气与绩效）。至于如何理解团队精神，我认为比尔·盖茨有很好的言论：“这种共创卓越的团队意识营造了一种向上的氛围。在这种氛围中，开拓性思维不断涌现，员工的潜能得以充分发挥。对每个员工来说，你不但拥有整个公司的全部资源，同时还拥有一个能使自己大显身手、发挥重要作用的班组或部门。每一个人都有自己的主见。而能使这些主见变成现实的则是微软这个团体。”只有在与他人分工合作、分享成果、互助互惠的过程中，才能够体会到团队合作的重要和成功的意义，也唯有合作才可以形成一个团队特有的精神品质。比尔·盖茨的一番由浅入深，由表及里的阐述，使我们更深地理解了团队精神在成功事业中所起到的重要作用。

高校图书馆要可持续、协调、稳定，走内涵发展之路，同样离不开智力支持，因此，建设好学习型团队亦是我们长期的任务。联合国教科文组织在一份报告中指出：“处在今天逐渐复杂纷乱的世界，每个人以及所有的社区，都必须能够持续发展与使用各种不同的知识架构、价值体系、智力结构和技能。对于终身学习需要透过较为广泛的观点，赋予新的意义。学习不再只是一种仪式，也不仅是关联于职业需要而已。”我想创建学习型团队的本质是形成一种文化土壤、文化空气和文化阳光的一体化生态系统。要让每位工作人员既爱岗敬业，又积极投身业务工作规律的探索，鼓励职工继续深造，取得更高的学历与学位，以适应不断发展进步的图书馆各项业务工作；选派部主任及部分岗位职工参加各种培训学习；请校外专家进行业务讲座活动；采取引领学习，职工自学，开展知识答卷等活动，即通过各种有效的途径与具体措施，促使我们养成终生学习的习惯，从学习过程中激发个人生命潜力，并提升人生价值以充分实现自我，进而带动团队的创新与进步，以形成良好的团队气候和团队文化，达成团队顺应变迁与永续发展的目的。

山东交通学院图书馆馆报更名启示

《读者与图书馆》以电子版形式与读者见面，已过去了整整六个春秋，它如同一棵幼苗，在我们的精心呵护下健康成长。通过这个平台，读者可以了解图书馆资源与服务的新进展，亦可发表言论，参与其管理与建设。为扩大影响，发挥其作用，自本期开始，我们尝试着以新面目《图书馆文苑》呈现给读者，印刷与电子版并存刊发，希望您能继续关注它的成长壮大。

本期导读

重视团队建设——构建合作型与学习型团队	（1版）
图书馆2009年工作总结	（2版）
2009年图书借阅情况分析	（2版）
茶品梅花雪的掌故	（3版）
一本拉汉字典引出的话题	（3版）
图书馆勤工助学学生工作感言	（4版）

简　讯

●加强团队执行力度

2010年3月15日，图书馆召开部主任会议。赵海丽馆长阐述了团队合作的重要性，强调班子成员之间要加强合作，拧成一股绳，充分整合和共享个人知识，发挥团队力量。并对班子成员提出了提高执行力度的八项要求：(1)工作要有周密的计划；(2)工作要有明确的目标；(3)要经常进行差距分析；(4)学会循环修正；(5)具备坚强的毅力；(6)养成良好的习惯；(7)要学会管理时间；(8)多管齐下。

●规范文档管理

新学期伊始，图书馆进一步规范文档管理工作，包括：(1)普通高校图书馆评估指标体系；(2)数字化、网络化、自动化建设；(3)馆员质量评估体系；(4)图书馆“平安校园”治安综合治理工作。

●组织教师参加春季购书活动

2010年3月16日，图书馆组织人文系、经济系、工程机械系、土木工程系及管理系的老师参加济南市春季购书、选书活动，目的在于充分发挥各专业教师在学科和专业方面的优势，选购更贴近师生需求的图书。教师代表们对此类选书活动普遍表示欢迎，并给予了高度评价。此次选书活动的开展，不仅加深了图书馆与教师之间的联系，更提高了图书馆的服务质量和水平。

●团委与图书馆共同举办“读书宣传月”活动

在世界读书日来临之际，团委与图书馆将于2010年4月共同举办“读书宣传月”活动。本次活动内容包括：(1)举办读书征文比赛；(2)号召读者捐赠图书活动；(3)邀请专家教授举办系列读书讲座；(4)举办科学家文字图片展；(5)播放名家读书视频及专著改编的电影。

●图书馆已做好自动化管理系统升级（ILAS Ⅱ—ILAS Ⅲ）的各项准备工作

●重视安全保障工作

(1)制定馆2010年治安综合治理及法制安全教育年度计划。

(2)自2010年3月8日起，图书馆坚持馆长、部主任值班制。

(3)馆长与相关部门主任于2010年3月9日上午进行了全馆安全大检查。

(4)2010年3月19日参加学校召开的2009年度综合治理总结表彰大会。会后，馆长与学校签订了山东交通学院（2010年）“安全责任落实年”暨社会治安综合治理目标责任书、2010年防火安全责任书、2010年“防止传销进校园”工作目标责任书。

我校长清校区图书馆于2008年4月29日开工建设，历时一年多的时间，即将完工。据悉，我校长清校区图书馆建筑面积约2.6万平方米，总投资约6000万元，结构形式为框架结构，分为一区和二区。一区地上5层，局部7层，地下1层。二区（图书馆报告厅）地上2层，地下2层。长清校区新图书馆的投入使用，必将大大推动我校图书馆事业的发展，使图书馆的各项工作更科学、更规范，使管理与服务向高水平迈进。（摄影/赵庞建）

图书馆召开勤工助学学生工作会议

本报讯　2010年3月24日下午，图书馆勤工助学学生工作会议在图书馆会议室召开。

会上，流通部主任宣读了《图书馆勤工助学工作管理规定》，并对书库老师和同学们的辛勤工作给予了肯定和高度评价。几位书库老师也分别作了发言，谈了与同学们在一起时，工作上严格要求、生活中互相关心的一些感人事例，以及同学们工作中应该注意的问题等。陈鲁、闫富贵两位学生代表上台发言，畅谈了在图书馆工作中的收获以及与图书馆老师结下的深厚友谊。会议气氛庄重而热烈。

最后，馆领导做了总结性发言，对同学们为图书馆所做的贡献表示感谢，并对同学们提出了一些希望，勉励同学们树立正确的人生观和良好的生活、工作习惯，处理问题要学会换位思考，加强文化修养和道德修养，通过在图书馆的工作要达到提高自己和锻炼自己的目的。（文/张圣方）

图书馆召开馆史回忆座谈会

本报讯　2010年3月25日上午，在我馆贵宾室召开了馆史回忆座谈会。会议由馆长赵海丽主持，徐桂珍、冯依联、潘雪霏、余丽君受邀参加。

赵海丽馆长向各位老馆员介绍了我馆重视史料征集的目的和意义；指出馆史编撰是我馆注重文化积淀系列工作中的一项；同志们在图书馆工作了几十年，都是这段历史的参与者与推动者；对这段历史加以整理总结，能够让今天的图书馆员了解过去，感受不同时期的图书馆为学校发展做出的贡献，并以前辈馆员为榜样，鼓舞全馆职工继续弘扬图书馆文化，爱岗敬业，团结协作，奋发向上。同时，展现图书馆的奋斗历程，也能让今日师生了解图书馆变迁，激发爱校爱馆的情愫，齐心协力向着高水平大学迈进。赵馆长鼓励大家积极参与献计献策。

与会同志们表示，将全力支持馆史史料的征集工作。在座谈会上，各位老馆员对我馆的创建、发展、办学条件、刊物成果、制度沿革等方面提供了宝贵的历史线索和文献资料。大家共叙往事，回忆了在馆期间图书馆里那些令他们难忘的人和事。此外，同志们还对征集线索提出了很好的方向性建议。会后，同志们又把自己家中珍藏的老照片拿来汇编。可以说，同志们对馆史资料的征集工作都给予了热情的支持和充分的配合。

在以后的工作中，我们还将邀请退休的老馆长座谈、个别老馆员访谈、在校友中开展《忆母校图书馆》征文。希望通过这些丰富多彩重温馆史活动，使文献史料征集有进一步深入和实质性跨越，为我馆史料的完整性提供可靠的保证。（文/张悦璐）

图4-20　图书馆文苑

四、阅读习惯帮助型推广

（一）阅读打卡

通信网络的发展，为阅读推广提供了极大的便利。高校图书馆基于微信平台开展线上活动，不仅可以促进学生在课外进行自主阅读，还可以帮助教师利用这一平台对学生进行课外阅读指导，从而使阅读天地更为广阔，受到越来越多阅读推广机构的青睐。同时，微信平台还承担着各种线下活动的宣传、推广、统计功能。

山东交通学院图书馆组织了"21天阅读习惯养成""寒假这么长，让我们一起读书吧"活动。在活动中，学生每天完成一定的阅读，通过在微信活动群打卡，和大家分享自己喜欢的段落或读书感想。此外，还可以设置每日话题，供读者讨论。通过参与这些活动，读者收获很大。

华东理工大学图书馆基于微信打卡小程序组织的阅读推广活动，引入学生团队进行策划和管理。微信打卡小程序2017年2月上线，其内容涵盖运动健身、阅读、英语学习、课程培训、早起习惯等多种场景，提供强大的打卡管理及数据统计功能，受到读者的普遍欢迎[1]。

用微信群作为阅读推广活动的主阵地，可以拓展阅读推广的渠道，打破时间空间限制，让更多的学生能够参与活动，各抒己见，提高阅读推广的效果。

（二）阅读马拉松

"阅读马拉松"是流行于许多国家的一种大众性长时间阅读推广方式。读者选择自己喜欢的图书，在固定地点参加阅读活动，阅读载体可以是纸本阅读，也可以是数字阅读。当任务完成后，由工作人员记录阅读总时长，获得认定证书。"阅读马拉松"按阅读推广方式来分，通常有定时阅读、定量阅读、自由阅读三种形式。

例如，北京化工学院联合北京尚善基金会举办过"阅读马拉松"。活动形式是指定一间阅览室，以参加活动的读者读书时间长短评判，坚持时间最长的获胜，全程时间设定为6小时，其间可以享用图书馆提供的简餐。北京农学院设计的"阅读马拉松"，选择的是定时阅读，在指定时间内参加活动。这次活动选择的图书是《物种起源》，将十几种版本的《物种起源》放置在特色书架上，并配有图书介绍和说明。有兴趣的读者可以自由选择阅读，若达到最低挑战时间，就可以获得"阅读马拉松"活动的

---

① 焦长红. 打卡分享：基于微信平台的阅读推广案例分析[J]. 上海高校图书情报工作研究，2018（4）：36-39.

证书。本次活动希望同时展现个人阅读与共同阅读，因此，在整体"阅读马拉松"挑战活动中，设计了两场读书会活动，让读者对《物种起源》发表自己的看法与见解。这样，充分体现了个人阅读与共同阅读的和谐。

（三）图书漂流

图书漂流活动起源于20世纪60年代的欧洲，读书人将自己读完的书贴上特定标签后投放到公共场所，如公园的长凳上，无偿给其他人分享阅读，捡获的人可取走阅读，阅读之后再用相同的方式将该书重新放到公共区域，将其漂出手。2001年罗恩·霍恩贝克（Ron Hornbaker）在美国Kansas市附近的一个小村庄，开设了一个图书漂流网。此后，世界各地各类图书漂流网站陆续建立。我国的图书漂流活动起始于2004年，春风文艺出版社曾把三本畅销书——石钟山的《遍地鬼子》、洪峰的《革命，革命了》和阎连科的《受活》，进行"放书漂流"。"图书漂流活动以其高尚、新奇的活动方式受到了广大青年读者们的追捧，从而又被赋予了时尚意味"①。

图书漂流活动没有任何限制。当你在公共场合拿到这样一本书时，你可以慢慢地品味它，不需要任何押金，也不用登记任何信息，没有借阅期限，而你只需要在看完后将它放回公共场合中，或者再写上一些自己的感受，让它继续下一段多彩旅程②。校园里面也渐渐开始流行这项活动。2015年4月24—25日，郑州大学读书会携手书友部落、旅游管理学院举办郑州大学首届图书漂流节。郑州大学设计了漂流书标志，征集了漂流语，本着"分享、信任、传播"的宗旨，针对不同年级、不同专业和不同兴趣爱好的同学有目的地征集漂流书，让尽可能多的学生都参与到漂流书活动中。这项活动在校园当中深受师生的欢迎与喜爱，漂流书里面夹着所有人的读后感，可以激发学生对读书的兴趣，也可以让知识再传播，资源的利

---

① 孙会清. 高校图书馆开展"图书漂流"活动的意义和途径[J]. 图书馆学研究，2007（10）：66-68.

② 陈敏芳，季鸿斌. 校园"图书漂流"服务的深化路径[J]. 图书馆杂志，2016（4）：48-51.

用效率大大提高。图书漂流在全校的影响不断扩大，部分院系和师生主动联系读书会参与图书漂流活动。

图书漂流的核心理念是"人人为我，我为人人"，传递着健康文明的生活方式，体现了热爱读书、热爱生活、积极向上的生活态度。

五、阅读导向型推广

阅读导向型推广是指坚持正确的舆论导向引导阅读的推广方式。比如，南京大学读书节的主题是"读文化经典，建书香校园"，在快餐文化大肆盛行的社会背景下，南京大学希望通过举办读书节唤起人们对读书的热情，倡导经典阅读和深阅读，在全校营造一种爱读书、乐钻研的良好学风与氛围。这就是在一个时期的阅读导向型推广。

东南大学图书馆举办的爱书人真人秀、清华大学图书馆的"读有故事的人，阅会行走的书"活动、上海交通大学图书馆的"鲜悦"行动、香港大学图书馆的"城西书画"活动等都是以真人图书馆的形式，邀请知名学者专家，现身说法，讲故事、授学问、传知识，以鲜活生动的形式激发读者的兴趣和求知欲望。

上海交通大学图书馆自2008年以来，成功开展了112期鲜悦（Living Library）活动，共187本"真人图书"被纳入图书馆馆藏。2018年又围绕大学生征兵、毕业就业等与学生切身相关的主题举办专场鲜悦（Living Library）交流沙龙，为学生搭建解答相关困惑与烦恼的平台。

学生通过这样的学习交流互动平台，能够自觉养成一种自主探究的阅读能力以及批判性思维，获得多元的思想与见解。如"鲜悦"活动邀请著名作家格拉斯曼蒂欧（Hilary Glasman-Deal）女士为真人图书主讲。格拉斯曼蒂欧是英国伦敦帝国理工学院有着多年科技论文写作教学经验的老师，应邀讲授英文期刊投稿时的注意事项。她向在场的听众们介绍了英文科技论文写作的方法。她指出，英文科技论文写作结构要清晰，怎样分段很关键，在写作时要注意多运用学术性的语言，减少自己创造的语言。她特别强调，关键词在文章中的位置很重要，也决定着一篇论文的质量和投稿命中率的高低。她向同学们传授了一些写作的技巧，比如注意语法和动词的时态，尽量减少普通的动词以增加文章的可读性等。随后，还向听众们现场发放了事先准备的资料。在她的指导下，大家阅读了相关资料，进一步加深了对英文科技论文写作的认识。进入现场问答环节，同学们就英文科技论文写作及投稿的话题进行了详细咨询，她耐心地一一做了解答，还给积极参与的同学赠送了自己的签名著作。同学们纷纷表示受益匪浅，活动取得了良好的效果。

六、阅读能力训练型推广

（一）读书征文活动

当代作家梁衡创作的散文作品《书与人的随想》说："不读书愚而可哀，只读书迂而可惜；读而后有作，作而出新，是大智慧。"读书是为开眼界、长智慧，"读而后作"可以加深对书本的理解和体悟，培养学生的高尚情操。读书征文活动是图书馆阅读推广工作中较为传统、最常见、最基础、读者参与最多、图书馆投入最少、持续性最长的一项常规性阅读推广活动。

征文活动通常是设定主题思想，读者可就所读图书写书评、读后感，也可就某一事件的自身体会写随笔、札记，形式多样。华南师范大学读书社举办了主题为"四季如歌，青春如书"的"掌阅征文比赛"，山东交通学院举办了"我的图书馆"文艺作品大赛，都收到了很多优秀的稿件。

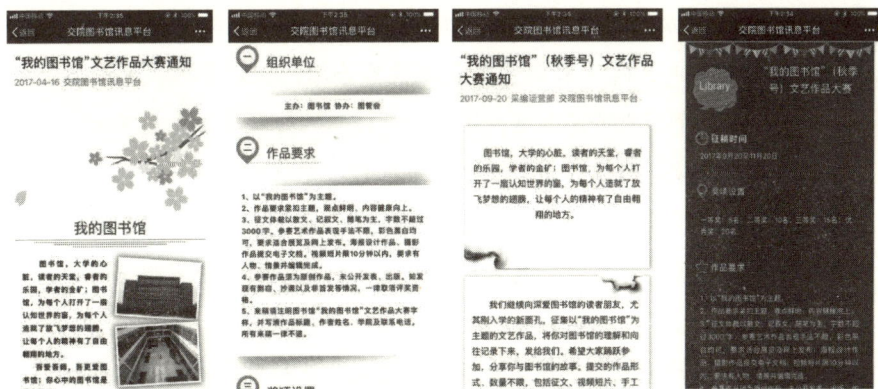

图4-21 山东交通学院图书馆"我的图书馆"文艺作品大赛

图4-22　山东交通学院图书馆"我的图书馆"文艺作品大赛

【作品赏析】

我读名著《薄伽梵歌》

山东交通学院　赵品华

无论是过去，还是现在，西方管理思想都代表着世界管理的最高水平，无论欧美的经济是前进还是衰退，西方管理思想始终处于世界管理前沿。日本人向美国人学管理，换来了辉煌的经济腾飞，中国人向美国人学管理，变成了超级世界工厂，印度人默默看着这一切，等待着有一天他也会变成令人瞩目的黑马。

尽管全世界的国家都曾为管理冥思苦想，但让管理成为科学却发生在那个历史并不久远的国度，或许正因为缺乏历史的沉淀，他们思想开放、勇于创新。技术与管理的双重推动让他们毫无争议地坐上了世界霸主的头把交椅。日本是一个善于学习的民族，他们从欧美学习管理和技术，又拿经过吸收创新的东西去抢占欧美的市场。这使得管理研究的光环一度靠近这个小小的岛国。

全世界的企业和管理学者做梦都想从欧美和日本的管理中寻找答案，结局总是一批又一批短命的企业和一波又一波新的迷惑。

在人们还以为你死我活的法则就是市场竞争的真谛时，有人发现了"不战而屈人之兵"的《孙子兵法》，"知己知彼，百战不殆"让全世界的企业界人士和军队奉为哲理名言。于是在我们还只是将《孙子兵法》摆放在博物馆里展览的时候，美国军队却开始了人手一册的诵读，哈佛、沃顿则将其列为必修课程。那个阶段，在世界管理史上有了所谓"中国式管理"。

但是，谁能告诉企业，出路究竟在哪里？

当外在的改造无助于问题的解决时，先行者把思路转向人的内心世界。又是哈佛、沃顿那些始终处于前沿的学者们，他们把目光转向了同样是文明古国同时也在默默崛起的印度。

深受印度教教义影响的印度人，在企业发展上并没有走欧美企业那种追求高风险的营利模式，"他们追求平稳的发展"，有学者曾这样说。印度企业强调集体的发展而非个人利益。印度员工对企业的忠诚不仅仅表现在日常工作上，很多人一辈子服务于同一家公司，很少跳槽。在印度企业里，管理者不是把重心放在"管理"上，而在于如何从内在调动下属的潜力。印度企业注重"不求回报"，注重"绿色理念"。

印度企业如此卓越，对习惯于欣赏欧美企业的我们有些耳目一新的感觉，难怪哈佛的学者们如此器重。他们把这一切归功于阿尔诸那和他的朋友奎师那在印度古战场上的一场对话，那是后来被人们称为印度经典的《薄伽梵歌》。大神克里希纳从不参与战争，他只是引导阿尔诸那的战车，给他建议，激励他战胜自身的恐惧和不安。或许这样的行为正合乎现代学者和总裁们的心意。

作为哈佛、沃顿商学院和东方文化相关的必修课程，以前是《孙子兵法》，现在已经是《薄伽梵歌》，这种改变似乎预示着管理学的前沿已经进入到下一个回归自然与平静的新阶段。

正如中国人喜欢读老子的著作却很难将其内涵真正融入自己的行为一样，《薄伽梵歌》能作为我们具体行动上的指南吗？管理的实践将告诉我们一切。

（二）微书评

我国的微书评起步于2010年举行的"首届微书评大赛"，第一届微博书评作品就达到12万余件之多。随后《北京晨报》《武汉晚报》《湖北日报》《深圳商报》《杭州日报》《南方都市报》等多家媒体相继开设了微书评专栏。在社会媒体掀起的微书评活动浪潮下，图书馆的阅读推广引入"微"元素的阅读，校园微书评活动也逐渐火热起来，尤其是每年的世界读书日期间，微书评评比活动成为图书馆阅读推广活动的颇受欢迎的赛事。与传统书评相比，微书评篇幅短小精悍，能快速发表在微博或微信推文主题阅读文章下，形成一种新型"微文体"，字数一般限定在200字以内，具有鲜明的时代性和独特的思想性。

微书评继承了传统书评的描述功能、解释功能、评价功能、信息导向功能，同时微书评可以图文并茂，甚至可以嵌入超链接、视频，即时性强，不存在发行周期。微书评促进阅读分享，成为目前图书馆阅读推广的热门方式之一。

微书评自身的特征决定了微书评对于图书馆阅读推广具有积极的促进作用。

（1）微书评最早出现于微博，然后是微信，是数字时代的产物。微博、微信等主流社交平台的用户多具有信息传播快、互动性强等特点。一条消息如果成为热门话题，经转发、复制，能迅速传播。与此同时，热门话题会引起广泛的跟帖讨论，引发思考，碰撞出思想的火花。

（2）微书评篇幅短小，传播迅速，阅读方便。目前，微书评通过主流社交平台诸如微信、微博等进行发布。图书馆借助主流社交平台用户多、传播快的优势，发布微书评作品，推荐馆藏资源、分享阅读经验，阅读推广可以事半功倍。

（3）图书馆每年根据馆藏发展规划的需要，入藏大量图书等资源，微书评大赛可以策划一系列主题并设定书目，引导读者根据书目和检索信息阅读图书，然后按期进行作品征集，对征集到的微书评作品进行评奖，鼓励读者阅读。最后通过发布微书评作品，让更多读者以此为信息导航开展阅读，从而促进读者之间分享阅读心得，激发读者的阅读热情。

　　围绕一定主题开展微书评活动，话题相对集中，讨论比较充分，有助于聚集人气，提升活动的影响力。

　　例如，在2014年武汉大学读书节上，图书馆首先设计展出了全国微书评评委的"书香荆楚"汉派作家作品展。

图4-23　"书香荆楚"汉派作家作品展

图片来源：http://www.lib.whu.edu.cn/reading_festival/2014/wuhan_style/default.html

　　这项活动介绍了荆楚大地的作家们，展示了经过历史的熏陶和沉淀，他们逐渐形成的独特文学风格和美学品位。然后策划了"荆楚风流"汉派作家文学作品微书评大赛，历时半个月（4月15日至4月30日）①，将专题图书推荐和微书评大赛相融合，对精选的10本图书进行重点推荐，让读者对这些图书进行深入解读，不仅主题鲜明，而且具有较强的阅读指引作用。

----

①"汉派作家"文学作品微书评大赛[EB/OL]. http://www.lib.whu.edu.cn/reading_festival/2014/ BookReview_list.html.

131

【作品赏析】

"荆楚风流"微书评大赛获奖作品

《水在时间之下》　都言人生如戏，水上灯在台上极尽戏子风华，台下自己的故事更百味难抒。一个女人跌宕起伏的一生终究凋零，令人唏嘘之余，老汉口的风土旧事、世态人情却在方方的书写里被放入时光机，一打开就是一股实实在在、生气勃勃的尘世气息扑面而来。时已远，文不老。

（一等奖获得者新闻与传播学院刘欣）

《口红》　口红是女人百变的面具。与赵耀根艰难相爱时，江晓歌唇色艳红，飞蛾扑火般执着；遭背弃时，双唇紧抿清淡，透着知命不认命的坚韧；创业时，口红深浓绚丽，不让须眉。不动神色地展现生活的素颜——宿命和反抗猜拳，不战不逃。执一支"口红"，生命淡妆浓抹总相宜。

（二等奖获得者经济与管理学院祝小全）

《到庐山看老别墅》　移山做砚，履痕为椽，楼阁开轴，人事点墨，远观文化一漫谈，近看历史一盆景。方方手捧建筑之图章，一一批阅民国史册，将这些庐山化育出的万千轶事，讲述出文人笔记的一丝逸趣来。有此孤胆涉险，砌此立体之书，庐山或就是武昌城的错身一顾。

（二等奖获得者文学院杨梦皎）

南京邮电大学举行了江苏省高校大学生"外教社·共读"微书评大赛，并在南京邮电大学仙林校区图书馆二楼大厅设立了"外教社·共读"微书评大赛专用书架。

（三）读书交流会

读书交流会是以座谈的形式分享对同一本书或同一主题的不同想法，是图书馆为读者提供的一个交流平台。

读书交流会一般应控制规模，参与人数不宜太多。这样易于调动与会者的积极性和参与热情。在交流会活动前，先选好阅读分享的书目；在阅读过程中，要适时进行辅导。如上海交通大学图书馆于2016年推出"书之道"（Book Knows）精品读书交流会，每期围绕一本畅销书籍，采取"三人说书论道"的形式，邀请图书作者、两位读者代表作为主讲嘉宾，为作者、读者和学者提供面对面进行思想、知识深度交流的机会，分享作者创作的灵感，解答读者阅读的疑惑。

在2018年世界读书日系列活动中，上海交通大学图书馆邀请著名民俗学家、上海交通大学人文学院教授高有鹏，以及《旅行之阅，阅读之美》的作者、北京大学信息管理系副研究馆员郭晓光等作为主讲嘉宾，在读书会上发表主题演讲并与师生交流互动。"象牙塔下的我们"学术交流会，让同学们与他人分享自己对大学的见解，了解更多有关大学的信息。"江湖歌不止，万古豪情看今朝"武侠交流会，让热爱武侠的同学们畅所欲言。

山东交通学院图书馆每学期初向全校召集若干传统经典阅读小组，在学期内共同阅读一本书，并举办2～3场线下讨论会。有关讨论的心得通过推文制作等方式发布在图书馆微信公众号上，既展示他们的阅读成果，也供全校读者共同欣赏、共同研究。这些活动有利于提升读者的阅读品位，激发读书热情，营造以书会友、乐读书、悦成长的良好读书氛围。

（四）培训课程

培训课程是指以教师授课的形式，利用信息素养教育课程培养学生的阅读兴趣和阅读能力，将阅读推广从活动转化到课堂中。其目的在于增强大学生的信息意识，初步掌握利用文献信息的技能，具备数字化时代基本的信息素质。

图书馆通过利用PPT展示、现场操作演示等手段给读者提供生动形象的课程，帮助全校同学熟悉图书馆资源和服务及其利用方法，全面提高信息素养，其基本任务是使学生了解文献检索、文本信息处理、图形或图像信息处理的基础理论和基本知识，掌握网络交流和资源共享的各种检索工具及其使用方法。

例如，山东交通学院图书馆杨文科老师为汽车学院2017级学生进行电子资源培训讲座。讲座详细介绍了图书馆纸质资源馆藏情况及电子资源使用方法，并进行现场指导。

图4-24　培训课程

图4-25　培训课程

图4-26　文献数据库使用培训

　　馆藏数据库培训：主要讲解文献收录情况、基础检索方法、功能深度挖掘、增值服务及知网新增服务功能等方面。

图4-27　文献数据库使用培训

外文学术文献系统培训讲座：就外文数据库涵盖的文献资源、平台的主要特色、平台如何使用等方面做了详细的介绍。在讲座过程中，学生可积极与培训讲师互动。

面对留学生的信息资源培训：教学目的是开阔留学生的信息视野，提高留学生的信息检索技能，帮助留学生熟悉图书馆馆藏资源，掌握各类纸质资源和电子资源的检索方法，更好地利用图书馆文献资源，提高学习能力。山东交通学院图书馆针对留学生的实际情况，结合其专业需求，授课内容分为"图书馆利用"和"网络信息资源利用"两大部分。具体内容包括信息检索的基本概念和方法、参考工具书的使用、图书馆书刊分类和排架方法、常用数据库的特点和使用方法、网络信息资源搜索等。授课实行理论与实践相结合的方式，通过课程讲授与实践操作，培养留学生实际查找信息资源的能力。

随着网络信息技术的发展，数字化信息成为获取资源的重要途径。山东交通学院图书馆鉴于目前外文纸本资源偏少，购买了相应的数据库资源，但由于留学生对我国国情和文化缺乏必要的了解，如何有效、规范、合理地使用网络资源，是留学生在利用电子资源时面临的问题。图书馆为留学生开设信息检索课程英语教学，面向留学生有针对性地推出"手机移动图书馆专题讲座"，开展互动咨询服务，通过教师与留学生建立的微信群在线咨询，为留学生做好外文纸质资源与电子资源的宣传、培训与利用。

七、游戏型阅读推广

图书馆游戏是图书馆推出的一种创新型阅读推广方式。现在最流行的游戏型阅读推广就是"搜索大赛"，如吉林师范大学"一站到底"读书知识挑战赛，北京大学图书馆、北京邮电大学图书馆、武汉大学图书馆等都曾举办过。活动形式是出一批题，看谁能从数据库中最快找到，类似于浙江电视台的节目"奔跑吧兄弟"；也有的要求在馆外的小树林里发线索，看谁能最先跑到图书馆并找到线索指向的图书，如"拯救小布之消失的经典"原创在线游戏大闯关，参与者通过通关提升等级。这类具有知识性与趣味性的读书知识挑战赛，有利于学生通过游戏提升对阅读的兴趣，拓展知识结构，丰富校园文化[①]。

【案例】

交院演说家

举办时间：2017年4月8日

举办地点：山东交通学院长清校区工程实验中心路演大厅

内容：由山东交通学院团委、图书馆主办，山东交通学院图书馆管理委员会承办的第四届"交院演说家"决赛于长清校区工程实验中心路演大厅隆重举行。出席本次活动的评委有图书馆王克彦、王群、周秀凤三位老师，校学生会主席李立强、口才顾问梁晓、第五届图管会副主任毛凤月等同学。

经过初赛的选拔，共评出10名同学进入"交院演说家"决赛。比赛开始，主持人介绍了相关的比赛规则。比赛共分为两个环节，第一环节为按照所定主题进行5～7分钟演讲，第二环节选手抽取指定题目进行即兴演讲，每位同学演讲结束后，评委对演讲内容和演讲过程进行点评，最后根据评委团的打分决定名次。

依照抽签顺序，选手们依次上台进行演讲，通过播放VCR（视频短片）让观众了解参赛选手。选手们分别从不同的角度畅谈自己对传统文化节日的了解，并结合自身经历和时代精神对优秀的民族精神进行阐述。他们或激昂高亢，或低沉吟诵，或感情饱满，或激情澎湃。选手们富有感染力的神态动作和语言表达一次次打动了在场的评委和观众，博得了全体师生的阵阵掌声。微信抽奖活动的开展也让活动变得更加丰富多彩。经过近五个小时的比赛和公正评比，最后评出一等奖1名，二等奖2名，三等奖3名，优秀奖2名。

本次演讲活动秉承"知传统，爱传承"的理念，不仅锻炼了

---

① 刘丽杰，范凤霞. 大数据环境下高校图书馆阅读推广策略与实现路径[J]. 西南民族大学学报（人文社科版），2017（8）：225-228.

同学们的演讲与口才能力，展现了大学生的青春风采，更让同学们了解和发掘了传统节日的文化内涵，推广普及了大学生对中国传统文化的认识。在传统文化意识趋于淡薄的今天，传承和发展民族优秀文化遗产显得尤为可贵。作为当代大学生，要结合自身所学知识，继承和弘扬民族精神，培养爱国情怀，树立远大的理想信念！本次活动结束后，为获奖同学录制获奖感言短片。在短片中，获奖同学表达了自己参加演说家活动的感受，都表示参加此次活动对自己影响深刻，收获很大。

八、正反型阅读推广

正反型阅读推广既有正向式推广，即先推广图书再推广与图书有关的电影、音乐、诗词，也有反向式推广，即先推荐电影再推荐与之相关的图书。图书馆在资源建设上也可以增加有声书的采购，还可以动员学生上传一批自己录的有声书，每天上传一节，既推动了学生的阅读，又为图书馆贡献了资源，方便更多的读者听书。如北京大学图书馆的"书读花间人博雅"阅读摄影展，展板上方展出了模仿油画的摄影作品，右侧有油画，下方是推荐书的基本信息及内容简介①。武汉大学读书节以"弘扬中国传统文化，赏析古典文学之美"为主旨，展现诗词之美，推出"云想衣裳花想容"汉服与装饰赏析会，体会言为心声的真实、寄情于词的豁达，传承古典文化。吉林大学建立白桦书声校园朗读分享平台，通过朗读的方式推广深阅读和价值阅读，将阅读与自媒体相结合。这样的宣传方式可以拉近与读者的距离，提升读者的文化艺术修养，提高读者的参与度。这些活动将阅读推广与学生自我展示、校园回忆、青春回忆主题相结合，有利于取得良好的阅读推广效果。

武汉大学图书馆在2014年读书月策划了"汉派作家作品改编电影播

---

① 北京大学图书馆. "书读花间人博雅"：北京大学图书馆2013年好书榜精选书目暨阅读摄影展[EB/OL].［2015-11-20］. http://conference.lib.sjtu.edu.cn/rscp2015/files/25case.pdf.

映"活动,放映的是:方方《桃花灿烂》和《万箭穿心》,喻杉《女大学生宿舍》,池莉《生活秀》,刘醒龙《凤凰琴》和《背靠背脸对脸》等。同时策划展出了"书香荆楚"汉派作家作品展,以方方、池莉、刘醒龙、董宏猷、邓一光、熊召政等知名作家的代表作品和风格为主题,介绍作家和作品。如方方"一个人一支笔 一座城",方方对武汉历史颇有兴趣,写过多本近代武汉城市历史随笔,如《汉口的沧桑往事》《汉口老租界》等,其长篇小说《水在时间之下》生动重现了大量的汉剧演员旧事、汉剧轶闻、汉剧剧本,是湖北省首部完整呈现汉剧发展历程的小说。推荐图书包括《大篷车上》《十八岁进行曲》《江那一岸》《一唱三叹》《行云流水》《水在时间之下》《白雾》《落日》《奔跑的火光》等等。在阅读进程中,特别是当学生们欲放弃阅读时,可引导他们去看看与文学作品相关的电影、电视剧,这不失为一种好办法。

第五章

高校图书馆阅读推广活动策略

阅读对大学生来说尤为重要。阅读不仅可以帮助大学生提升阅读能力、拓宽视野、启迪智慧、培育科学精神和人文精神，还能帮助大学生了解社会、适应社会。高校图书馆作为知识传播的平台，发挥着重要的社会教育作用。高校图书馆阅读推广应重视阅读环境营造，健全阅读推广机制，明确阅读推广主题，合理有效地设计阅读推广活动，并通过合作模式推广阅读品牌活动，丰富学生的视野，帮助读者跨越信息鸿沟，提高学生的阅读能力和审美能力。

第一节　阅读推广活动主要问题

（一）阅读推广机制不健全

目前，大多数高校图书馆的阅读推广组织工作只是视活动情况临时抽调人员完成方案策划和执行流程，活动大多是短期的、暂时性的，缺少建立阅读推广品牌的意识，没有把阅读推广的定位、管理要求、运作模式及业务特征等搭建在图书馆内部的组织资源、流程、业务、管理等基本要素中。因此，在阅读推广过程中，往往因阅读需求不清楚、工作反复与延迟而导致活动零碎、无衔接等情况发生，造成学生的参与热情不高，无法带动起校园内持续性阅读的氛围，阅读推广影响力减弱的现象。阅读推广活动组织机构缺失在很大程度上弱化了阅读推广组织工作的效率和传播效应，阅读推广发展也受到制约。

（二）阅读推广对象不明确

高校图书馆开展阅读推广活动应针对不同的读者进行。然而，目前高校图书馆的阅读推广活动，特别是数字资源推广方面，缺乏对目标读者的分层调研和推介。在推介过程中，即使存在宣传，由于推广对象不明确，也很难收获理想的推介效果。

比如在数据库推介时，宣传单页上通常只有电子资源的详细介绍，没有明确说明其阅读推广活动的对象是在校学生还是教职员工，这是一个笼统、模糊的范围，有可能因此导致阅读推广活动不知道具体以什么为中心去"部署兵力"。也就是说，没有明确的阅读推广策划目标，就没有策划目标的具体化和数字化，阅读推广策划内容就没有一个中心可以"依赖"，因而对阅读推广活动产生不了强有力的推动作用。

（三）阅读推广评价体系缺失

高校图书馆阅读推广评价体系属于阅读推广管理控制系统的一部分。阅读推广评价的主要功能是根据阅读推广目标，通过系统地收集阅读推广实施过程中各方面的信息，准确地了解阅读推广活动的实际情况，对阅读推广组织、策划、执行情况进行评价，为阅读推广改进工作提供可靠的依据。阅读推广评价体系是阅读推广目标实现的重要保障。

目前高校图书馆阅读推广活动在策划之初，大都没有将活动评价体系纳入活动规划当中，对读者阅读行为、阅读推广服务质量等方面的反馈意见缺乏统计和分析，对是否有助于提升读者的阅读能力及阅读兴趣，是否达到了活动策划的预期效果等，也没有专人进行综合评估、考核和管理，更没有建立起阅读推广活动的评估制度。这是当前高校图书馆界存在的普遍问题。阅读推广评价和考核没有深入到阅读推广管理的过程中，这样的活动就无法全面、动态地反映阅读推广水平和质量，也不利于增强阅读推广工作主动适应读者需要的组织能力。

第二节　图书馆开展阅读推广的对策

一、阅读推广团队

阅读推广团队，就是根据阅读推广工作规律，在阅读推广活动中承担规划制订与执行的团队。它是阅读推广管理控制系统的一部分。阅读推广团队可采用直线制组织形式。直线制组织形式的特点是阅读推广团队内部实行从上到下的垂直领导，各级负责人按照管理的目标，把阅读推广涉及的人、事、物组织起来，建立管理制度，合理调配各类资源，负责整个阅读推广的组织与协调。关于阅读推广团队，主要涉及以下几方面的工作：

（1）设置阅读推广团队。阅读推广团队是由管理层和基层人员组成的一个共同体，通过合理利用每一个成员的知识和技能，协同工作，解决问题，达到共同的目标。团队的构成要素是明确团队的目标、组成人员、团队定位、权限和计划。

（2）确定团队结构的作用和责任，建立一个统一有效的管理系统。团队负责人需确定阅读推广项目的定位，规划项目发展方式，管理阅读推广活动项目预算及人力计划，并监督阅读推广活动过程，对下属进行指导及培训，提高阅读推广工作人员素质。

（3）确定组织成员、任务及各项活动之间的关系，对资源进行合理配置，有效地实现共同目标和任务。

（4）设置专用阅读推广活动空间，用于读书沙龙、小型讲座、经典阅读等活动。

（5）阅读推广成效评价。

例如，四川大学图书馆阅读推广项目"光影阅动·微拍电子书"就是阅读推广团队建设方面有借鉴价值的案例。微拍团队由馆长牵头，研究馆员作为顾问指导，以"馆员+志愿者"的模式组建。阅读推广项目小组的组织架构分为两个部分：一是读者服务，二是技术中心。其中，读者服务人员包括馆员、教师若干名，学生志愿者10名。技术中心的工作是调研分析大学生读者群体的阅读现状、阅读需求、心理特点等方面的情况，根据阅读推广实际情况，有针对性地组织协调活动，制订适合其阅读兴趣的推广方案，然后开展视频拍摄、宣传海报、技术财务、活动实施、活动评估等方面的工作。"光影阅动·微拍电子书"案例一方面树立了阅读推广团队组织管理控制的理念，另一方面证明了阅读推广团队管理控制系统对阅读推广活动的价值定位、策划组织、环节衔接、媒介运用、读者心理、后期效果评价等等细节工作有所帮助[①]。

二、明确阅读推广主题

阅读推广主题是指阅读推广活动的主要内容。在集体参与的阅读推广活动中，以一个主题为线索，将内容具体化、数字化，并且列出多条办法，这样可以非常轻松地分析出每一条的可行性和可操作性，然后选择最佳解决方式，以便可以围绕主题进行互动交流。

相对于传统的阅读推广来说，主题阅读推广活动更具系统性和实用性。主题阅读推广是以一个话题为主线进行拓展的活动。通过挖掘与主题相关的阅读读物、文艺题材，主题阅读推广活动也更灵活、更有新意，几个小话题就可以构成最后的大主题。

阅读推广活动可以根据季节、节日以及学生们的兴趣灵活地确定阅读推广主题。主题阅读推广活动可以定一个大主题，分几次几个月完成，如深阅读活动就需要参与者多次深入学习与交流所思所感，这样参与者的思考能力会得到提高，进而提升个人阅读素养。如同济大学图书馆连续几年组织的主题阅读推广活动"立体阅读"，活动内容包括：展现中国传统戏剧和水墨画等传统艺术魅力的"粉墨中国"，反映我国各民族舞蹈精华的"缤纷华夏"，展现大型敦煌复原壁画精品的"再现敦煌"，感知中国城市

---

① 赵靓，姜晓，李晓蔚，等. AIDA模型在阅读推广中的应用探析：以四川大学图书馆"微拍电子书"为例[J]. 大学图书馆学报，2016（5）：84–88，127.

文化精髓——海派文化的"经典上海",多层次展现中国古代建筑、古遗迹、书画、古乐等古代文化魅力的"中华记忆",纪念俄国作家列夫·托尔斯泰逝世100周年的"走近托尔斯泰"以及纪念中德建交40周年的"感受德国文化"等。每个主题的"立体阅读"活动都采用了观展览、听讲演、看电影、读名著、享互动五位一体的模式①。

主题阅读推广活动也可以定一个主题,一个月或半个月完成,如"21天阅读打卡计划"。这样灵活的阅读推广形式,是传统的阅读推广所不具备的。主题阅读推广对于保障传统纸本阅读的影响力以及读者的系统性阅读,满足读者信息查找、深阅读和交流信息方面都有促进作用。

例如,上海外国语大学图书馆纪念巴金先生逝世10周年系列活动,就是借助多方资源多举措推进主题阅读推广活动,取得了良好的效果。

2015年10月17日在巴金先生逝世10周年纪念日之际,为了更好地纪念这位伟大的作家,让年轻学子们更多地理解和接受巴金精神,把巴金的理想、精神永远流传下去,上海外国语大学图书馆联合巴金故居、上海外国语大学党委宣传部共同筹办了主题为"青春是美丽的"纪念巴金先生逝世10周年系列活动。活动内容主要包括巴金图片文献展、巴金剧本诵读、"乐读巴金"民乐欣赏、巴金珍本图书展、"巴金翻译的中国意义"讲座、巴金文学作品翻译等。

上海外国语大学图书馆针对本次活动,特举办了巴金珍本图书展,为期一个月,推出了馆内作品专题书架的"巴金特藏"书籍以及巴金作品外文版书籍《过客之花》《狱中记》《我的自传》《夜未央》《六人》《散文诗》等,吸引读者参观借阅,了解馆藏、走近巴金。该图书馆又推出"青春是美丽的,把心交给文学"巴金作品翻译大赛,旨在通过翻译巴金作品,传承巴金精神,让超越时代的精神继续延伸下去。本次翻译大赛得到了本校师生的广泛关注和积极参与,经过专家严格评审,从126篇参赛作品中评出了4个金奖、5个银奖和7个铜奖。巴金作品专题书架中的图书

---

① 郑伦卫. 我国高校图书馆的创新素质教育现状调查与分析:以"985工程"高校图书馆为调查对象[J]. 图书与情报,2013(4):114-117.

借阅率达到90%，有效地激发了读者的借阅积极性，推动了读者的借阅行为。该图书馆的阅读推广工作不再停留在推荐、导读层面，而是取得了实际成效，提高了馆藏的利用率与流通量①。

人民日报社资深记者、著名作家李辉先生主讲"巴金翻译的中国意义"主旨讲座。上海外国语大学图书馆首次联合学校信息技术中心通过"影像上外"校内电视台同时转播讲座，使得活动打破地域束缚，让更多的师生读者在第一时间参与讲座互动，扩大了活动的影响力。

上海外国语大学知名学生社团"飞那儿"剧社当家四位主角精彩演绎曹禺先生改编的《家》。"飞那儿"剧社的演出在上海市乃至全国都产生一定的影响，曾得到了包括文汇报、新民晚报、北京日报、上海日报、新浪、搜狐等在内的多家媒体的报道。上海外国语大学大学生艺术团参与"乐读巴金"民乐欣赏表演，推动巴金剧本诵读活动。许多读者纷纷参与互动，对图书馆引进艺术形式解读文化的创举表示欢迎，并期待以后能通过更多的表现方式了解作家、了解作品。

高校图书馆阅读推广围绕主题开展讲座、展览、交流、互动等活动，容易激发读者的阅读兴趣和提高学习效率，帮助大学生读者在浓厚的文化氛围和轻松愉快的学习气氛中增长知识、提高阅读素养。

三、通过合作的模式推广阅读活动

很多高校图书馆开展阅读推广活动时主要以图书馆、校团委、院系和学生社团为阅读推广活动的主要力量，较少有与区域内其他高校图书馆或公共图书馆联合开展阅读推广活动的情况，各高校图书馆间也很少有稳定的、横向的协调机制，因而无法进一步扩大阅读推广活动的规模和促进联动效应，限制了阅读推广活动的传播力和影响力。

高校图书馆可基于地区因素，与本地其他高校图书馆和公共图书馆加强交流、互相学习，开展馆际合作。第一，建立区域性图书馆联盟资源共

---

① 刘雅琼. 创意为先，实效为王：北京大学图书馆阅读推广活动的案例研究[J]. 大学图书馆学报，2015（3）：77–81.

建共享体系，为读者提供更多可共享的阅读资源。第二，联盟可以联合举办资源利用与经典阅读讲座、竞赛等活动，共同开展阅读素养指导，推动读者信息素养教育，从而产生阅读推广的规模效应[①]。

例如，上海外国语大学图书馆联合巴金故居共同举办推广活动，推出以"家""春""秋"为主线的巴金图片主题展，不仅获得了巴金故居大量珍贵文献、图片资料的支持，而且在活动经费上也得到了大力支持。巴金故居为该图书馆的阅读推广活动提供校外场所，即活动期间上海外国语大学读者可以免费参观巴金故居；上海外国语大学则为巴金故居提供多语种志愿者服务，不论笔译或是口译，将巴金先生的精神推广至全世界。上海外国语大学图书馆通过与巴金故居的合作，发挥本馆乃至本校资源特色，有效扩大了上海外国语大学在社会上的影响力。

图书馆、校内其他部门及校外的相关单位和部门之间的相互合作与配合，不仅扩大了阅读推广活动的影响力，而且读者参与度和受众人数都有不同程度的提升。

第三节　图书馆阅读推广活动品牌化

为了让不了解阅读的人了解阅读，让了解阅读的人爱上阅读，高校图书馆开展了各种类型的阅读推广活动，积极响应大学文化传承创新使命及相应要求，参与人文素质教育，加强读者信息素养教育。如复旦大学图书馆的图书"漂移"、同济大学图书馆的"立体阅读"、华东师范大学图书馆的移动阅读、上海交通大学图书馆的"鲜悦"（Living Library）、四川大学图书馆借助经典AIDA模型制作的"光影阅动·微拍电子书"、武汉大

---

① 鄂丽君，李微，郑洪兰，等.高校图书馆基于区域图书馆联盟开展阅读推广的探讨[J].图书馆建设，2012（6）：55-59.

学图书馆举办的"真人图书馆"等活动。这些有效尝试都是全方位、多层次、学生易于接受的活动形式，意在创新高校图书馆服务模式，将这些活动办成独特的品牌，在读者中形成较大的影响力。

一、"品牌"的概念

"品牌"的概念最初源自经济学术语，大卫·奥格威对"品牌"的定义是：品牌是一种错综复杂的象征，它是品牌的属性、名称、包装、历史、声誉、广告风格的无形组合[①]。

近年来，国内外图书馆界在阅读推广时逐步树立起强烈的品牌意识，创立并发展了独具特色的阅读推广品牌。阅读推广活动的品牌化运作，就是围绕品牌的相关构成要素，对阅读推广品牌进行设计、定位、传播和维系的过程[②]。

二、品牌形象设计

文化品牌的构成，除了其独具特色的外在标志，关键还在于标志的文化功能和文化意蕴的外化，以帮助读者储存和提取品牌印记。

品牌形象设计主要包括标志、标志色、标志语和吉祥物，它们是一个品牌区别于其他品牌的重要标志。品牌标志通常由文字、图案组成，涵盖了品牌所有的特征，具有良好的宣传、沟通和交流的作用。品牌形象能够帮助人们认知并联想，使读者产生积极的感受、喜爱和偏好。

品牌视觉形象须要内涵具有象征意义，形象统一稳定，不能随意变换，这是品牌吸引读者、获得认同和增强归属感的重要条件之一。品牌形象设计要结合读者的心理需求，力图使品牌达到简洁、易记、易于联想的效果。

---

① 柏定国.文化品牌学 [M].长沙：湖南师范大学出版社，2010：48.

② 樊伟."2015俄罗斯联邦文学年"的调查及启示：基于阅读推广的品牌运作理论 [J].图书馆建设，2016（5）：56–60，65.

图5-1　青岛理工大学琴岛学院图书馆"琴悦读"品牌标志

如青岛理工大学琴岛学院图书馆"琴悦读"品牌标志对读者就会产生积极的心理效应，其设计理念是①：一是希望师生身心愉悦地阅读；二是"琴"音同"勤"，提倡多读书、读好书；三是变被动读书为主动阅读，实现"阅读"到"悦读"，分享阅读、快乐阅读、享受阅读；四是"为梦想插上隐形的翅膀"，进一步提升软实力，是人生梦想真正的动力。"琴悦读"作为阅读推广的服务品牌，获得全院师生的认可，取得了积极的阅读推广效果。

上海交通大学图书馆阅读推广品牌"鲜悦（Living Library）"，通过邀请校园生活中各有建树的特色人物作为每期的"畅销书"，与读者面对面交流其关注和感兴趣的主题。其寓意是：我们的每一本书都是"鲜活"的，"新鲜知识在愉悦中传授"。

图5-2　上海交通大学图书馆阅读推广品牌
"鲜悦（Living Library）"标志

"鲜悦（Living Library）"的品牌标志设计充分体现了以下内涵：

（1）平放的书籍，使画面充实并具有纵深感。

（2）从书中跃出的"人物"形象好像主角，"鲜""悦"的笔画勾画出的"人"好像听众。

---

① 毕静. 高校图书馆校园文化品牌的实践研究：以琴岛学院图书馆"琴悦读"品牌为例[J]. 卷宗，2018（13）：50.

（3）强烈的对比色，拉开了距离感，表现出特殊的视觉对比与平衡感。标志设计采用了橙、蓝、白三种具有象征意味的颜色。橙色代表时尚、青春、律动，具有令人活力四射的感觉和炽烈之生命的内涵。蓝色代表宁静、自由、清新，是一种具有较强扩张力的色彩，为标志提供了一个深远、广阔、平静的空间感。白色的色感光明，白色代表了性格朴实、纯洁、快乐。冷暖色调搭配使画面更加有层次感。

该标志不禁使人联想到："鲜悦（Living Library）"活动是在搭建一个自由、炫动的交流平台，让人感受到这是一个充满新鲜资讯、朝气蓬勃、灵动活跃的新型图书馆。在"Living Library"中，读者所借阅的"书"已经不是传统意义上的"书"，而是由活生生的人充当，因此读者的"借书"行为变成了"借人"行为。

"鲜悦（Living Library）"品牌标志以独特的视觉特征给人留下深刻的印象，标志内涵体现了"沟通、分享、交流、启迪"的理念，引导读者在自由、平等的交流互动中碰撞思想的火花，感悟精彩的人生，激励读者回归阅读。

各高校图书馆也采用多种形式的宣传妙招。除整体设计的标志、标志字、标志色以外，或是设计吉祥物，或是邀请代言人开展各种个性化、创新性的阅读推广活动，帮助大学生读者在浓厚的文化氛围和轻松愉快的学习气氛中增长知识、提高人文素养。如中山大学图书馆的"猫头鹰"、重庆大学图书馆的"伊妹儿"、武汉大学图书馆的"拯救小布"游戏吉祥物等品牌设计，将品牌形象与阅读推广相结合，取得了良好的效果。

《拯救小布》V2.0新生开卡游戏上线！
挑战吧，NewWhuers！

图5-3　武汉大学图书馆"拯救小布"
　　　　游戏吉祥物应用设计

精选 | 第十三届文津图书奖获奖图书
如题。

图5-4　武汉大学图书馆"拯救小布"
　　　　游戏吉祥物应用设计

图5-5　武汉大学图书馆"拯救小布"游戏吉祥物应用设计

　　广西民族大学图书馆从2015年起，为了培养学生的专业阅读能力，让学生熟悉本专业的优秀图书、电子资源、期刊等相关学习资料，学会利用图书馆的资源，提高专业学习的效率，举办了"相思湖畔"专业阅读推广系列讲座活动①。该活动用学校的标志性景点"相思湖"命名，以部分学科为试点，邀请学校一级学科带头人、专业任课老师以及校内外知名作家等，与同学们畅谈关于读书、专业、学习和阅读技巧等方面的问题，采用座谈、讲座等形式开展专业阅读交流活动。

　　除此之外，图书馆在每场活动现场还会推介与专业相关的资源，如书刊展、电子资源培训讲座等信息。学生不仅可以在面对面的讲座中接触本专业的学科带头人，还能了解到本校图书馆馆藏信息，提高信息素养能力。如2018年12月"相思湖畔"专业阅读推广系列讲座之"文学阅读与我们"由文学院朱厚刚博士主讲，朱厚刚从史学、哲学等角度论述文学的重要作用以及如何自主、有效阅读。此外，在谈及阅读方法时，他强调，把握科学的阅读方法及书目导读是实现自主阅读、分类阅读、系统阅读的重

---

① 覃熙.高校专业阅读推广内涵及实践探讨[J].图书馆界，2016（5）：72-75，88.

要途径。他建议同学们用深阅读的方式准确提炼文本中心内容、正确记笔记、主动思考并勤于查证史料，以此养成科学的阅读方法，提高阅读效率。他还推荐了《呐喊》《世说新语》《围城》《白鹿原》等优秀书目，希望同学们有针对性地选择书籍，多阅读优秀作家、学者的经典书目，与大师同行，达到在所有作品中讨论某一作品、在同代作家中谈论某一作家的高度。

表5-1　2018年"相思湖畔"专业阅读推广部分项目列表

时间	项目	对象	专家荐书
2018年12月27日	文学阅读与我们	文学院学生	《呐喊》《世说新语》《围城》《白鹿原》
2018年12月6日	语言与教学：发现世界	文学院研究生	《语言学纲要》《人类简史》《自私的基因》
2018年11月9日	诗歌鉴赏	外国语学院学生	《Understanding Poetry》（《理解诗歌》）
2018年10月29日	鉴赏美国作家霍桑先生的作品《红字》	外国语学院学生	《红字》
2018年10月15日	浸沐书香，明辨笃行	管理学院学生	《让档案活起来、亮起来》
2018年1月5日	读书与行路——"民语"人精神世界的构建	文学院少数民族语言文学专业学生	《乡土中国》

该图书馆的每次活动充分利用校园广播、校园网主页、图书馆主页、图书馆微信公众号、微博、师生QQ群以及海报等，对目标读者进行有针对性的宣传。其中，图书馆主页还设有活动专栏，能够查询每一期活动的文字视频记录、专家推荐书目、图书的电子版及纸质版定位导航、导师书评等内容。

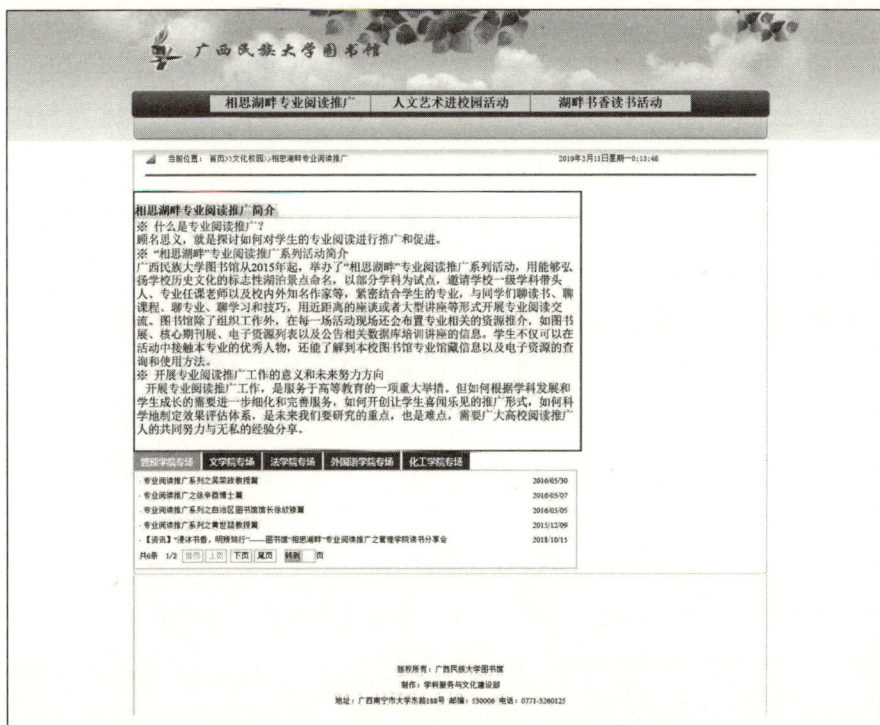

图5-6　广西民族大学图书馆网站专业阅读推广专栏

第四节　建立完善阅读推广的评价体系

阅读推广的评价体系是指由一系列与阅读推广评价相关的效果评估、过程评估等的评价制度、评价指标体系、评价方法、评价标准等形成的有机整体。阅读推广评价体系的科学性、实用性和可操作性是实现对阅读推广进行客观、公正评价的前提。

效果评估一般分为短期评价和中期评价。短期评价指活动当天调研到的参与者的感受与建议；中期评价包括统计分析所荐书目的借阅量变化情况，导师在期末对参与活动的学生所做的专业成绩评价等。

　　过程评估用于总结活动实施过程中的问题，分析哪些因素提升或降低了活动预期效果，哪些活动应该继续坚持，哪些活动应该改善甚至取消，以及主要问题出在什么地方，如组织工作的难题、宣传不到位等。过程评估对活动组织者有积极的总结提示作用，为日后开展同类型活动提供理论和实践依据。此外，还应着重建立阅读推广活动评价的原则和方法，以达到优化、提高、创新阅读推广活动，使其可持续发展的目的[①]。

　　随着高校图书馆阅读推广的深入开展，图书馆界除了继续关注应用性的研究，也密切关注阅读推广的各个方面，包括图书馆阅读推广的概念框架、阅读内容和方式从传统走向数字化所面临的挑战、图书馆阅读推广的合理性审视、图书馆加强多方合作开发推广方式、信息资源与服务的整合开发、深入研究读者的阅读心理和阅读行为、图书馆阅读推广的评价体系及价值等等，不断拓展阅读推广的研究层面。

　　广西民族大学图书馆"相思湖畔"专业阅读推广系列讲座活动，为保证活动的可行性和可操作性，以读者为关注焦点，增进读者满意度，按照ISO9001质量管理体系开展专业阅读推广工作，对活动策划、执行、读者参与、活动管理、过程方法等内容都做了完整的记录。活动档案资料目录包括向导师发布的倡议书、邀请信、活动方案、活动执行联络表、导师书评、海报设计、通讯报道、活动图片，以及最重要的读者反馈意见表和活动评估单[②]。这些工作有助于强化活动的品质管理，提高阅读推广效益。

　　高校图书馆阅读推广在取得初步研究成果的基础上，还需要进一步探索实践，总结经验，形成理论，建立适合高校图书馆阅读推广活动的长效机制。

---

　　① 叶良瑜. 高校图书馆阅读推广所存在的问题与策略研究[J]. 网友世界（云教育），2013（20）：38–39.

　　② 覃熙. 高校专业阅读推广内涵及实践探讨[J]. 图书馆界，2016（5）：72–75，88.

第六章

大学生阅读素养的培养

　　阅读是对书刊报纸等载体的书面文字、表格、图片以及数字化载体的文本内容和意义进行理解、整合、评价，积极思考，以此提出新见解，获得解决现实问题的能力。它是读者获取信息、积累知识和启迪心智的主要途径。提高大学生的阅读素养，既是国家软实力的重要指标，也是传承发展国家、民族优秀文化的重要方式。对于阅读素养的教育与培训，是培养个人"终身学习"能力的必要保障，也是其他各种素养教育的基础。

第一节　阅读素养的定义

一、阅读素养的概念

　　"阅读素养"一词起源于IEA（国际学业成就评估协会）在1991年对国际阅读素养研究的有关论述，它将其定义为"理解和使用书面语言形式的能力，儿童阅读的文本既符合社会要求，也受到个体的欣赏和重视"[①]。随后，IEA针对小学阶段的学生推出了PIRLS项目研究，即"国际

---

　　① 罗德红，龚婧. PISA、NAEP和PIRLS阅读素养概念述评[J]. 上海教育科研，2016（1）：34-37.

阅读素养进展研究"。PIRLS将"阅读素养"定义扩展为："理解与运用社会需要的或个人认为有价值的书面语言的能力，儿童能够从各种文章中建构意义，通过阅读进行学习、参与学校和日常生活中的阅读者群体并获得乐趣"[①]。在"互联网+"时代背景下，获得知识的渠道从纸质文本范畴逐步扩展，新兴的数字媒介实现了文本电子化，可视、可听、可读的电子文本也被纳入阅读材料的类型中。在这种时代背景下，由OECD（经济合作与发展组织）发起和统筹的学生能力国际评估计划（Program for International Student Assessment，简称PISA），在2018年提出，阅读素养"是为实现个人目标、增进知识、发展个人潜能及投入社会活动而对文本的理解、使用、评价、反思和参与的能力"[②]。

PISA每三年举行一次评估，其核心测试内容包括阅读素养、数学素养和科学素养。PISA对阅读素养整体水平的测试格外重视，在举行过的8次测试中，以阅读素养为主要测试内容的就有3次。对阅读素养的认识，从作为个体的一种重要能力，到强调个体通过阅读来进行学习。现在的焦点是，鼓励个人在阅读素养的形成过程中，要具备参与社会的能力，在满足自我需求的同时，也积极对社会和国家做出贡献。

以阅读能力为核心的阅读素养，对个人智力和创造力的拓展具有重要价值。阅读素养是个人融入社会、满足生活和工作需要必备的素质。运用阅读所得到的信息解决现实问题，能大大促进人的精神成长和专业发展。

二、阅读素养的构成要素

基于认知心理学的研究，更加丰富了阅读素养的内涵。胡继武[③]在《现代阅读学》中，根据阅读的生理机制和心理活动的特点，提出了阅读

---

① 郑宇. PIRLS研究概述及其对国内小学语文教材编制的启示[J]. 课程·教材·教法，2013（2）：109-114.

② 王聪. PISA 2018测评新变化及其对香港语文阅读教学的启示[J]. 现代基础教育研究，2018（2）：88-96.

③ 胡继武. 现代阅读学[M]. 广州：中山大学出版社，1991：23-25.

过程可划分为认读、理解、评价、贮存应用和创新五个阶段。祝新华教授细分阅读认知能力，分为六个层次：复述、解释、重整、伸展、评鉴、创意。通常认为，个体的认知水平共有六类，分为四个层次（见图6-1）。其中，"评价"处于第四层，也就是最高层。PISA所反映的阅读素养是一个由低到高的完整认知水平的连续统一体[①]。阅读素养使学生能够在各式各样的文章中找出意义，汇集知识，持续互动理解，从阅读中学习，运用阅读技能、阅读技术和阅读策略，分析读物并透视读物提出许多有见地的问题，解决各种学习问题。所以，阅读素养也被视为学习技能。

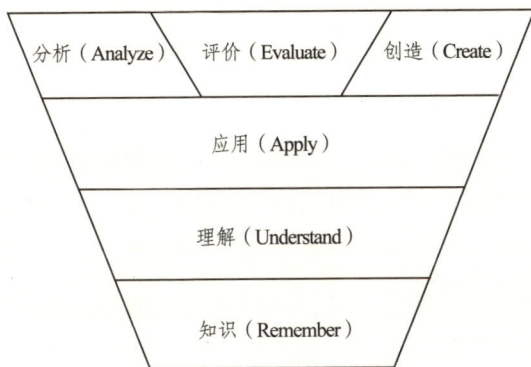

图6-1 布卢姆分类法在认知范畴的分类

阅读的性质使我们认识到，阅读能力是在阅读实践中形成和发展起来的复杂心理特征和有关的知识、技能的总和。阅读能力的结构因素是读者多种积极的心理活动在阅读过程中的交织运转。

（一）提取信息

阅读总是从读者的主观愿望或外界的客观需求开始，阅读行为必须具有一定的知识积累。这里的"知识"概念，是指从事阅读需要的知识储备，包括生活经验、一定的科学文化知识以及工具性知识，如语言知识、文本知识等基础理论知识。兴趣和注意是进行阅读的前提。对文本的感知

---

① 林江泽. 科学性与时代性：2018年PISA阅读素养评估的新发展[J]. 教育测量与评价, 2017（11）：56-62.

是阅读活动的开端。从这个意义上讲，感知能力是十分重要的。读者对字词知识的掌握，辨识字词的正确性及流畅性的能力决定了阅读能力。没有感知能力，发展其他能力会受到极大的限制。

在阅读时，书面语言符号首先作用于读者的视觉，光从单词上反射并被眼睛吸收，经由视神经传输到大脑，成为文字的视觉形象。然后是内部融合，相当于基本理解，指将正在阅读的信息的各个部分与其他相关部分关联起来的过程。再传递到思维中枢，变为意义；而后再传至言语运动中枢，发声读出。

眼停、回视和视读广度影响着感知的速度和质量。人必须具有一定的感性知识才能进行阅读，感性知识是主体更好地理解和接受文本中某些内容的前提。阅读速度与阅读的生理过程有直接关系。据研究，人们的阅读生理过程有两种不同的形式。一种是：文字以光波的形式落在人眼的视网膜上，然后由视神经传到大脑的言语视觉中枢，引起大脑的思维活动，从而理解了文字所表示的意义。这种过程就是默读。另一种是：文字以光波的形式落在人眼的视网膜上，然后由视神经传到大脑的言语视觉中枢；言语视觉中枢又把信号传至言语运动中枢，引起发音器官的运动，发出文字的声音；声音又通过耳朵传至言语听觉中枢。三个言语中枢协同动作，在大脑中引起思维活动，从而理解文字的意义。这种过程就是朗读或低诵。由于默读不必经过声音的转化和输入，直接由视觉吸收信号，过程简单，所以速度比朗读和低诵快[1]。感知能力是指运用词汇、语法、句法及语言学方面的知识储备，感知、辨识文本与文本结构，获取文本中的主要信息及基本意义的解码能力。

（二）推论

从阅读素养提升的角度看，在阅读过程中，大脑在感知文本的基础上，利用已有的知识与经验，通过一系列分析与综合、比较与概括、演绎与归纳等抽象思维活动，了解阅读文本的思想内容和语言形式，这构成了

---

① 隆林，程汉杰.新世纪中学语文全书：阅读卷[M].北京：语文出版社，2001：324.

阅读理解的核心。而阅读文学作品，理解能力还伴随着读者的表象、联想、想象、情感等一系列形象思维活动。有效的阅读是理解深、记忆牢、速度快的阅读，所以，记忆也是构成阅读能力的心理因素之一。

（三）整合与阐释信息及观点

阅读是一个认知过程，学习阅读就是要学习一套完整的阅读规则和方法，形成良好的阅读习惯，能自主地从读物中提取所需要的信息。

这个信息加工过程是由一系列具体的阅读行为和相应的阅读技巧组成的。读者识字量、词语量、句式量的多少，关系到阅读感知的确定与速度，是读者从读物中汲取和掌握知识不可或缺的条件。这种阅读技能反过来又促进大脑智力发展，促进对阅读段落、篇章、修辞、逻辑等方面的理解。

读者不仅要阅读最原始的阅读内容，还要利用图书馆查阅文献资料，解决阅读中遇到的理解性问题和深度思考后的延伸阅读问题。

文献资料是指图书、报刊和其他出版物上刊载的文字材料。在学习和科学研究活动中，人们常常需要查阅各种文献资料来解决自己遇到的疑难。

1. 确定查找的范围

确定查找的范围，也就是决定从哪类书籍报刊、电子资源中查找所需要的资料。如果不确定所需专著或刊物的具体名称，读者可以利用关键词进行搜索。

2. 借助各种检索工具

在确定了查找的范围后，可利用专门的检索工具，如工具书、电子资源库的检索工具、图书期刊目录等，进一步确定该查阅哪些刊物，从而找到有关资料。

通过查阅工具书、参考书，可以解决有关知识方面的问题。例如，要想知道朱熹是何许人，《观书有感二首》是怎样的文学读物，可以通过查阅纸质资源和电子资源，得到以下信息：朱熹（1130—1200），字元晦，又字仲晦，号晦庵，晚称晦翁，谥文，世称朱文公。宋朝著名的理学家、思想家、哲学家、教育家、诗人，闽学派的代表人物，儒学集大成者，世尊称为朱子。《观书有感二首》是朱熹的组诗作品。这两首诗是描绘其"观书"的感受，借助生动的形象揭示深刻的哲理。通过阅读和分析文章，解决文章内容方面的有关问题。这样必然会加深对读物的理解，甚至在理解的基础上有所发现、有所创造。

在查阅文献资料时，首先要选用最新版的工具书。一般来说，最新版的工具书，内容较新，由于许多学科的名词解释随着学科的发展不断更新，所以新版工具书使用价值也较高[①]。

其次，要学会使用《中国图书馆分类法》（原称《中国图书馆图书分类法》，简称《中图法》）。《中图法》是新中国成立后编制出版的一部具有代表性的大型综合性分类法，是当今国内图书馆使用最广泛的图书分类、编目的分类法体系。它是根据图书资料的特点，以科学分类为基础，采取从总到分、从一般到具体的逻辑系统，其参照系统、注释系统及类目体系简明、易懂、易记、易用，分类规范、准确。读者可以根据分类方便地、快速地找到自己所需要的资料。

《中图法》的标记符号采用汉语拼音字母与阿拉伯数字相结合的混合号码。

由于社会科学和自然科学这两个学科的内容很多，且发展很快，在图书分类中需要各自展开为若干大类，用一个字母表示一个大类，以字母的顺序反映大类的序列。《中图法》分五大部类：马克思主义、列宁主义、毛泽东思想、邓小平理论；哲学；社会科学；自然科学；综合性图书。五个基本部类下设22个大类，如下所示：

A　马克思主义、列宁主义、毛泽东思想、邓小平理论

B　哲学、宗教

C　社会科学总论

D　政治、法律

E　军事

---

① 乐绮琴，倪爱生.利用图书馆指南[M].杭州：杭州大学出版社，1992：113.

F　经济

G　文化、科学、教育、体育

H　语言、文字

I　文学

J　艺术

K　历史、地理

N　自然科学总论

O　数理科学和化学

P　天文学、地球科学

Q　生物科学

R　医药、卫生

S　农业科学

T　工业技术

U　交通运输

V　航空、航天

X　环境科学、安全科学

Z　综合性图书

《中图法》在22个大类的基础上，运用概念划分的方法，按照知识门类的逻辑关系，在字母后用数字表示大类以下类目的划分，数字的编号使用小数制，逐级展开为二级、三级、四级等类目，这样就形成了等级分明的完整的图书分类体系。下面是《中图法》（第五版）的分类体系。

A　马克思主义、列宁主义、毛泽东思想、邓小平理论

A1　马克思、恩格斯著作

A2　列宁著作

A3　斯大林著作

A4　毛泽东著作

A49　邓小平著作

A5　马克思、恩格斯、列宁、斯大林、毛泽东、邓小平著作汇编

A7　马克思、恩格斯、列宁、斯大林、毛泽东、邓小平生平和传记

A8 马克思主义、列宁主义、毛泽东思想、邓小平理论的学习和研究

B 哲学、宗教

B0 哲学理论

B1 世界哲学

B2 中国哲学

B3 亚洲哲学

B4 非洲哲学

B5 欧洲哲学

B6 大洋洲哲学

B7 美洲哲学

B80 思维科学

B81 逻辑学（论理学）

B82 伦理学（道德哲学）

B83 美学

B84 心理学

B9 宗教

C 社会科学总论

C0 社会科学理论与方法论

C1 社会科学概况、现状、进展

C2 社会科学机构、团体、会议

C3 社会科学研究方法

C4 社会科学教育与普及

C5 社会科学丛书、文集、连续性出版物

C6 社会科学参考工具书

C7 社会科学文献检索工具书

C79 社会科学非书资料、视听资料

C8 统计学

C91 社会学

C92 人口学

C93　管理学

C94　系统科学

C95　民族学、文化人类学

C96　人才学

C97　劳动科学

D　政治、法律

D0　政治学、政治理论

D1　国际共产主义运动

D2　中国共产党

D33/37　各国共产党

D4　工人、农民、青年、妇女运动与组织

D5　世界政治

D6　中国政治

D73/77　各国政治

D8　外交、国际关系

D9　法律

DF　法律

E　军事

E0　军事理论

E1　世界军事

E2　中国军事

E3/7　各国军事

E8　战略学、战役学、战术学

E9　军事技术

E99　军事地形学、军事地理学

F　经济

F0　经济学

F1　世界各国经济概况、经济史、经济地理

F2　经济管理

F3　农业经济

F4　工业经济

F49　信息产业经济

F5　交通运输经济

F6　邮电通信经济

F7　贸易经济

F8　财政、金融

G　文化、科学、教育、体育

G0　文化理论

G1　世界各国文化与文化事业

G2　信息与知识传播

G3　科学、科学研究

G4　教育

G8　体育

H　语言、文字

H0　语言学

H1　汉语

H2　中国少数民族语言

H3　常用外国语

H4　汉藏语系

H5　阿尔泰语系（突厥–蒙古–通古斯语系）

H61　南亚语系（澳斯特罗–亚细亚语系）

H62　南印语系（达罗毗荼语系、德拉维达语系）

H63　南岛语系（马来亚–玻里尼西亚语系）

H64　东北亚诸语言

H65　高加索语系（伊比利亚–高加索语系）

H66　乌拉尔语系（芬兰–乌戈尔语系）

H67　闪–含语系（阿非罗–亚细亚语系）

H7　印欧语系

H81 非洲诸语言

H83 美洲诸语言

H84 大洋洲诸语言

H9 国际辅助语

I 文学

I0 文学理论

I1 世界文学

I2 中国文学

I3/7 各国文学

J 艺术

J0 艺术理论

J1 世界各国艺术概况

J19 专题艺术与现代边缘艺术

J2 绘画

J29 书法、篆刻

J3 雕塑

J4 摄影艺术

J5 工艺美术

J59 建筑艺术

J6 音乐

J7 舞蹈

J8 戏剧、曲艺、杂技艺术

J9 电影、电视艺术

K 历史、地理

K0 史学理论

K1 世界史

K2 中国史

K3 亚洲史

K4 非洲史

K5　欧洲史

K6　大洋洲史

K7　美洲史

K81　传记

K85　文物考古

K89　风俗习惯

K9　地理

N　自然科学总论

N0　自然科学理论与方法论

N1　自然科学概况、现状、进展

N2　自然科学机构、团体、会议

N3　自然科学研究方法

N4　自然科学教育与普及

N5　自然科学丛书、文集、连续性出版物

N6　自然科学参考工具书

N7　自然科学文献检索工具

N79　自然科学非书资料、视听资料

N8　自然科学调查、考察

N91　自然研究、自然历史

N93　非线性科学

N94　系统科学

N99　情报学、情报工作

O　数理科学和化学

O1　数学

O3　力学

O4　物理学

O6　化学

O7　晶体学

P　天文学、地球科学

P1　天文学

P2　测绘学

P3　地球物理学

P4　大气科学（气象学）

P5　地质学

P7　海洋学

P9　自然地理学

Q　生物科学

Q1　普通生物学

Q2　细胞生物学

Q3　遗传学

Q4　生理学

Q5　生物化学

Q6　生物物理学

Q7　分子生物学

Q81　生物工程学（生物技术）

Q89　环境生物学

Q91　古生物学

Q93　微生物学

Q94　植物学

Q95　动物学

Q96　昆虫学

Q98　人类学

R　医药、卫生

R1　预防医学、卫生学

R2　中国医学

R3　基础医学

R4　临床医学

R5　内科学

R6　外科学

R71　妇产科学

R72　儿科学

R73　肿瘤学

R74　神经病学与精神病学

R75　皮肤病学与性病学

R76　耳鼻咽喉科学

R77　眼科学

R78　口腔科学

R79　外国民族医学

R8　特种医学

R9　药学

S　农业科学

S1　农业基础科学

S2　农业工程

S3　农学（农艺学）

S4　植物保护

S5　农作物

S6　园艺

S7　林业

S8　畜牧、动物医学、狩猎、蚕、蜂

S9　水产、渔业

T　工业技术

TB　一般工业技术

TD　矿业工程

TE　石油、天然气工业

TF　冶金工业

TG　金属学与金属工艺

TH　机械、仪表工业

TJ 武器工业

TK 能源与动力工程

TL 原子能技术

TM 电工技术

TN 电子技术、通信技术

TP 自动化技术、计算机技术

TQ 化学工业

TS 轻工业、手工业、生活服务业

TU 建筑科学

TV 水利工程

U 交通运输

U1 综合运输

U2 铁路运输

U4 公路运输

U6 水路运输

U8 航空运输

V 航空、航天

V1 航空、航天技术的研究与探索

V2 航空

V4 航天（宇宙航行）

V7 航空、航天医学

X 环境科学、安全科学

X1 环境科学基础理论

X2 社会与环境

X3 环境保护管理

X4 灾害及其防治

X5 环境污染及其防治

X7 行业污染、废物处理与综合利用

X8 环境质量评价与环境监测

X9　安全科学

Z　综合性图书

Z1　丛书

Z2　百科全书、类书

Z3　辞典

Z4　论文集、全集、选集、杂著

Z5　年鉴、年刊

Z6　期刊、连续性出版物

Z8　图书报刊目录、文摘、索引

利用《中图法》可以满足读者对于信息资源组织和知识检索的需要。

再次，要掌握信息检索的基本知识，学会使用数据库检索工具。计算机网络是现代信息社会最重要的基础设施之一，网络资源一般由专业性较强的数据库组成，这就要求读者要熟练掌握各种网络资源、专业期刊、图书工具书、科技报告、专利、标准等的使用、检索方法及检索技能，才能有效发现、准确获取和高效利用所需的信息资源，解决阅读理解与研究中遇到的问题。

我们以使用寻知学术文献数据库系统（简称"寻知"）查找和获取文献的方法为例，了解如何获取优质论文和图书资源。

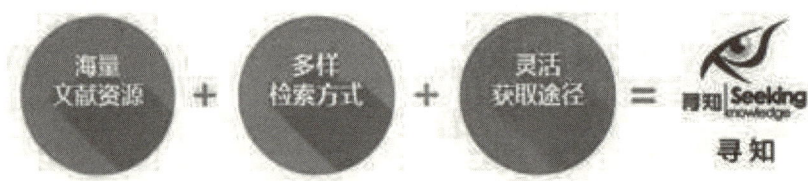

图6-2　寻知学术文献数据库系统

寻知数据库平台收录了大量的文献资源，涵盖自然科学、哲学、历史、医学、文学、社会科学等学科。该系统支持多语种、多字段检索，包括标题、作者、期刊、会议、机构、研究领域、图书名称、出版年、ISBN（国际标准书号）等检索字段。

在明确所需论文信息的前提下，通过图书馆数据库资源链接进入寻知学术文献数据库系统首页，勾选搜索框上方的"论文"，在搜索栏中输入论文标题，点击搜索按钮。如搜索论文"The Electronic Thermal Conductivity of Graphene"，搜索结果如图6-3所示。

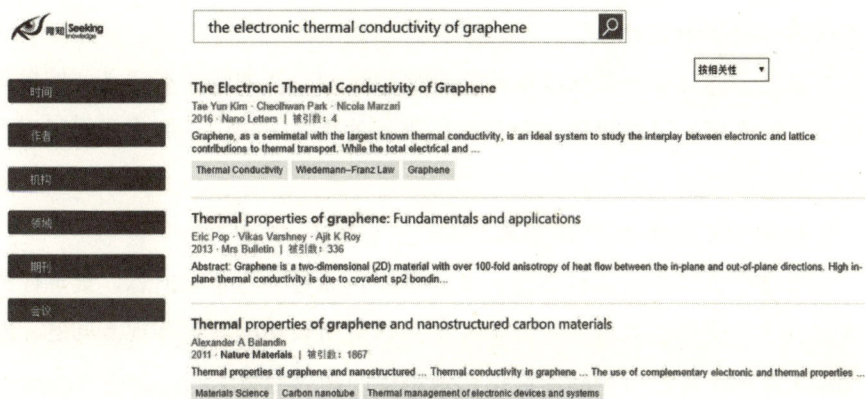

图6-3 寻知学术文献数据库检索系统

点击红色框内的论文标题，进入文摘详细信息页，进一步了解该论文。确定是所需论文后，即可点击页面右侧的下载链接获取论文。

若不确定所需论文的信息，可在寻知平台的搜索框中输入关键词进行搜索。如搜索"Data Mining"，用户可使用搜索结果页面高级筛选工具，针对搜索结果就"时间""作者""机构""领域""期刊""会议"等进行二次检索，从而得到与主题更加密切相关的文献，获取更为精准的论文结果；用户还可在搜索结果页面利用结果排序功能，按照"相关性""时间倒序""时间正序"和"引用数"进行排序，进而优化搜索结果。进入论文文摘页面后，用户可利用寻知提供的论文标题、作者、摘要、期刊、发表日期、期卷号、页码范围、DOI（数位物件识别号）等相关信息，以及被引量、参考文献和引证文献，进一步判断论文是否满足需求，并尽快找到有价值的论文资源。

最后，要学会围绕读物选择浏览、撷取大意、圈点评注、提要钩玄、述诵笔记、综览品评、边读边提出问题等等，通过分析思考，从深度和广度加深对读物的理解，从而提高阅读理解的质量。明代学者陈献章说过："学贵有疑，小疑则小进，大疑则大进。疑者，觉悟之机也。一番觉悟，一番长进。"他的话对提出问题、解决问题在阅读中的作用，做了生动的描述。质疑也是一种阅读方法。从心理学的角度看，在阅读中不断提出问题，进而分析问题和解决问题，可以使读者的思维处于活跃状态，主动地去探索读物所表达的思想。

总之，阅读是一个从浅层认知到深层认知、从理解文本意义到挖掘深层意义的循序渐进的过程，查找、积累各种相关的知识是阅读能力得以形成和发展的基础。

（四）评价文本内容与表达

阅读评价是指采用科学的态度和手段，通过分析文本信息，更加深入理解文本，促发读者进一步思考文本中作者所表达的观点和现实问题，对阅读主体和客体进行判断、评论，最终提高阅读质量。

突出强调阅读评价的原因在于，评价是"对阅读认知观所强调的互动性与构建性的阅读本质与理解本质的进一步认识"[1]。换句话说，评价是为了体现读者在甄别和选择文本信息的过程中的策略应用与导向。读者在阅读的过程中，通过自我评价可以发现问题，从而改变和调整相对应的阅读思维方式和方法。阅读评价的对象可以是阅读材料的主旨思想、作者创作意图、表现手法等，也可以是读者发挥个人创见从阅读内容中发现和挖掘的新答案等，这是读者超越作者本意进行再生产的实践和创新活动。阅读评价意识的培养，实际上就是在阅读中对思维能力的训练。

---

[1] 董蓓菲. 2009国际学生阅读素养评估[J]. 全球教育展望，2009（10）：90–95.

第二节　阅读能力

阅读能力是指读者运用已积累的知识和经验，开展阅读活动的能力。阅读能力是阅读素养的核心，理解能力是阅读能力的内核部分。分析与综合、评价与创造，是阅读从感知到意识，再到理性，是对知识追求的不断量化积累，最终激发读者理性的思考和创新。

一、阅读能力分类

阅读活动一般是因读者、读物、阅读目的、阅读技能各异而有所不同的。一个具有全面阅读能力的读者，应具备认识性阅读能力、分析性阅读能力、评论性阅读能力和创造性阅读能力，能根据学习或工作的需要，确定阅读目的，选择相应的阅读方法。

认识性阅读能力：包括确定阅读目的、独立查找必读材料、选择阅读方法三方面的能力，以便理解词句、观点的直接意义。所谓认识性阅读能力，就是培养阅读的悟意、明理能力，是由认字识词的感性阶段到理解内容的理性阶段的深化。阅读中的理解消化能力，要求在了解一字一词表面意思的基础上，进而理解语言文字之间的内在意义及内部联系，理解文章的思想内容、篇章结构、写作方法。认识是阅读的深化，是阅读的关键，是阅读能力中至为重要的一种能力，是推进智力活动、保证阅读效果的根本动力。

分析性阅读能力：是对层次、段落、文意、技法的分析与综合，既是阅读中对文章内容的理解消化过程，也是阅读中思维活动的整体性表现。通过分析与综合，我们才有可能达到对文章全部内容和精神实质的把握与理解。

评论性阅读能力：鉴别和欣赏。

创造性阅读能力：对文章的内容和观点进行辩驳，触发创造愿望，实现阅读创新。

二、阅读方式

不同的读者对同一类型读物可能进行不同方式的阅读；同一读者由于年龄、身份和认识阶段的不同，对同一类型读物也可能进行不同方式的阅读。所以，阅读动机、阅读兴趣决定了阅读活动的选择和导向。由于阅读目的、读物性质、阅读方式的不同，人们在阅读活动中创造了多种不同的阅读方法。这些阅读方法从出声与眼看的角度，可分为朗读与视读；从阅读速度的角度，可分为慢读与速读等。

根据阅读的详略、深浅程度，人们把阅读分为精读和略读两种方式。

精读是运用得最为普遍的一种阅读方式。它不仅要求按照顺序，仔细地看清每一个字词、每一句话，通过阅读理解揭示出阅读内容，还要求弄懂词语的表面意思、中心思想、感情色彩和深刻含义，对文章的词、句、段、篇进行深入的思考和评价。

精读还要求能把一篇阅读材料与其他作品或现实生活相联系，能对所描绘的情景仔细体会思索，力求使自己置身于作品之中，在原来掌握的固有知识与读物中的新知识之间建立必要的联系，用自己的生活经验去比照、去丰富，其过程是对文献进行再加工的过程。精读是人们逐步认识文本内容之间的联系，直至认识其本质的一种思维活动，要求能客观地站在作品之外，对作品的思想内容和表达方法做出全面的衡量和判断。

宋代学者朱熹曾对精读这种阅读方式做过阐述。他说："读书之法，在循序而渐进，熟读而精思，字求其训，句索其旨。未得于前，则不敢求其后；未通乎此，则不敢志乎彼。先须熟读，使其言皆若出于吾之口，继以精思，使其意皆若出于吾之心。"这些话清楚地说明了精读这种方式的主要特点。

略读也是一种很重要的阅读方式。它与精读不同，不是逐字逐句理解分析，而是像雷达扫描捕捉目标一样，搜索表达文章标题、观点和中心思想的重点语句，把握文章的结构，对于文中有些材料，常常略去不看。

略读过程中也有由此及彼的联想，但想象活动则很少；也要求对文章做评价，但只对文章的某些方面做出评判，而不对文章的得失进行全面衡量。

略读这种方式，前人也早有采用。据《三国志》记载，诸葛亮和徐元直等人一起读书，别人"务于精熟，而亮独观其大略"。这就是略读。纵观大意，迅速把握住主要之点，这正是略读的基本特点。不过应当指出，略读与那种心不在焉、走马观花式的读书不同。前者是一种有目的的、精神高度集中的阅读活动，而后者则是毫无目的、漫不经心的乱翻。

精读和略读这两种阅读方式，是由不同的阅读材料和不同的阅读环境所决定的。对于经常进行深阅读的读者来说，也需要浅阅读，可以帮助自己迅速了解一本书，并通过浅阅读来判断各部分内容，以安排自己的阅读方法。精读和略读各有各的用处，关键是根据实际情况恰当地加以选择和运用。周国平就曾这样阐述过他的读书方法："我读一本经典著作，一开始把它当闲书一样看一遍，看的时候会做一些记号，看完后就回过头来把做了记号的地方重读一下。如果特别喜欢某一本书，就不妨读第二遍甚至更多遍。"可以看出，在许多情况下，这两种阅读方式是交叉运用、互为补充的。周国平在阅读经典著作时，首先粗略地看一遍，把浅阅读作为一种阅读起步，了解一下文章的主要内容和观点，通过这个步骤来判断是否喜欢，初步判断它的价值，决定是否需要进行第二遍甚至更多遍的深阅读[①]。如有必要，就逐字逐句地读，深入理解文章的思想内容，从而获得启发。如果能够根据不同的需要，自觉而恰当地把两种阅读方式结合起来，将大大提高阅读效率，更有效地获取知识。

---

① 周国平. 周国平论阅读：做大师的学生[M]. 上海：华东师范大学出版社，2015：271.

第三节　阅读素养训练——书评写作

在目前的学校教学体系中，大学生的阅读素养偏低已是不争的事实。一些有识之士大声疾呼："大学里开设语文课，意义重大。""现在很多大学生，语文水平较低。试问，如果连祖国语文这一基本武器都不能掌握，如何能正确地理解科学知识和完善地表达科研成果？语文教师的光荣任务，首先就是要使大学生能普遍掌握这一打开科学领域大门的基本武器。"①阅读素养训练是一个系统工程，涉及面极广，许多大学生在中小学阶段语文基础薄弱，升入大学后，随着专业细化，更注重专业课学习，而对阅读并不重视。培养大学生的阅读素养，需要学校多部门多方面的努力配合。如图书馆举办读书征文、读书沙龙、书评大赛等深阅读活动，指导学生开展行之有效的阅读训练。笔者经过多年阅读推广实践，认为在各类阅读活动中指导参赛选手进行书评写作，是一个极佳的阅读训练切入点。注重对学生书评写作的教学指导，是提高大学生阅读素养教育效率的一条有效途径。

一、书评的概念

在《现代汉语词典》中，书评被解释为"评论或介绍书刊的文章"。《新闻传播百科全书》对书评的解释是："广义'文艺评论'的一种。指评析书刊的言论。又称'图书评论''书刊评论'。书评通过对书刊读物的分析评介，向读者推荐健康有益的读物，帮助读者理解读物的思想内容和认识它的价值；通过分析具体图书的得失，为作者提高写作水平提供参考；揭露和批判不良读物的错误倾向，帮助读者提高鉴别力。评析书刊既

---

① 南京大学高等教育研究所.匡亚明教育文选[M].南京：南京大学出版社，2000：229.

可起到引导读者的作用，还可鼓励和支持健康有益的读物的出版发行，促进书刊质量提高。"书评作为一种评论性体裁文章，具有悠久的发展历史。孔子对《诗经》的"思无邪"评价是评点式书评，司马迁对《离骚》的"其文约，其辞微，其志浩，其行廉"的评价是比较式书评，晋代挚虞《文章流别志论》是对作家作品的评论著述，从思想观点、科学价值和实际意义等方面进行分析和评介。到近现代，对图书的意义、作用、得失等发表意见看法的书评更是丰富，成为书籍的"传感器"和人生的"助推器"。

随着互联网技术的发展，阅读方式发生了变化，数据库、"云阅读"等渠道较图书馆更加便利，数字化的书评越来越为众多学生所青睐。图书的广告书评化与书评广告化现象也影响了读者的判断。广告是一种推销术，任何商品广告都是为了推销商品，图书广告亦不例外。所以，一般说来，广告往往是"报喜不报忧""扬长避短"，因为只有这样才有利于销售。书评是真正报喜也报忧、扬长也揭短，甚至只报忧、只揭短①。除了应该辨别书评与广告，还应该分辨一下是书评还是为吸引人注意的反广告评论行为。所谓反广告评论，就是指做反面广告评论宣传，它不仅是"报忧不报喜""扬短避长"，而且往往以喜报忧，以长为短，从形式上看比广告更容易迷惑人，更容易与书评混淆，因为它"确实"是在批评。但它实际上并非书评，因为它往往不仅不是实事求是的，还是既无理论分析又不符合逻辑的。反广告和广告一样，都绝非书评。

书评不是作家论，两者应该分清。以作家论来说，由于作家论必论及作家的作品——书，而书评往往也不得不论及作家，所谓"颂其诗，读其书，不知其人可乎！"（《孟子·万章下》）因此，书评和作家论也就有交叉重叠的部分，有时就被混淆了。其实，两者之间还是比较容易区分的。最具有特征的区别就在于它们的对象不同：书评的对象是书不是人；作家论的对象是人不是书，作家处于不受其他干预的创作状态。作家论首先是一种评论姿态，而非从评论某一本书的角度出发。与某些"相类而非"的

---

① 徐柏容. 现代书评学[M]. 苏州：苏州大学出版社，2005：12.

评论不同，书评要避免对书籍内容进行不恰当的评论及批判。例如，《〈文心雕龙〉研究》[①]关于"作家品德修养论"的评论：

> 汉魏以来，文人品德修养日益衰败，曹丕已经看到了这一点，故其在《与吴质书》中提出"文人类不护细行"说，这是针对其时文人品德修养的实际情况并且通过对历代文人修养情状的历史反思而得出的结论。到了齐梁时代，由于战乱不断，政权更替频繁，儒学式微，名教败坏，文人品行瑕疵甚多。刘勰在《程器》篇就曾罗列了十六位品行有瑕疵的文人，其中十位为魏晋间人，证之于史籍中士人放浪形骸的事例，《后汉书》卷七十《孔融传》曰："（融）前与白衣祢衡跌宕放言，云：父之于子，尝有何亲？论其本意，实为情欲发耳。子之于母，亦复奚为？譬如寄物缶中，出则离矣。"又《晋书》卷二十七《五行志》曰："晋惠帝元康中，贵游子弟相与为散发保身之饮，对弄婢妾，逆之者伤好，非之者负讥。希世之士，耻不与焉。"《宋书·义真传》载义真曰："灵运空疏，延之隘薄，魏文帝云鲜能以名节自立者。但性情所得，未能忘言于悟赏，故与之游耳。"可见六朝"文人类不护细行"的现象非常严重。这是刘祝"德行"论形成的社会背景。

书评不同于广告，书评也不是作家论。认清什么是书评，就会目标明确、集中，减少许多不必要的干扰。当然，书评的写作与其他文章的写作也有相同之处，就是要先立意。立意即"确定书评的中心思想，明确这篇书评要写些什么，要表达什么思想，说明什么问题"[②]。在写作过程中，通过对文本内容的逻辑分析和综合判断，将文本中的语言进行总结、提炼，最终变为自己的思想，从而获取知识，获得阅读的乐趣。

---

① 赵耀峰.《文心雕龙》研究[M]. 银川：阳光出版社，2013：85.
② 徐柏容. 现代书评学[M]. 苏州：苏州大学出版社，2005：205.

二、书评的作用

现代研究总结就阅读动机而言，书评的作用大致可归纳为三个方面[①]：为实现理想而阅读；为谋生实用而阅读；为心灵愉悦而阅读。郁达夫一生嗜书如命，写了不少书评，郁达夫的书评具有独到眼光，传达了独特的生命体验。《〈女神〉之生日》从评"文人自古善相轻"的恶习引发的感慨，主张文人不应互相标榜，更不能互相倾轧。借《女神》出版周年之"生日"大家可以开诚布公，谈谈"胸中所蕴积的言语"，"同心协力的想个以后可以巩固我们中国新文学的方略"[②]。

就书评的目的而言，一是传递有用的资讯，构建图书、作者、读者和出版者之间信息交流的渠道；二是给予人们精神上的享受，影响乃至改变人们对社会和人生的认知。书评是否有价值，既取决于书评者对文体的研究以及能否自觉地进行文体创新，更离不开书评者的社会阅历和审美眼光，以及对被评之书的思考、感悟，如此才能写出见解独到的书评。

高校图书馆在指导读者书评创作时，应引导读者就图书的思想、艺术，结合对自己的影响进行分析评价。鼓励读者之间以书评为交流媒介，召开读书沙龙，分享体会，这对于扩大读者群体具有明显效果。

其一，强化读者参与阅读的意识，扩展阅读视野，加深思考认识程度。书评是读者鉴赏性思考的产物，可以使读者从书本中走出来，运用辩证唯物主义的观念与方法，研究书本中蕴含的思想和艺术特色，而不是囫囵吞枣、人云亦云。图书馆在举办书评活动时，不仅要鼓励同学们读书和思考，还要对其阅读方向加以积极的引导和鼓励，可以组织短训班和专题讲座，聘请作家、评论家、学者或科研团队的学术带头人进行阅读或书评写作方面的辅导，提高读者的阅读理解与书评写作能力[③]。书评写作需要

---

① 赵旭，王靖. 高校书评写作教学刍议[J]. 沈阳大学学报（社会科学版），2013（2）：240-242.

② 林荣松. 走进郁达夫的书评世界[J]. 温州大学学报（社会科学版），2018（5）：78-84.

③ 王利民. 书评是活跃校园图书阅读的有效形式[J]. 经济师，2018（5）：219，222.

写作者具有丰富的知识储备和深刻的思考能力，学生参与书评写作学习和竞赛可以锻炼其分析概括以及语言表达能力，使阅读意义变得更加丰富，阅读兴趣更加强烈。

其二，书评具有较强的阅读推广作用。根据社会热点问题和学生兴趣取向，有针对性地选择经典书目、畅销书目作为书评内容，鼓励学生独立思考写作，完成对阅读后的真实体会与感受的评价。在书评活动中，图书馆可为学生广泛搭建阅读写作的平台，选择价值较大的书评主题组织读书笔会，在图书馆网站、微信公众号、馆报馆刊、宣传栏等平台上发起微型书评活动，作为读者书评提交和发表的主要园地，进行优秀作品宣传推荐，增强书评活动的吸引力，激发学生写作书评的兴趣。读者的书评能够感染和吸引其他读者参与到阅读与书评写作活动中来，共同提高，使图书馆的阅读资源得到充分开发和利用。

三、书评的分类

书评按性质可分为以下几种[①]：

（一）叙述性书评

叙述性书评主要介绍图书的基本内容、读者对象，说明图书是写什么的，写了些什么等等。图书介绍是"述而不作"，多由编辑出版单位编写，注重宣传报道，例如出版机构报道性刊物中的书评，主要作用在于让读者了解图书内容。客观的、实事求是的图书介绍可以帮助读者对图书内容（乃至形式）有较确切的了解。如《宋代笔记研究》一书，论述了宋代笔记的地位和特点、南北宋笔记的不同、宋代笔记的史学价值、宋代笔记的文学价值及宋代笔记的缺点。

（二）评介性书评

评介性书评是对图书的分析评论，主要是评论图书的形式，主观成分较多，如评论一本书写得好不好，什么地方好、什么地方不好，为什么

① 王绍平, 等. 图书情报词典[M]. 上海：汉语大词典出版社, 1990：160–161.

好、为什么不好等等，是以"作"为主而不以"述"为主。吴道弘在《书旅集》中说："评论是书评的灵魂。"①赵寻在《〈宋代笔记研究〉书评》②中对《宋代笔记研究》的价值及缺失做了梳理。

（三）叙述—评介性书评

叙述—评介性书评兼顾叙述性与评介性，既介绍图书的基本内容，又对图书的价值、特色等作出评价，是最常见的书评形式。此类书评不仅对图书已形成的内容及呈现的形式进行评论，而且还将图书已形成、已呈现的具象提升为理论性、针对性、逻辑性特点而做出评论，或者对已形成、已呈现的内容和形式放射性地、多维性地进行评论。书评对推动出版工作、繁荣学术研究、推荐优秀图书、指导读者阅读等都有积极意义。黄建铭在研究书评的本质与信息功能时分析认为，书评具有揭示和报道各种文献信息的功能，其内涵应同时包含文体和方法两个层面，并具有"书评导向环节的联动性""书评导向视觉的广阔性"和"书评导向鲜明的时代性"这三个特点③。

【案例】

《刀兵相见——近五百年中国战场轻兵器》书评

刀剑也温柔

刘一石

一个偶然的机会，参加了"刀友"的聚会。一桌十来个人，教师、编辑、商人，当然还有古董店老板，职业各不相同。他们寻刀买剑、鉴别年份、修复旧物件，有一肚子的故事、满脑袋的心得，乐在其中是可以想见的。我暗地里把当时的聚会称为"小刀会"，后来知道，自己所在的城市从事这个门类收藏的人还有

---

① 毛鹏.真正的书评是促进文化繁荣的动力：评介吴道弘新著《书旅集》[J].中国出版，2002（6）：57.
② 赵寻.《宋代笔记研究》书评[J].和田师范专科学校学报，2018（5）：105–109.
③ 黄建铭.书评的本质与信息功能[J].情报搜索，2002（2）：10–11.

不少。想必"大刀会"一定更热闹。

自己喜欢那些有年份的老物件，却从没有动过收藏的念头，平日里买点什么全为了实际的用途，比如，紫砂壶从不看底款，器型喜欢、泥料对路、买了泡茶就好；书并不强求头版一印，不是盗版的、能读即可；旧物件想好了用处方入手。再说呢，好的旧物件能上手仔细端详一番，已经是种福分了，安顿在谁家有多大关系？潜心收藏的朋友，专注于某一类东西，查资料、辨真伪、看价格、修破烂、交朋友，忙得有滋有味，多年下来会积累许多感悟，就像玉石中的子料，经岁月砥砺，脱去轻浮只剩下最坚实的内核，生活也会因收藏而充实而有意义。所以，我以为对他们还是能理解的。

作者为完成新著《刀兵相见》，征集刀友的收藏图片，到各地博物馆拍照，翻来覆去地改书稿，辛苦地熬了一两年时间。该书是研究明朝以来刀剑及轻火器的专著，为的是总结他多年来的收藏心得。作者平日里温柔敦厚、热心助人，担着许多事儿唯恐麻烦他人。书稿已经下厂，出版社也急着开机印刷，他还是放心不下，希望我能审校一遍，我不能推辞。

拿到书稿粗略地翻阅了一遍，行文间许多细致、切实的东西涌了出来，感受到作者确实有话要说、有的可说。为物、为人、为文，没有全身心投入下一番功夫，总归是逢场作戏，哪会有切实的心得？听懂数学课还算容易，没有深入到细节的理解，恐怕不能顺利地解出题。彭鹏经常修理自家的、刀友的宝贝，这些年下来，不同时期道具刀剑的结构、特征，应当了然于心了。为了少惊扰邻居，每每听到电钻声大作、谁家开始装修了，他便赶紧摊开工具大干一场。我是见过他的一些工具的，专业人员恐怕也难有如此齐备的家当。清理锈蚀发现了使用痕迹、纹饰，或者磨刀磨出了几行文字，这些情况并不常出现，偶尔遇到，可以想见他是怎样的喜悦和兴奋。我以为，有了足够的时间和情感的投入，著述也就有了价值和意义。

校阅《刀兵相见》的这几天里，精力高度集中，停下来歇歇，想着的还是与兵器相关的事儿。这些想法是我对本书大致的理解，录于兹，以备忘。

1. 人类工具与武器

格物致知、追根溯源，是认识的方法。从逻辑来看，人类工具是属概念（generic concept），武器是包含于人类工具的种概念（specific concept），武器应该是有特殊用途或功能的人类工具。我们知道，事实远比逻辑复杂得多，"工具"中的"武器"未必能有个清晰的边界，人类的早期尤其如此。

院子里的猫越来越多，它们为了领地或交配权而互相挠得遍体鳞伤；灵长类的黑猩猩会借用石块攻击其他动物或同类。那么，人类早期的石制砍砸器就不全是用来对付坚果外壳，对付脑袋也有可能；弓箭也不全是用来击落高处的果实或空中的小鸟，也可以射杀大型动物，比如同类。原始的工具延伸了人的器官，敲、砸、削、砍、射等功能本身就具有很强的攻击性，它们使用的目标和方法，并不像后来那么明确。伸出手摘果子，捂着脑袋防袭击；埋头敲坚果，抄起家伙揍人。对象是自然还是同类，这才是生产用具与武器的分别所在。所以，讨论孰先孰后意义不大，就那么点家当，混着用最有可能。

如果说生产工具是生产力的标尺的话，武器则是人类工具最极致的表达，聪明的主意、先进的技术、精湛的工艺，都凝聚在武器的研制之中了。说来有些别扭，一把老刀的文化含量并不少于一方旧砚台。

2. 兵器、礼器及配饰

兵器的功用不仅仅在战场，人们还发明了恐怖之外庄严、优雅的用途。

作为礼器的兵器与实用器是有一定的区别的，比如，夸张尺寸、布满纹饰。礼仪意味着高度程式化，是人类秩序理想的夸张表达，而兵器多出现于极度混乱的厮杀场景。两者联系起来，暗含着人类理智的深刻悖论：进攻是最好的防御，战争才能维护和平。兵器在使用中形成了权力、实力、秩序等象征意义。我们能从《礼记》《周礼》《礼仪》中看到，兵器是各类礼仪场合里必不可少的道具。即便是到了今天，现代国家的仪仗队依然少不了步枪、刺刀、佩剑之类的物件。混乱是另一种秩序？

剑与琴棋书画地位同等，已经成为中国传统文化优雅的符号。腰间佩一柄剑，那是标准的文人范。大体上来看，实战功能退尽，剑才成为饰品的。佩剑的尺寸大概有一个推敲衡量的过程，先秦时期的剑，更像匕首，如出土的几柄越王剑，长度多在40~50厘米之间。优雅其实是一种精准的分寸感，如果一定要带一件兵器的话，扛着大刀太粗鲁、揣着匕首过猥琐，介于大刀与匕首之间的尺寸，正好表达飘逸、磊落、阳刚和豪气。"过犹不及"，"叩其两端，而取其中"，中国人很知道这个道理。

3. 兵器的特征

以下方面的因素，可能影响了某一时代兵器的特征：

进攻与防御的关系。比如，在同一柄刀上，刺、割、砍、挑不可能均衡，必须针对当时铠甲的质地和结构做出选择；同样，防御性装备也要充分考虑进攻性武器的特征。矛之利、盾之固，是武器设计中反复缠绕的课题。

作战类型及方式。陆战与水战、马战与步战、山地战与平原战，伏击与攻坚、阵地与游击，这些不同的类型和方式，对武器装备的要求是有区别的。

其他：自身传承、外来影响以及新技术新工艺的应用，都会在兵器上留下深刻的痕迹。

4. 火器在明清

火药的发明一开始就很喜庆热闹。方士炼丹弄错了药方，引发了爆炸，满屋子都是呛鼻的浓烟。蒙古军队将火药带到了欧洲，欧洲人借助火器进入了近代社会。火药的故乡到鸦片战争之前还是处在中古时代。许多人愿意假设，如果没有李自成、张献忠，少了陈圆圆、吴三桂，中国可能走上另外的道路。这种假设其实没有任何道理。

利玛窦望着北京夜空满天的焰火，感叹火药能变幻成如此多的形状和色彩，在由衷佩服中国人的聪明才智的同时，也没忘了盘算这么多的火药在欧洲能打多少场有规模的战役，最后，他得出结论：这里的人民爱和平。

明军占领了大都，元顺帝逃往北方的荒漠。徐达建议乘胜追击，以绝后患。朱元璋摇摇头说："别追了，建道大墙将他们挡在北面岂不省事？"明初倭寇已经开始骚扰东南沿海了，朱元璋让明军后退，划定区域由着那些"矮脚虎"胡闹。

朱棣倒是派郑和下西洋，不过没有什么军事目的，此后不久便有大臣悄悄销毁了有关的资料，免得以后劳民伤财胡折腾。朱棣废止海运，花大力气疏通了京杭运河。马克斯·韦伯发现运河的走向与海岸线基本平行，很客气地断定：这是一个内敛的王朝。

安南一乱，朱瞻基并不着急，摆摆手说，由他们去吧，这个行省俺不要了成不？

明中后期，宦官与内阁来回斗法，儿子做了皇上爹是不是也该有个皇帝的称号、立长还是立幼成了朝廷讨论的热门话题。

有明一代，是关起门来过日子的时代，骨子里长不出近代的东西。这一时期，火器的发展与欧洲基本同步，火器炸死了努尔哈赤又怎么样，清军还是入关了。

清朝在短短几十年里完成了前人两千多年的发展历程，没法指望太多。

锣鼓齐鸣，双方主将互报名头、放出狠话，操持着漂亮的兵器卡着锣鼓点来那么几下子，几回合下来，一方落败；得胜的大将来个威武造型亮相，手一挥，士卒们打着彩旗迈着碎步算是冲杀过去了，战斗结束。我们太熟悉也太喜欢这种争斗场景了，还要火药干什么？

5. 就这样温柔

战争是人类最残酷的游戏，它能将人性的刻度拉伸至极限的端点。混乱与秩序、生与死、狂喜与哀号，兵器记录了跌宕起伏、悲欢离合的人间故事。我以为，刀剑上狰狞的装饰是用来为自己壮胆的，战斗中对方确实没有工夫看清这些，手起刀落、寒光闪过，胜利者内心不会留下创痕？

旧兵器远离了战场喧嚣，寒光退尽、锈迹斑斑，全无实际的用途，在变成张岱所言的"天之月""人之眉"的时候，我们拾起来仔细端详，轻轻对它说一句：你也该温柔了吧。

第七章

深阅读

在阅读的发展趋势方面，据中国新闻出版研究院《第十五次全国国民阅读调查》显示①，2017年我国成年国民阅读包括书报刊和数字出版物在内的各种媒介的综合阅读率为80.3%，较2016年的79.9%有所提升。数字化阅读方式（网络在线阅读、手机阅读、电子阅读器阅读、平板电脑阅读等）的接触率为73.0%，较2016年的68.2%上升了4.8个百分点。图书阅读率为59.1%，较2016年上升0.3个百分点。也就是说，纸质图书和数字化阅读方式的阅读率均有所增长。但是调查显示，深度图书阅读行为占比偏低，21.7%的网民将"阅读网络书籍、报刊"作为主要数字阅读活动之一。

如今，由于网络的丰富性与时效性，信息量爆炸式激增，海量的可阅读文本资源越来越趋向于碎片化、通俗化。生活节奏加快以及对知识文化的不断追求，大学生表现出了对数字化阅读的浓厚兴趣，并逐渐形成社交网络浅阅读模式。加之很长一段时间，我们一直把阅读界定为"课外阅读"，人们越来越倾向于选择便捷、快速的浅阅读。数字化阅读提供的便利的阅读方式很快得到了人们的热捧，阅读随之显现出了一些问题，如"去学术化""碎片化"和"浅阅读"。所以，当今社会面临"深阅读危机"。新闻与出版学、教育学、文化学等领域的学者从深阅读的重要性出发，呼吁人们重视深阅读和深度思考，成为有思考力、鉴赏力和创新力的读者。

---

① 国家图书馆研究院. 第十五次全国国民阅读调查成果发布[J]. 国家图书馆学刊，2018（3）：38.

第一节 深阅读危机

一、互联网时代大学生的阅读现状

从人们对不同媒介的接触时长来看，手机和互联网成为我国成年国民每天接触的主要媒介，纸质图书和期刊的阅读时长也有所增加。据调查，我国成年国民人均每天手机接触时间最长，时长为80.43分钟；人均每天互联网接触时长为60.70分钟。在传统纸质媒介中，人均每天读书时长为20.38分钟，人均每天阅读期刊时长为6.88分钟[1]。其中，超一成（12.1%）国民平均每天阅读图书超过1小时。18～29周岁群体日均读书时间最长[2]。根据亚马逊中国网站近期发布的阅读报告显示[3]，平均每天阅读半小时及以上的受访者占比达82%。纸电一起读是受访者阅读的主流，85%的受访者同时使用纸电两种媒介阅读。

中国社会舆情年度报告这样描述[4]：

> 传统信息获取只能依靠于传统的媒介组织的固化提供，除此之外的信息只能依靠社会大众个体的社会网络的覆盖范围，信息获取的宽度和深度都不够。微博使得人人成为记者，信息源的广度和深度是任何传播时代所无法比拟的，这些信息像超市的物品

---

[1] 阴洪俊. 推广数字阅读，助力书香城市建设[J]. 新教育时代电子杂志（学生版），2018（16）：211，202.

[2] 第十五次全国国民阅读调查成果发布[EB/OL]. [2018-04-24]. http://ex.cssn.cn/wx/wx_zjft/201804/t20180424_4211682.shtml.

[3] 2017亚马逊中国全民阅读报告出炉，过半受访者一年读书逾10本[J]. 青年与社会，2017（17）：26-27.

[4] 喻国明. 现阶段传播格局的改变与门户网站未来发展的走势[J]. 新闻与写作，2012（12）：54-55

一样有序地陈列在微博平台上，社会大众可以根据自己的偏好和口味自由选取，获取的成本和信息的壁垒基本可以忽略不计。

在阅读内容方面，每年亚马逊中国全民阅读报告都会出具一份调研总结，2017年调研发现，"90后"最爱的类别有科幻悬疑、绘本漫画，而"00后"更爱读科普和英文。张静[①]通过对3 268名在校大学生的问卷调查发现，有52%的同学仅读本专业书籍，仅有20%的同学博览群书，还有10%的同学连本专业的书籍都不能很好地阅读。数据表明，当代大学生的阅读兴趣匮乏，阅读面狭窄。

黄兰[②]以问卷调查的方式选取成都的一本、二本、三本院校各两所，面向各年级学生共发放600份问卷，得到了真实有效的数据。经分析，发现大学生在课外阅读方面存在目的不明确、结构不合理、数量不达标、时间不充足等问题，对文学、娱乐类书籍阅读兴趣最浓。按照大学生的喜好程度从高到低对书籍类别排序，依次为：文学著作类（30.2%）、新闻娱乐类（24.6%）、学科类（16.6%）、科普类（15.2%）、其他（13.4%）。陕玉娟也[③]调研分析了校园数字化阅读与传统纸质版阅读的阅读方式的发展趋势，发现大学生逐渐表现出对数字化阅读的浓厚兴趣，在享受数字化阅读带来的便捷性与海量资源的同时，也遇到了一些问题。

二、新媒体环境下大学生阅读素养分析

1. 超链接引发的阅读迷航

数字技术的发展、互联网的普及使人类的时间和空间得以延伸，数字化阅读媒介在不断发展中成为人们主要的阅读载体，只要在移动互联网络

---

① 张静. 培养阅读兴趣，拓宽阅读领域：对当代大学生阅读现状调查的思考[J]. 陕西教育（高教），2016（10）：77.

② 黄兰. 成都大学生课外阅读情况调查[J]. 江苏经贸职业技术学院学报，2018（1）：42-44.

③ 陕玉娟. 大学生数字化阅读现状分析与对策研究：以西北师范大学为例[J]. 中小学电教，2018（10）：23-27.

覆盖的地方，借助于移动终端就可以随时随地阅读。对于互联网是否真正改变了人类的思维方式，学界业界存在很大争议。陈力丹教授认为："新媒体深刻地改变了原有的社会思维方式和交往模式。新媒体趋向无限快节奏的生活方式，也可能会将人们引向思想的迷失。"[①]尼古拉斯·卡尔在《浅薄——互联网如何毒化了我们的大脑》中深刻地剖析了互联网如何重塑人们的大脑，指出互联网中丰富的信息、链接间的跳转等撕碎了注意力，人们的思考能力降低[②]。奥莱（Ollé）[③]等人在《电子期刊对学术信息行为的影响的定性研究》中指出，虽然研究学术的工作人员长期阅读，但是其阅读快速、粗略、不连续，降低了阅读的深度。由研究者对大学生阅读现状调研数据可知，有51.5%的调查对象认为不断出现阅读迷航是其中止电脑阅读的主要原因之一，17.8%的调查对象认为自己中止手持终端阅读的主要原因之一是阅读迷航[④]。可见，不断出现阅读迷航，偏离阅读本意是大学生中止数字化阅读的主要原因之一。

超链接是Web页面区别于其他媒体的重要特征之一。超链接是一种按内容链接互联网信息的元素，是指从一个网页指向一个目标的连接关系，这个目标可以是另一个网页，也可以是相同网页上的不同位置。超链接是页面的一部分，它可以指向一个文本、一个图片、一个电子邮件地址、一个多媒体文件，甚至是一个应用程序。当浏览者单击链接后，就会打开或运行链接目标。通常在被链接的元素下有下划线或者以不同的颜色显示来进行区分。网页浏览者点击超链接访问是网页交互中最为常见的行为之一。一个网页能够集合许多超文本文档、文件或脚本的不同元素，浏览者通过

---

① 付晓光，覃思.创新与坚守：互联网时代"深阅读"融合模式探析[J].中国出版，2017（8）：11–14.

② 尼古拉斯·卡尔.浅薄：互联网如何毒化了我们的大脑[M].刘纯毅，译.北京：中信出版社，2010：1–41.

③ OLLE C, BORREGO Á. A qualitative study of the impact of electronic journals on scholarly information behavior[J]. Library & Information Science Research, 2010, 32（3）: 221–228.

④ 吴健.大学生数字化深阅读研究[D].徐州：江苏师范大学，2017.

点击被链接的元素实现交互式跳转，激活链接目标对象，其潜在价值是使孤立信息之间相互连接。超链接的数量是不受限制的，当多种信息通过超链接合成信息单元后，用户会更方便、更快捷地搜索到所查找的信息。

在信息收集的过程中，学习者从一个位置通过超链接可以跳转到另一个位置，经过多次跳转，就很难回到当初的位置。信息节点超链接的应用价值与潜在价值不吻合，信息的离散经常让学习者被无关的信息所吸引，碎片化的信息切割了完整的阅读时间，学习者在搜索过程中已经忘记了自己最初的学习目标，在相关或不相关的链接中迷失在网络里。

为了找到信息，学习者会将注意力放在所查找的"关键词"上，搜索只与内容相关的字词，这种对阅读内容关键词的简单搜索，通过"无限链接"形成一个整体。但是信息知识只是在形式上实现了连接，信息大多是碎片化的信息形态，且限于浅层讨论，只有少量的话题得到深度研究，难以进行知识传承和文化创新。对热点的快速捕捉，也使信息的系统性减弱，难以承载深刻意义和复杂逻辑[1]。所以，"碎片化"浅阅读是现在大学生阅读现状的常态。它的弊端是使学习者习惯于肤浅的信息接受和浅层的表象观察，影响了人们正常的学习和交流，零散、碎片式的信息难以建构读者的系统知识。此外，知识的非线性组织方式易养成跳转性思维模式，严密的逻辑消融在这种非线性结构中，容易引起知识结构的分裂断层[2]。大学生大部分上网时间用来浏览，可以轻松获取各种信息。数字化的思维和阅读习惯限制了他们对阅读的深度思考动力。据调查，大学生自主的经典性、研究性阅读少之又少，久而久之降低了大学生整体的阅读素养水平。与传统的纸质阅读相比，超链接虽然为读者提供了丰富的阅读资料，但是偏离阅读目标的阅读方式，使得原本带有目的的阅读变成随机阅读。当代大学生热衷于消遣娱乐性、猎奇性等个性化阅读，在网络阅读中由于

---

① 付晓光，覃思. 创新与坚守：互联网时代"深阅读"融合模式探析[J]. 中国出版，2017（8）：11–14.

② 李锐. 网络超链接与意识流的耦合及其数字化外显[D]. 哈尔滨：哈尔滨工业大学，2009.

注意力不集中以及强烈的猎奇心理，很容易被超链接中不相关的文字和图片所吸引，最终背离了最开始的阅读初衷①。这也容易养成不爱独立思考和创造的惰性。多媒体阅读的碎片化、快餐式、读图式特点，也使得读者逐渐失去了阅读作品时的理解力、判断力和想象力。

2. 阅读目的趋于功利化

有关数字化阅读现状的调查发现，大学生利用图书馆以自习为主，有37%的调查对象表示，他们为了考试和完成老师布置的作业、任务，以及找到理想的工作，有着较为单一的阅读目的，比如准备研究生考试、公务员考试、等级考试，或者取得各种资格证书、职业认证以及完成毕业论文等。面对升学、工作、生活的压力，大学生越来越追求"快"和"轻松阅读"，而不是根植于自身的修养内涵和精神世界的筑造。这说明，阅读目的趋于目的性及功利性，改变着素质教育的初衷。大学生往往很难静心、专注、完整地阅读一本书，更不要说思考要义、探索哲学与人生意义，与深阅读的宁静致远、创造更多价值的要求背道而驰，内心越来越浮躁。越来越多的大学生只是将数字化阅读当作获取大量信息的路径，而不是利用技术提供的阅读优势开展以提升自身素质为目的的经典阅读和以科学研究为目的的专业性阅读，这种浮躁的阅读心态严重影响了阅读素养的培养。阅读的功利趋向以及大众文化的流行使得阅读更加趋向于感官的愉悦和盲目从众，读者失去了对于阅读作品的自主选择性。

三、强化新媒体环境下的阅读素养教育

阅读，有些只求通过浏览获得资讯、择取要点即可；有些却需要深度阅读、深度思考，这样才能体会其中的精髓。"墙上芦苇入泥浅，参天大树根植深，深与浅大有区别"②，因此要端正阅读态度，明确阅读目的，养成良好的阅读习惯。健全的阅读心态表现在阅读过程中注意力集中、稳

① 刘波，林菲. 大学生网络阅读问题与对策分析[J]. 长春师范学院学报（自然科学版），2010（10）：156–158.
② 曹政. 伏枥集[M]. 北京：台海出版社，2016：302.

定，态度积极，具有开放性、选择性和有序性的特点，而不是封闭的、非连续性的、随心所欲的，否则将被大量的无用信息所左右。

移动互联网的发展，导致大学校园中的"低头族"随处可见，不少大学生的阅读态度和阅读目的令人担忧。目前百度、谷歌等搜索引擎已成为获取信息的主要渠道，在专业文献的检索中也主要依靠百度等搜索工具，真正利用图书馆所购买的各类专业数据库的很少，大部分学生只有在撰写毕业论文时才会利用图书馆的专业数据库，但由于缺乏专业引导，在专业数据库的利用上，也只限于利用关键词等进行模糊检索，而不会对文献进行精确查询[①]。这造成了大学生的思维惰性，弱化了其独立思考问题的能力。因此，高校图书馆工作人员在辅助教学中应对大学生进行阅读素养教育，帮助他们有效利用数字阅读信息，端正阅读态度，明确阅读目的，培养他们在学习过程中获取、理解、分析、评价各种资源的能力，并对自己的阅读内容和阅读时间做出合理安排。良好的阅读素养主要体现在：合理运用阅读媒介，能够主动地思考和创新，养成良好的阅读习惯。

阅读推广是校园文化建设的主要内容。面向学生需求，深化阅读推广，积极在大学生群体中开展阅读指导，及时发现大学生在使用各种阅读媒介中存在的问题，有针对性地去指导大学生健康阅读，培养大学生阅读的辨别能力和创造能力，引导大学生向研究性经典型阅读转变，是提升大学生阅读素养的有效途径。因此，积极开展大学生阅读指导，能够为大学生更好地适应变革的新媒体环境奠定良好的基础。

---

① 魏红菊. 新媒体环境下大学生阅读素养分析[J]. 现代农村科技，2018（12）：72-73.

第二节　深阅读的概念与意义

何谓深阅读？

目前，由于对深阅读的研究处于初期，人们对深阅读概念的界定和理解也有所不同，至今尚未有关于深阅读的权威定义。对于认知过程中的深阅读，出现了大量相关文献，人们以科学的态度研究深阅读及其相关问题，从不同角度描述自己所观察到的深阅读现象。

"深阅读"一词是由斯文·伯克茨（Sven Birkerts）在1994年论述电子时代阅读的命运的著作《古腾堡挽歌》（The Gutenberg Elegies）中创造的[①]，他认为：

> 阅读，因为我们可以控制它，所以它应当与我们的需求和节奏相适应。如果在阅读过程中我们达到一定的自由，使我们主观的、联想的冲动被释放，这种状态我想就是"深阅读"：从一本书中含英咀华，细细琢磨领会文章的精华。我们不只是阅读这些文字，而是直探本源。
>
> （Reading, because we control it, is adaptable to our needs and rhythms. We are free to indulge our subjective associative impulse, the term I coin for this is *deep reading*: the slow and meditative possession of a book. We don't just read the words, we dream our lives in their vicinity.）

---

① NORDQUIST R. A Guide to Deep Reading[EB/OL]. [2017-09-07]. https://www.thoughtco.com/ what-is-deep-reading-1690373.

正如郭沫若在《我的读书经验》中对为研究而读书所做的分析一样，为研究而读书是谓"狭义的真正的读书"。其方法是"搜罗一切资料尽可能使无遗憾"，"直探本源不受前人束缚"，"对于资料毫无容情地、毫不惜力地加以清算，必须彻底，绝不放松"，而且要把它们"读破"，这样才会达到研究目的。

当然，也有从阅读速度的角度理解深阅读的含义，如美国阿姆斯特朗州立大学（现为佐治亚南方大学）的修辞学和英语荣誉教授诺德奎斯特（Richard Nordquist）认为：深度阅读是为了提高一个人对文本的理解而进行深思熟虑和刻意阅读的积极过程。它与略读或表面阅读形成对比，也称为慢读。

解释深阅读及其核心理念，还是应该从深阅读之"深"的意义开始。

深度，指物体的深浅程度和距离的远近，事物向更高阶段发展的程度，以及触及事物本质的程度。许多学者对深度有更抽象的表述：

> 深度是存在之维，是原始体验，它形成于物体的相互重叠与隐伏中、在主体与对象发生的关系中，对象之物的深度需要主体自我的深度来显示。（梅洛·庞蒂）
>
> 简单的事件介绍和堆砌，无法满足我们对阅读的需求。新闻报道的深度挖掘，对事件的梳理和深挖，对当事人的心灵探究，对现象背后潜藏的真相探索，彰显深度报道的独特魅力。这些年来，《长安》报的报道也向纵深化一直努力。[1]（《长安》报主编陶青林）
>
> 深读比精读更高的要求是：内化。内化是指把接收到的信息转化为可输出信息的过程，两者的比率叫作内化率。例如，你翻到本书关于头脑风暴的那一节。如果你读完之后，依然不会组织集思广益的创意会，那你的内化就没有完成，转化率为零。如果

---

① 陶青林. 同行：《长安》报创刊20周年优秀新闻作品选[J]. 深度，2012（1）：136.

你能够有效组织头脑风暴会议，而且能够创造性地运用到各种适合的场合，那么转化率就是百分之百。这个解决问题的方法已经内化成为你的智能的一部分。[①]（叶舟）

显然，在现实中，关于阅读之"深"有很多存在争议的含义，究其原因，是因为其概念高度抽象。笔者将这些看法归纳为以下三个层面：

第一个层面是从信息的角度看，涉及的主要关键词包括深度理解、思考和探索等。如2009年沃尔夫（Wolf）在《深阅读的重要性》（The Importance of Deep Reading）中认为，深阅读是一系列促进理解的过程，包括推论、演绎推理、批判分析、反思和洞察等[②]。作者指出，阅读从基本的解码技能到高级的理解技能，都需要教师准确无误地教给学生。媒介在阅读过程中同样发挥了至关重要的作用。媒介本身为我们提供了新的教学方式，吸引年轻读者有目的地、认真地分析他们遇到的信息。

"90后"大学生作为互联网时代的新一代读者群，是信息技术与多元阅读最广泛的受众。在阅读中使用电脑、手机、电子阅读器、Flash动画、视频、音频等，可以促使他们在愉悦的、形象的、直观的氛围中主动参与阅读。针对"90后"大学生的阅读特点，四川大学图书馆"光影阅动·微拍电子书"就是利用当前"90后"大学生最为惯用的"美拍"等软件，通过拍摄1分钟视频推荐好书的方式进行阅读推广。富有感染力的音效、生动直观的图像、具有启发性的视频片段，可以将阅读中的听、说、读、写、问、议和想象，直观地展示给学生，带领学生入情入境，使学生充分感受到图画的艺术魅力，对直观、形象的事物更容易产生浓厚的探索兴趣，培养阅读能力，从而真正爱上阅读。

未来的深度学习可能更加依赖网络与数字化媒体环境。手机和互联网成为我国成年国民每天所接触媒介的主体，有声阅读成为国民阅读新的增

---

① 叶舟.聪明人是怎样思考的[M].上海：立信会计出版社，2016：25.
② 吴健，李子运，王洪梅.基于关键词共现聚类的深阅读研究热点分析[J].图书馆建设，2016（12）：53-59.

长点，移动有声APP平台已经成为听书的主流选择。在教育观念上，教育工作者需要用敞开的胸怀接受数字化阅读的趋势，运用现有的资源帮助大学生群体对网络进行认识重构，而不是视之为洪水猛兽。在教学实践中，应该顺势而为，采用适应新媒体阅读规律的教材和教法，教育他们如何甄别信息并进行价值选择，从而培养大学生群体的阅读素养。例如，掌阅（iReader）在客户端的发现频道中设置了"圈子"栏目，豆瓣设置了"读书"栏目。在这里，用户可以根据阅读的类别、书目等加入某个主题的交流"圈子"，与圈里的书友互动，对某本书进行评分，发表长评或短评，围绕此书创建"话题"形成"讨论区"。同时，还有特定的"作者圈子"，作者和书迷可以在网络上直接交流，结成线上的"阅读小组"，激发和增强用户的阅读兴趣。所以，在社交网络上，阅读行为与阅读后的分享行为同等重要。掌阅（iReader）、豆瓣等平台的分享评论机制可以让用户发表读后感，用户通过一键式分享转发到其他平台之后，在与他人的交流互动中得到激励与满足，并促使读者有更大动力持续评价与阅读。但问题在于如何实现对分享行为的有效引导，并通过适度放大交流感反哺阅读率。对于这一方面的探索，深谙互联网思维的网络媒体进行了大量有效尝试[①]。

2010 年，赫米达（Julian Hermida）[②]在《促进深阅读的策略》一文中，从阅读的态度、阅读中的思考深度和感悟程度、知识图示等角度出发，提出推动数字化深阅读实现的策略。读者是阅读推广活动的核心，是深阅读所形成的价值和意义的承受者、评价者。"阅读—交流互动—阅读新书—新的交流互动"的良性循环，可以实现交流互动的社交需求向阅读需求的转变。

根据有关研究，"主体总是以需求和满足需求的可能性为轴心组织自

---

① 付晓光，覃思. 创新与坚守：互联网时代"深阅读"融合模式探析[J]. 中国出版，2017（8）：11–14.

② HERMIDA J. Strategies to promote a deep approach to reading[J]. Tomorrow's Professor e Mail Newsletter，2009（1）：928.

己的反应状态，是其评价对象价值的主要参照系统"[1]。这里从以下三个方面阐述阅读策略：

（1）课程目标。设计一门课，主要是鼓励学生深阅读，使用高阶认知和元认知技能来理解和处理学术文献，与学术文本的作者协商，使学生明确这些目标，因为大多数学生仅仅将事实和原则作为课堂的唯一内容。在深阅读中，读者不仅仅是被动的接受者，更是一个"参与者"。潘双林[2]认为："阅读的深度关键取决于阅读过程中思维的参与度和力度，取决于阅读主体能否对文本的内涵、语言、审美张力产生相应的应力。"通过反思文本与自身以及更为广泛的社会关系，进而重塑自我。此外，阅读的肤浅性和跳跃性，很容易使读者产生烦躁情绪，失去阅读耐心，这些在一定程度上造成大学生在阅读时注意力分散、想象力降低、思辨力减弱，使阅读获得的满足感大大降低。

（2）评估方法。可以从五个维度来衡量学生是否进行深阅读：① 使用高阶认知技能阅读分配的材料；② 有效地与作者协商交流；③ 可以评价作者观点的优势；④ 解构文本隐藏的假设；⑤ 看出作者观点中隐藏的含义和用途。

（3）开展教学活动。在教学中，要让学生积极地参与到活动当中，而不是让学生仅仅依靠老师的解释和口语进行阅读和学习。重点培养独立思考和思辨性思维。而且，深阅读可产生多重渠道交流，包括"文本发出者和接收者之间的交流""接收者和文化传统之间的交流""接收者和自己的交流""接收者和文本之间的交流"等[3]。借由这些渠道，深阅读者可以获得理性思考。陈青云[4]将深阅读等同于传统阅读，通过仔细阅读和揣摩以实现理解、内化和应用阅读内容的效果，不断增加读者的知识和文化沉淀。

第二个层面是从价值意义的角度研究，涉及的主要关键词包括情感、陶醉、投入、沉浸等。研究者认为，深阅读不只意味着能够正确解读文本信

---

① 李桂华.深阅读：概念构建与路径探索[J].中国图书馆学报，2017（6）：50–62.

② 潘双林.网络阅读深度化的实践探索[J].中国电化教育，2012（4）：110–112.

③ 李桂华.深阅读：概念构建与路径探索[J].中国图书馆学报，2017（6）：50–62.

④ 陈青云.浅阅读时代的学术期刊编辑加工[J].出版发行研究，2012（11）：83–86.

息，感情上的投入常常贯穿于整个阅读过程，无障碍的阅读可以带动情绪，使人更加投入到阅读情景之中。张亚军[①]从个性化描述的角度出发，将深阅读理解为：深阅读是指敬重书本，仔细阅读，默默品味和琢磨，把读书学习当作塑造人格魅力的路径，而不是追求名利的工具……其意义在于超越世俗，建立起精神世界。刘婷婷[②]通过深阅读与浅阅读的比较研究，认为深阅读是阅读形态的高级阶段，融入了读者的智力参与和情感注入，强调阅读后的思考与感悟、评价与赏析、探索与研究、检验与沉淀，是一种价值挖掘和价值创造的过程。

第三个层面是对照浅阅读，引导浅阅读由浅至深的过程研究，涉及的主要关键词包括交流、对话、互动等。持该观点的相关学者认为，深浅阅读不是绝对分立的，而是同时存在的。杨红[③]指出，只有将浅阅读作为阅读活动中一个趋向于高阅读品位的初始阶段，才能循序渐进地引导深阅读，深浅阅读才能相得益彰、互为补充，从而产生循序渐进的良好结果。李凡捷[④]从认知事物阶段性效果的角度分析认为，碎片化阅读并非一无是处，它可以帮助读者更快地获取多元信息，从而基于对事物的全面认识形成理性认知；此外，碎片化阅读可以打破学科界限，增进知识的流动、重组、融合与创新，如果读者为了特定目的而不断延展阅读领域，所获信息也可汇聚成深度的认识[⑤]。

---

① 张亚军. 从深阅读到浅阅读的变迁[J]. 贵州大学学报（社会科学版），2011（6）：144–148.

② 刘婷婷. 浅阅读延"深"的特征分析与实践研究[J]. 图书馆建设，2017（12）：80–84.

③ 杨红. "浅阅读"时代图书馆的应对策略[J]. 图书馆，2008（2）：93–94.

④ 李凡捷，李桂华. "深阅读"之争议与再思考[J]. 国家图书馆学刊，2017（6）：16–25.

⑤ 张福平. 碎片化阅读背景下全民阅读的推进：电子阅读与纸质阅读的对比分析及融合探讨[J]. 郑州轻工业学院学报（社会科学版），2016（1）：43–51.

第三节 深阅读的方法策略

深阅读能力与一个人的专长有关，没有人能在任何领域都能进行深度阅读和深度思考。作曲家听到一段旋律，就能记忆、分辨、判断、思考，借此谱写一首完整的新曲，却不能像小说家一样靠一个场景或一段追忆所带来的灵感而编出一个故事。因此，要获得深度阅读所带来的深度思考和创新，就要持之以恒地进行交叉学科阅读和思考训练，丰富自己的见识，拓展思路。

深阅读是一个利用已有图式和语篇线索不断猜测和印证的过程。阅读从语言文字符号中提取意义，必须有两个基本的条件：一是文字信息的成功摄取和有效传递；二是读者已有相同、相似、相关的"知识背景"[①]。背景知识是指能够帮助读者认识理解阅读内容的读者已经拥有的知识总和[②]，是先于阅读的活动。研究发现，每当读者发现阅读素材与他们的个人生活、情感或未来志向的联系时，阅读深度也会得到加强。人们都是用已有的知识理解新事物的特性，所以拥有与阅读内容有关的背景知识是读者深阅读的条件之一。如果读者缺乏与阅读内容相对应的背景知识和知识经验，就要养成多问多想的习惯。对习惯深度阅读和深度思考的人来说，学习的逻辑链条很长，有许多个"之所以……是因为……"和"假如……或许……那么……"连接在一起。针对每一个"假如"展开一系列推导训练，就是为了帮助读者理解和提高阅读兴趣。情境阅读可以改变枯燥的阅读模式，帮助读者更好地理解文本的中心思想，唤起读者的情感。今天的新技术不但能通过丰富的展现方式促进读者对文本的理解，而且由于读者

---

① 曾祥芹.阅读学新论[M].北京：语文出版社，1999：300–304.

② 涂阳军，陈建文.先前背景知识、兴趣与阅读理解之关系研究[J].心理研究，2009（3）：84–89.

与其相处的极大自由度而更易于控制阅读过程，在阅读时就能不断解码文字获取文本内涵，逐步提高自己的深阅读能力。否则，就会降低阅读转化率或阻碍阅读进程，甚至导致读者放弃阅读。值得注意的是，读者在用已有的背景知识理解新事物的过程中，通过学习文本中的明线和暗线所教授的内容，能更深度地潜入某个特定的话题或超越对文本原有的理解程度，与原有的智能再次融会贯通，"再度"获取新的概念和学问，从而充分享受深阅读的乐趣。哈佛大学商学院教授迈克尔·波特在很年轻的时候就发现一个商业现象：在暴利行业中也有企业亏损，在微利行业中也有企业大赚。这是为什么？这个现象很早就存在，一般人可能在浅层次上给出一些支离破碎的分析，如机会、命运、团队的协作能力等等。迈克尔·波特对这个问题展开了长时间的阅读和思考，分析现象背后的根源，最后写出一本书《竞争战略》（Competitive Strategy）。他的书受到商学院师生、公司的首席执行官甚至国家领导人的重视。竞争战略、信息化战略、人才战略、SBU战略、价值链、5P模型等等概念，都是由他最早提出来的。他是企业管理界公认的"竞争战略之父"。从这个案例可知，不要轻视对简单问题的深度学习和深度思考，阅读转化所得到的概念和学问会成为自己的智能[①]。

一、借助导读，唤醒阅读兴趣

大学生阅读是大学文化的有机组成部分，对青年学生的成长和大学文化的塑造都有很大帮助。兴趣是主动阅读的根本，也是阅读质量的重要保证。近年来一些高校图书馆开始发展自己的导读系统，引导读者在选择阅读对象之时，对所荐图书充满好奇，产生强烈的阅读期待，从而逐步提高学生的读书兴趣；同时，鼓励读者在阅读中、阅读后通过撰写书评重温阅读内容，升华阅读理解和阅读体验，成功抵达阅读终点。借助导读方式，可以鼓励大学生阅读，培养大学生"深度"阅读的能力。

---

① 叶舟.聪明人是怎样思考的[M].上海：立信会计出版社，2016：26-27.

怎样才能建立良好的导读体系呢？

第一，让可读性强的优秀主题出版物走进读者视线。网络阅读已经成为大学生普遍使用的阅读方式，而网络中又充斥着大量浅层化、碎片化的信息，导致大学生常陷入阅读误区，高校应该加以正确引导。比如，定期有针对性地向大学生推荐主题出版参考书目，一方面明确阅读的方向，解决学生"不知读什么"的问题；另一方面，师生共同讨论学习、深度拓展阅读，帮助学生提高阅读能力和阅读兴趣，促使大学生树立正确的阅读观。课堂组织学习主题出版物可作为大学生阅读的补充形式，引导大学生养成"深阅读"的阅读习惯。通过学习，引导他们改变盲目性、无序性的阅读方法，培养自主学习、独立思考、客观判断以及终身学习的能力。2016年，北京印刷学院随新生录取通知单一同寄出校长赠书《平凡的世界》，要求全体新生围绕青春梦、大学梦、北印梦、中国梦的共同梦想，以"读同一本书，圆同一个梦"为主题举办校长公开课[①]。

第二，老师先行是前提。阅读的深浅状态并不取决于阅读的文本和载体，而是取决于阅读中思考和感悟程度的深浅。"导读"中最糟糕的情况是通过长篇大论、过度修饰和结构化的语言来推荐一本书，而事实上推荐者却只字未读，或者缺乏纵深的思考，让思维趋向平面化。这样的"导读推荐"最软弱无力。美国心理学家布鲁纳说过："学习的最好刺激，乃是对所学材料的兴趣。"其实，真正的阅读者本身就是一种阅读的引领，老师要发自内心地喜爱阅读，把零散的东西彼此衔接"整合"，形成一个有价值、有效率的整体。王国维在《人间词话》里写道："入乎其内，故能写之。出乎其外，故能观之。入乎其内，故有生气。出乎其外，故有高致。"这是作为一个诗人的处世态度。入乎其内，就是要我们体验观察生活，观察、体会、了解、领悟；出乎其外，就是要高于生活，是生活的升华。这是作为诗人的一种境界。对于阅读者来说，得读进去，有体会，然后又必须从中跳出来，加入自己的深度思考和强烈情感，能将书中的本性

---

① 彭红.帮助学生做好人生第一书，系好人生第一粒扣子[J].北京教育（德育），2017（3）：15–16.

体察、领悟出来，再用不朽的文字表达出来。一般人都是入乎其内，而老师通过深度思考和创新，对书籍"出乎其外"的感悟能直接感染大学生，促使读者有更大动力阅读，激发新一轮的阅读与互动。"因一位老师而喜欢上一门课"的现象在大学较为普遍，高校图书馆可利用学生选课心理，让受学生欢迎的教师或教师团队讲解优秀的社会主义核心价值观主题出版物，并结合多媒体的形式将其打造成品牌课程，从而进入"学生因老师的课喜欢上一本书，一本好书又影响了学生一生"的良性循环[1]。

例如，北京工业大学图书馆的阅读推广是将阅读材料以多元形式展示在网络知识社群中，每次给读者发送60秒的短音频，讲述一个知识点或小故事，并由此推荐一篇延展阅读的文章或介绍一本好书。这是图书馆领域在丰富读者阅读体验方面的尝试。

二、阅读是从基本的解码技能到高级的理解技能

怎样去构筑一座桥梁帮助学生自然轻松地漫步于作者的语言文字中呢？全国政协委员张抗抗[2]从阅读效果的角度指出，要想达到深阅读，首先要选择体系完整并且感兴趣的作品；其次是反复阅读，提出质疑，提出独特的思考和见解；最后对富有哲理的优美词句进行背诵，完成整个过程，才能达到深阅读效果。叶圣陶先生曾经说过："吟咏的时候，对于探究所得的不仅理智地理解，而且亲切地体会，不知不觉间，内容与理法化而为读者自己的东西了。"[3]

（一）开设经典著作讲座

经典著作讲座，除了注重对字词的解释和诗句的解释，还要重点引导学生分析、体味经典著作创设的艺术境界和价值意义，从而提高学生的

---

① 韩生华. 从一次调查管窥大学生主题阅读及出版现状[J]. 中国出版，2018（3）：20–22.

② 张抗抗. 两会微日记：学会用"深度阅读"代替"碎片化"阅读[EB/OL]. [2016-04-05]. http://culture.people.com.cn/n1/2016/0307/c87423-28177773.html.

③ 方德云. 文章不是无情物，化为情动更辞发：运用教材中的涵情资源培养学生的写作情感[J]. 新课程学习（下旬），2013（6）：23.

语言能力、阅读能力、形象思维能力和思辨能力。首先，要读懂文章。无论是读一本书，还是读一篇文章，先要弄清楚来龙去脉和主要讲的什么内容，若较复杂且跳跃性很大，就删繁就简、去粗取精，给予学生主线清晰的情境。其次，要梳理好文章的条理，清楚事物之间、角色之间的关系。图文结合是帮助学生创造想象的最好形式，优美的语言和多彩的图片可为学生展开丰富想象提供源头。最后，要弄清楚这篇文章带来的收获，换句话说，就是明确这篇文章的现实意义。

对哲学经典著作的"句读"是学术研究进入深层次的必然要求，也是当今时代不可或缺的一种严肃的做学问的方式。例如，山东交通学院图书馆2018年"深阅读"沙龙成功推出两期读书活动——导师领读学《庄子》。张金升教授、刘一石馆长通过对《庄子》的某些章节逐句分析解读，阐释了经典作品的价值内涵，以及对生命、生活本身的智慧启迪，并讲述了阅读活动的层次和"深阅读"的文化意义。

刘一石馆长在"由技入道——从庄子寓言看生活智慧"讲座中提出：网络化、数字化是时代的主要特征，这些特征深刻地影响甚至改变了阅读的方式和内容，随时随地阅读成为现实，碎片化消遣型的"浅阅读"成为需要警惕的阅读取向。图书馆聚焦阅读推广，是对新时代阅读的积极回应，但是仍有待深入。目前图书馆"深阅读"推广实践的突出特点是：回归书本，使"阅读回归阅读"，增进理解，促进思考，启迪智慧；同时，用阅读的方式拥抱新媒体，在新视域里推进阅读。经过两次学习、交流读书感悟，分享阅读心得，同学们渐渐对《庄子》有了更深入的理解。

（二）做好笔记

阅读一篇文章，首先要通读全文，可以读得快而不深，但对文字都要全部扫及，了解这篇文章的大体内容，将第一次阅读作为近似或粗略的草稿，只要求掌握文章的表层信息和大概内容。当阅读困难的文本时，应该慢慢阅读并经常重读。

"不动翰墨不念书"，不动笔的念书算不上阅读。钱钟书记忆力好得惊人，为写《管锥编》，据说笔记还做了几大麻袋。以前有人对这个说法将信将疑，现在可以确切地说说钱钟书到底做了多少笔记了。钱钟书去世后，妻子杨绛对他的笔记进行整理，分出三类：第一类是外文笔记，笔记本共一百八十七种，还有打字稿共三万四千多页；第二类是中文笔记，和外文笔记的数量不相上下；第三类是日札——读书心得，共二十三册，两千多页①。

做笔记，形式之一是书头笔记，可采用批注法和符号法。批注法，即在原文顶端的空白处加眉批，在原文后面加尾批，在行与行之间加行批，在佳妙处加旁点，或在最精辟处加旁批。符号法，即在原文的旁边加上各种符号，如波浪线"~~~~"、直线"——"、疑问号"？"等，表示此处有疑问。这些符号提醒读者找出重点，加深印象或提出质疑。在所阅读的书上做笔记，是常用的有效的笔记形式，但仅限于阅读自己的书。读者根据阅读提示，带着问题进行深度阅读，通过提问，弄清楚文中的人和事，给自己的阅读以启示；最后写出简短的笔记，在记的过程中培养自己判断问题的能力和归纳问题的能力。

笔记形式还有摘录笔记、心得笔记、知识卡片等。

摘录笔记的书写格式一般是上边要写明标题；中间抄录资料的具体内容，比如摘录文章重点字词、名句、收获、启示等；下边注明资料的出处，包括书（报刊）名、作者、出版者、版期（年、月、期）、资料所在页码等。还要注意完整性，防止断章取义。要写清楚文摘的来源，以便日后查对、补充、回忆及推荐。

做笔记还要学会归纳标题。归纳标题是做好笔记的重要组成部分，要标明文章的体裁，把文章的主要内容言简意赅地高度概括，点明作者创作意图和主题，凝聚到一个点上。总之，要贴切，即必须切合文章的内容，题文相符，恰如其分。可采用读物中的关键词作标题，也可自拟标题。在为笔记自拟标题的过程中，归纳问题的能力自然得到提高。

写好读书笔记，不仅要会读，还要会记，坚持边摘抄、边整理、边分析、边运用、边创造，既要反复"与自己讨论"，深刻思考，又要反复修

---

① 张新颖.读书这么好的事[M].上海：上海人民出版社，2007：77.

正之前的假说，在摘抄、整理、分析、运用、创造的过程中得到积累的收获，最后得出能让自己信服的结论，将书本上的知识变成自己的知识。许多著名的文学作品并非来自一朝一夕的灵感，而是来源于读书笔记的点滴积累。古人写的读书笔记，有名的很多，如宋代王应麟（1223—1296）的《困学纪闻》、明代杨慎（1488—1559）的《丹铅总录》、明末清初顾炎武（1613—1682）的《日知录》、清代赵翼（1727—1814）的《廿二史札记》、王念孙（1744—1832）的《读书杂志》、王引之（1766—1834）的《经义述闻》、钱大昕（1728—1804）的《十驾斋养新录》等等。20世纪30年代，夏丏尊（1886—1946）和叶圣陶（1894—1988）两位先生合写了一本《文心》，"读书要精细，才能写出读书笔记，反过来说，试写读书笔记，也就是使读书不苟且的一种方法"[1]。还有叫作诗话、词话的，数量不少，其实也是读书笔记。总结前人做读书笔记的方法，有三种方法非常值得借鉴[2]：

① 提要钩玄。唐朝文学家韩愈指出，"记事者必提其要，纂言者必钩其玄"。也就是说，读书不能光将要点记下来，还要写出对这些要点的看法，写出自己的见解，对于书中的谬误之处，也要进行记录、修正。

② 采花酿蜜。蜜蜂采蜜，可不是从一朵花中就能够采集到酿蜜所需的甘液，这需要积累的过程。我国古代许多大文豪，都是读了好多书才得出一种观点，把这样的笔记整理出来本身就是一部精彩的著作。

③ 开山铸铜。明末清初著名学者、思想家顾炎武所著的《日知录》就是由读书笔记而形成的巨著。所谓开山铸铜，就是要从大量材料中发掘出新问题，提出新见解，形成新观点。

---

① 张新颖.读书这么好的事[M].上海：上海人民出版社，2007：79.
② 咸鱼梦想.别让不会记笔记害了你[M].苏州：古吴轩出版社，2016：64-65.

　　宋徽宗喜爱书画，创建并主管了世界上最早的皇家画院。这位杰出书画家开设画学，亲自授课，建立考试制度，亲自出题批卷。有一次考试，他出的题目是"深山藏古寺"。《深山藏古寺》："登临古寺前，小草何芊芊。云雾山间绕，孤峰耸碧天。野花红烂漫，茫茫树生烟。日落余晖后，声声响杜鹃。"这个题目要画好并不容易。有的在山腰间画座古庙，有的把古庙画在丛林深处。对于庙，有的画得完整，有的只画出庙的一角或庙的一段残垣断壁……宋徽宗看了很多幅，都不满意。就在他感到失望的时候，有一幅画深深地吸引了他。那位高明的画家，根本就没有画庙，画的是崇山峻岭之中，一股清泉飞流直下，跳珠溅玉。泉边有个老态龙钟的和尚，一瓢一瓢地舀了泉水倒进桶里。就这么一个挑水的和尚，就把"深山藏古寺"这个题目表现得含蓄深邃极了。宋徽宗再仔细端详了一番，便连连点头称赞，说："好，好，这才是'魁选'之作呀！"（魁选，即第一名）①和尚挑水，当然是用来烧茶煮饭、洗衣浆衫，这就叫人想到附近一定有庙；和尚年迈，还得自己来挑水，可以想象到那是座破败的古庙。庙一定是在深山中，画面上看不见，这就把"藏"字表现出来了。这幅画比起那些画庙的一角或庙的一段墙垣的，更切合"深山藏古寺"的题意。对于作画来说，仔细审题，选择新颖的表现角度，巧妙地构思是十分重要的。读书也一样，不能光看表面文字，认为书中都是正确的，要学会从书中发现有价值的观点，然后换个角度去思考，最终形成自己的理论。

　　（三）阅读写作

　　写作可以帮助读者记住自己的想法或作者所表达的想法。阅读的主体始终是有"思考能力的人类"，"在阅读过程中是否积极思考才是划分阅读深浅的关键"②。表达不同意见，将文本与其他阅读或个人经历联系起来才是真正的文本互动。

　　把阅读文章作品或一部书之后的心得、感想、批评、疑点、意见等作了全面综合记录就形成了札记。札记是读书笔记中比较难写、比较复杂的

---

① 深山藏古寺[EB/OL]. https://baike.baidu.com/item/深山藏古寺.

② 吴健. 大学生数字化深阅读研究[D]. 徐州：江苏师范大学，2017.

一种笔记形式。报刊刊登的"学习心得""读后感""书评""读书札记"等就是类似的形式。札记式的读书笔记，写法灵活，体式多样，但需注意的是，要写好札记得先深入钻研，吃透原著。在写作的过程中，立论要新颖，有独到之处；要联系实际，切忌空洞；必须有的放矢，有针对性[①]。

读一部作品，可以先摘抄一段文章，再写评论，这样会比较容易下笔。这就是"葱鲔火锅式"读书笔记的做法，也是书评的写法[②]。读书所受到的启发和产生的感想往往是多方面的，但在有限的篇幅中，若把所有的感受都写出来，那样的感想什么都说不透，犹如蜻蜓点水，泛泛而谈，不易深入，显得肤浅。与其因面面俱到而面面俱不到，倒不如抓住原作中的精华，突出自己感受最深的一点，着手挥洒，更容易写得充实而深入。

【案例】

鉴赏评论性阅读训练

［训练要求］

培养同学们理解、鉴赏、评论文学作品的能力，以阅读来促进写作。

［训练指导］

先用精读法读懂读透作品，去皮见肉，去肉见骨，去骨见髓，层层深入，抓住作品精髓。在鉴赏评论性阅读中，读者既可以评价作者的思想、作品的内容，还可以评价作品的形式、作品的技巧，或总结写作中的经验与规律。

［例文］

张岱（1597—1679），字维城，又字宗子、石公，号陶庵、天孙，别号蝶庵居士，晚号六休居士，汉族，浙江山阴（今浙江绍兴）人。明末文学家、史学家，还是一位精于茶艺鉴赏的行家。张岱是公认成就最高的明代文学家，其最擅散文。

---

① 李正光.文体写作学[M].福州：海峡文艺出版社，1998：53.

② 奥野宣之.如何有效阅读一本书：超实用笔记读书法[M].张晶晶，译.南昌：江西人民出版社，2016：194.

《陶庵梦忆》，明代散文集，为明代散文家张岱所著。该书共八卷，成书于甲申明亡（1644年）之后，直至乾隆四十年（1775年）才初版行世。其中所记大多是作者亲身经历过的杂事，详细描述了明代江浙地区的社会生活，如茶楼酒肆、说书演戏、斗鸡养鸟、放灯迎神以及山水风景、工艺书画等等，将种种世相展现在人们面前。其中不乏对贵族子弟的闲情逸致、浪漫生活的描写，但更多的是对社会生活和风俗人情的反映。同时本书中含有大量关于明代日常生活、娱乐、戏曲、古董等方面的纪录，因此它也是研究明代物质文化的重要参考文献。

【赏析】

《陶庵梦忆》阅读笔记

刘一石

一般将这些看成张岱写作《陶庵梦忆》的背景和动机：生长于锦衣玉食之家，忽遭国变，过眼皆成空，如同梦一般。南宋孟元老著有《东京梦华录》，云：

"古人有梦游华胥之国，其乐无涯者，仆今追念，回首怅然，岂非华胥之梦觉哉？"

历史在时钟里行走，过不了多久，又回到了起点。

《东京梦华录》与《陶庵梦忆》是调子相似的一类作品。比起凭空强说愁苦的文章，多出的不仅仅是些实在的分量。国破家亡、不堪回首、痛定思痛，可谓异代同悲。同时，读《陶庵梦忆》很少有悲戚与落寞，经常感受到的，则是文字灵动跳出的欢愉舞蹈。

清人李扶九、黄仁黼《古文笔法百篇》云：

"上等读法：将读此首文，先宜知人论世，考明题目来历，了然于心。如我当境作文一般，要如何用意下笔遣词，再三沉思。思之得不得，得之，其浅深高下俱有成见，再去读其文；看其做法合我与否，合我者高几著？出我者远几层？得失自知矣。"

说的是"分析性阅读"（Analytical reading），如何在阅读中增进理解，提高作文的能力，大体上是不错的。设身处地、移情其中，是一种很好的读法。然而，考据作者身世、背景，先入为主，未必是高明的读法。

韦勒克与沃伦合著的《文学理论》将执着于"作者传记"的做法，冠于"文学的外部研究"。

房子周边的山势地形、植物动物都摸得很清楚了，这些材料中很少部分能成为窗子外的风景，与房子也就这点关系。作者与身世的关系，要比房子和环境的关系复杂很多。然而，这个比喻大体上是不错的，还有什么比关注文本自身更重要的呢？何况张岱的身世可以写一部多卷本的传奇小说，过度纠缠，对文本的阅读形成的干扰是可想而知的。

"反思"，是现在评论张岱时用得最多的一个词。从"反思"的字面意义来理解，勉强说得过去。语言在使用过程中具有了固定的含义和表情，见到"反思"这个词，脑子里闪过的，是板着面孔隐藏着不见底之深刻的模样。更多的时候，"反思"是指对思考的再思考、透过现象探本质。理性、深刻的面孔，与张岱灵动而富有情感的小品文，风马牛不相及也。《陶庵梦忆》没有那么多王朝兴衰启示录之类的微言大义。研究历史的兴趣还是用在张岱的《石匮书》《石匮书后集》上更合适些。

从《陶庵梦忆》一百多篇小品来看，由反思而生的忏悔零零星星，算不得主调调。前朝遗民心态是有的，回忆起旧日美好的事或物，而忘却了眼前的困苦，也是情理之中的事情。与苦痛相比较，美与好的东西更能让思绪停留，流连忘返亦未可知也。

书内书外，悲辛交集。衣衫褴褛、食不果腹的张宗子，心不为形所役，写的是怡人的文字，不同的调式在文本中同时行进，但是，在阅读中察觉不出它们的差异和冲突。

时间是个魔术师，在悠长的距离中完成了和声对位。

"浮华与苍凉"，史景迁这样概括张岱。以西方音乐中的复调来描绘张岱的文字空间和张力，是个不错的办法。

轻巧与深沉、欢愉与思索、感性与理性以及浮华与苍凉等等，都能指示出一些意趣，同时也难免挂一漏万，不能尽言其妙。感性的散文比不得科学论文或哲学讲章，梳理出个大意未必能解其中三昧。

张爱玲《金锁记》的开头是这样的：

"三十年前的上海，一个有月亮的晚上……我们也许没赶上看见三十年前的月亮。年轻的人想着三十年前的月亮该是铜钱大的一个红黄的湿晕，像朵云轩信笺上落了一滴泪珠，陈旧而迷糊。老年人回忆中的三十年前的月亮是欢愉的，比眼前的月亮大、圆、白；然而隔着三十年的辛苦路往回看，再好的月色也不免带点凄凉。"

不堪回首，还是回过头去，沉湎于往日的事物，说出了那么多的话。透过几十年的里程一路望去，往日之欢愉，退去了轻浮，转为了深沉；近前的痛楚，在时空的回荡中，脱下了自怨自艾的外套，清癯而有尊严。"朵云轩信笺上落了一滴泪珠"，似乎可借来说明张岱的文字基调。

《钟山》

读陶庵如品茗，三沏方识得其中滋味。陶庵笔法凝练而无痕迹，散漫而无赘语，徐徐道来，意味自然天成。

《钟山》气行笔端，悲从中来。

开篇"红紫间之"之气，浮浮冉冉；中言孝陵掌故、中元祭期；结尾"黑气"冲入"斗牛"，郁沉心底，一声"猿咽"，戛然而止。

周作人说张岱是个都会诗人，"他所注意的是人事而非天然，山水不过是他所写的生活背景"。

历数建都金陵立国者，多为短命王朝。虎踞龙盘遇人事不济，终成嗟叹。

《金乳生草花》

闲适，不在"闲"，而在"适"，不是无所事事，是刻意、自觉地无所事事。无己之"闲"，算不得闲适。

闲适之"适"，愉悦的感受。写闲适的文字，情绪在适当的位置，似第一道清茶，清澈、淡雅、灵动、略有回甘。"乐而不淫、哀而不伤"？《世说新语》与苏东坡小品是晚明小品的两大榜样，公安、竟陵、陶庵深谙此道。

陶庵状乳生花园，直言"画意"；园内四季草木"浓淡疏密、俱有情致"，迭彩披纷，分明以字绘画。

由技入道，金乳生草花是也。"虽千百本，一日必周之。……事必亲历，虽冰龟其手，日焦其额，不顾也。"如此这般，何事不成？愚公勤，山移也，乳生草花，产祥瑞灵芝三本。点睛、收笔。

《葑门荷宕》

晚明作文尚"性灵"，性之所安，殆不可强，率性所行，精诚动人。同为率性，大家各自都有清晰的气象。

公安、竟陵端坐着，透着缙绅气；笠翁行走江湖，免不了些匪气。

陶庵或躺、或卧、或行走，随便一个姿态都具风韵（现在的意思是"有型"），市井而脱俗、落魄而不猥琐、狂放而无秽狎。即便欢欣，来不及完全笑出来，背后有一声沉痛的叹息，所以文字安放在一定限度里。小品文，陶庵写到了极致。

此篇言苏州人夏日倾城赏荷，引袁宏道《荷花荡》。陶庵欲与石公争高下，也未可知。荷花荡游人如织、男女混杂，"摩肩簇舄，汗透重纱"，"士女以鞋鞡不至为耻"。陶庵稍作调侃便收笔。袁石公则作"灿烂"赋。这等景象在李渔，不知会如何狎玩？

《越俗扫墓》

周作人《儿童杂事诗》：扫墓归来日未迟，南门门外雨如丝。烧鹅吃罢闲无事，绕遍坟头数百狮。

《鲁迅的故家·上坟船里》："上坟这事中国各处都有，但坐船去的地方大概不多，我们乡下可以算是这种特别的地方之一。因为坐船去，不管道路远近，大抵来回要花大半天的功夫，于是必要在船上喝茶吃饭……庵堂寺院并不游玩了，但吃上坟酒大抵找一处宽适地方停泊……"

苦雨斋文风近陶庵。"苦"刻在斋名上，"乐"存于文字后面，笔端均无丝毫流露，缺了跌宕回转和沉重，较陶庵，趣味与格调有距离。

陶庵详尽旧时画船箫鼓、欢呼畅饮之华靡。末了，淡淡两行字，一语"萧索凄凉，亦物极必反之一"，沉了下去。

《奔云石》

石、花、蝶、人、黄先生，一句数转折，没由来，也有由来。石中人物，八面应酬、人情练达，余亦深服之。

"奔云"其理何在？参宗子《小蓬莱奔云石》可窥一二。

滇茶初着花，忽为风雨落。簇簇起波棱，层层界轮廓。

如蝶缀花心，步步堪咀嚼。薜萝杂松楸，荫翳罩轻幕。

色同黑漆古，苔斑解竹箨。土绣鼎彝文，翡翠兼丹膜。

雕琢真鬼工，仍然归浑朴。须得十年许，解衣恣盘礴。

况遇主人贤，胸中有丘壑。此石是寒山，吾语尔能诺。

第八章

传统文化经典阅读

　　传统文化经典是文明与智慧的浓缩，是在历史上产生某种特殊影响、在当代仍然具备典范意义的作品。2017年中共中央办公厅、国务院办公厅印发了《关于实施中华优秀传统文化传承发展工程的意见》。该意见强调，我国"迫切需要深化对中华优秀传统文化重要性的认识，进一步增强文化自觉和文化自信；迫切需要深入挖掘中华优秀传统文化价值内涵，进一步激发中华优秀传统文化的生机与活力"，"推动高校开设中华优秀传统文化必修课，在哲学社会科学及相关学科专业和课程中增加中华优秀传统文化的内容"。国内外高等教育中的通识教育都包含了优秀传统文化经典的阅读和继承。但时下阅读的碎片化、娱乐化使经典与我们渐行渐远。2018年10月22日著名学者詹福瑞教授在南京大学第十三届读书节活动中以"经典离我们有多远"为题给大家做了精彩报告，围绕当代中国人阅读经典的问题，阐述了当下中国人阅读经典的重要性。高校图书馆作为青年学子们的文化培育平台，也肩负着继承和弘扬优秀传统文化的重任。在推动传统文化经典阅读方面，需进一步增强责任感、使命感和紧迫感，将凝聚着民族精神的传统文化经典著作作为阅读推广工作的重点，为促进大学生个人的精神成长创造良好环境。笔者结合工作实践也不断思考、总结高校图书馆能从哪些方面对通识教育发挥促进作用。经过长期的工作实践，从改进传统经典阅读推广方式、完善传统经典阅读推广体系建设、构建传统经典阅读书目等方面提出了应用策略。

第一节 经典著作与通识教育的关系

一、中华传统经典著作

中华传统经典著作是中华文化精髓深意的载体。历代传承下来的鸿文大作灿若星河，从先秦诸子到西汉大赋，从魏晋志人志怪小说到南北朝民歌，从唐诗宋词元曲到明清小说，从正心诚意到齐家治国，从君子不器到天下大同，其内容无不体现了中华民族的历代文化和优秀传统文化，成为学术领域备受重视的典范性与权威性的重要文献。正如意大利作家卡尔维诺所说："经典作品是每次反复重读都好像初读那样带来启发的书。"即使我们初读一部新书，也好像是在重温生活的经验，引起共鸣，"经典一般都具有较高的阅读价值"①。

朱自清先生在《经典常谈》一书的序言中也提到，经典是一种广义的概念，包括经、史、子、集在内的各种中华传统文化经典，都是人类文明宝库中最为璀璨的明珠。在中等以上的教育里都应该学习经典，对经典典籍的学习训练应该是一个必修课程。

我国传统教育强调"通德通识"。孔子曰："士先器识，而后文艺。"意思是说作为知识分子，先要有气度有见识，而后再谈文学与艺术的创作。钱穆《国史新论》说："教育的第一任务，便是要这一国家这一民族里面的每一分子，都能来认识他们自己的传统。正像教一个人都要能认识他自己。连自己都不认识，其他便都不必说了。"②"通德"属于仁，是人所共具、天下通行的德行。"通识"属于智，各行各业的人处理各种工作和

---

① 伊塔洛·卡尔维诺. 为什么读经典[M]. 黄灿然，李桂蜜，译. 南京：译林出版社，2006：1-9.

② 钱穆. 中国历史上的传统教育[EB/OL]. http://blog.sciencenet.cn/blog-1225851-822353.html.

人际关系都处于不同的立场，"通识"是指通行于不同人群之间的知识和价值观①。传统经典阅读在高校人才培养和通识教育中的重要作用越来越引起教育界的关注。通过学习传统经典，可以找到精神支柱、获取精神力量，从好书中透析历史真谛、寻求现实灵感。

今天，在大力倡导全民阅读和传承优秀传统文化的视域下，各级阅读推广机构为构建中华民族的精神家园，实现中华民族伟大复兴的"中国梦"提供精神助力，积极开展各种阅读推广活动，让广大读者通过阅读经典图书，广泛了解人类所创造的灿烂文化，提高全民阅读素质，同时加深对中华五千年文化的认识，增强民族自豪感和自信心②。

2018年由中宣部支持指导、文化和旅游部委托国家图书馆组织编纂了《中华传统文化百部经典》，在哲学、文学、历史、科技、艺术等领域，选入包括《论语》《孟子》《周易》《诗经》《尚书》《庄子》《孙子兵法》《老子》《史记》等54部经典著作。中国图书馆学会在全国范围内组织开展了"让经典走向大众——《中华传统文化百部经典》推介全国行"活动。活动内容有赠书、展览巡演、讲座巡讲、公益宣传片展播等多元主题的互动，引领广大群众句读经典、朗诵经典、用舞台剧形式再现经典、通过绘画理解经典，在全国形成浓厚的传播经典、传承文化的阅读氛围。参与活动的读者们认为经典中涉及的问题对人类及人类社会都具有普遍的意义。读者们还分别围绕主题分享了个人的感悟、个人在阅读过程中走过的心路历程以及通过读书领会到的人生真谛。

除了专业阅读推广机构，高校图书馆因具备完善的阅读环境、良好的阅读氛围、丰富的馆藏资源以及先进的数字化管理系统，在校园文化建设、指导大学生参与经典阅读的过程中也可以发挥其优势作用。

大学是大学生形成人生观、价值观、社会观，探索未知世界的关

---

① 许建霞. 通识教育视域下的高校文学课教学探析[J]. 北方文学（下旬刊），2017（36）：183，185.

② 经典阅读推广专业委员会. 委员会介绍[EB/OL]. [2015-06-26]. http://www.1ib-read.org/committeeshow.

键阶段。英国著名的高等教育思想家、古典人文主义教育家约翰·亨利·纽曼在《大学的理想》中主张，大学是一个传授普遍知识和常识的地方，大学教育的目的是"理智训练，发展人的理性"，实现人的自我教育。大学要实现这样的使命，履行教育的任务和责任，需要调动一切力量和资源展开丰富多彩、充满活力的传统经典作品学习与鉴赏阅读推广活动，帮助学生开阔思路，避免因专业学习教育带来的思维固化。把传统文化经典著作中的思想和精神融入整个大学专业课程的教育体系中，真正从学识上、思想上使大学生走向成熟理性，成为国家和社会需要的、有担当的栋梁之材①。

然而，通过图书馆日常读者调研和应用图书馆管理系统大数据挖掘、分析显示，从传统经典概念范围界定等角度对大学生的调研结果却不容乐观。罗铮②等通过问卷调查和直接访谈的形式，分析了邵阳学院在校大学生阅读文学经典现状及存在问题的原因，在问到学生最喜爱的文学名著时，大多数学生回答为四大名著，有部分学生喜爱《简·爱》《钢铁是怎样炼成的》等外国文学经典，少数学生表示喜爱日本作家东野圭吾的《白夜行》以及体裁以玄幻和言情居多的网络小说等。陈淑英③从某高校图书馆管理系统的借阅子系统里抽取了1200名2011级本科生4年来的借书还书记录，利用数据挖掘技术，对不同专业和不同层次的读者借阅相关度进行比对分析，显示出学生们对于中国古典名著是认同的。但是有些学生并没有真正理解文学经典的含义，将市面畅销书籍与经典名著混为一谈，概念不清，这应该是学生对中华优秀传统经典重要性认识不足、经典阅读数量少、阅读指导匮乏造成的概念模糊。

从主观上说，高等教育体制对专业教育很重视，重点培养某个专业的

---

① 王荣.让阅读经典成为大学生的"必修课"[J].江苏高教，2015（6）：100-102.

② 罗铮，许亚洁，喻熙荣，等.地方本科院校大学生文学经典阅读现状及对策：以邵阳学院为例[J].科教导刊，2018（29）：185-187.

③ 陈淑英，徐剑英，刘玉魏.关联规则应用下的高校图书馆图书推荐服务[J].图书馆论坛，2018（2）：97-102.

核心能力，比起对"通识教育"的认知，学生们对自己所学专业的认知度更高。人们不相信那些什么都知道一点的"通识教育"有什么立刻有用的效果，他们不是很清楚学习传统经典的核心思想理念对人生意味着什么，反倒是更看重专业训练所提供的专业知识和技能。

从客观上说，我国高等教育体系中的"通识课程"多数属于专业课程知识领域以外的传统文化经典导论课和普及课，知识快餐性质的课程在一定程度上激发了学生的阅读兴趣，而且门类齐全，学生可以多见多闻，扩大知识面。但这些单元式、阶段性的课程结束后，学生可能很快又忘记考前背诵过的知识，难以将书中的精髓转化为自己的思想。这就需要图书馆以育人为主要导向，通过举办各种各样的中华传统经典阅读推广活动，营造一种生机勃勃、积极向上的经典阅读文化氛围。学子们置身于这种环境之中，受到精神的熏陶，耳濡目染、潜移默化，久而久之就会成为一个有知识、有教养、有进取精神、有良好气质、天天向上的人。

二、通识教育

一般认为，通识教育（general education）起源于古希腊时期的自由教育（liberal education）。自由教育又称博雅教育（liberal arts），是由亚里士多德创造的古希腊教育传统。亚里士多德认为，教育的本质在于通过学习知识，对一种事物由感官触摸而到认知理解，形成一种相对完善或理性的自我意识思维。通过丰富思维，解决生活中出现的问题，获得心灵上的自由。

19世纪初，关于美国学院选修制问题，各方因见解不同而出现过争论，特别是大学课程设置中的公共课课程设计饱受各界争议。1829年，美国博德学院（Bowdoin College）的教授帕卡德（A. S. Parkard）首次提出了将通识教育与大学教育联系起来，并逐步形成了现代意义上的通识教育概念。当时博德学院公共课设置了古典语文、文学和科学课，帕卡德提出："我们学院预计给青年一种通识教育，一种古典的、文学的和科学的，一种尽可能综合的教育，它是学生进行任何专业学习的准备，为学生提供所有知识分支的教学，这将使得学生在致力于学习一种特殊的、专门的知识之前对知识的总体状况有一个综合的、全面的了解。"①1945年哈佛大学委员会宣布哈佛大学通识教育参考《哈佛通识教育红皮书》设置课程，之后通识教育蓬勃发展起来，其目的在于培养学生独立思考的能力，并逐渐形成成熟的理性思维，使学生能够将不同的知识融会贯通②。目前，在美国现代高等教育体制中，为了完善学生理性的自我意识思维，凝聚社会共识，每个本科生都要接受西方古典和经典教育，以期延续人文传统，形成共同价值观。

实际上，东方文化教育史中也有"通识教育"的传统，只是其教育术语、表现形态和演化路径不同。就中文字义而言，我国古代教育中也包含着"通识"之义。《论语》中提到"君子博学于文，约之以礼，亦可以弗畔矣夫"，也就是说，君子广泛地学习古代的文化典籍，又以礼来约束自己，也就可以不离经叛道了。"博学而笃志，切问而近思"，博学而志向坚定，并且要多请教、多思考当前的事情。这反映了孔子主张博学慎思的教育思想。教育是一种思维的传授，而人因为其自身的意识形态，又有着另样的思维走势，所以，教育当以最客观、最公正的意识思维教化于人，如此，人的思维才不至于过于偏差，并因思维的丰富而逐渐成熟、理性。

民国时期北京大学校长蔡元培提出"思想自由、兼容并包"的办学理念，这是我国高等教育最早提出的通识教育理念。国家"十三五"规划纲要中也提出要将提升大学创新人才培养能力作为努力目标，强调实行"通识教育和专业教育相结合的培养制度"③。

"通"者，具有贯通、通顺、通达、通晓、普遍、广博、一般、共同等多种含义，指将所学知识"融会贯通"；"识"者，具有认识、见识、知识、意识、心性等含义，指将学习知识与思辨精神相结合。"通识"一

---

① 于淑秀，周万春. 美国大学的通识教育及启示[J]. 中国成人教育，2014（2）：117-118.

② 李晓雯，郑毅. 基于通识阅读的医学图书馆阅读推广实践[J]. 大学图书情报学刊，2018（6）：78-81.

③ 李雅，费王开. 论经典阅读与高校通识教育的关系：基于苏州大学通识教育课程改革的调查[J]. 高校图书馆工作，2018（3）：82-87.

词，是指"识见通达"，与"几学"相对①。与"通识"相近的词还有"通才"。在古代，它是指博学多识、才能出众的人；在近代则指发展较全面、知识较广、活动领域较宽的人才②。《教育大辞典》将"通识教育"释义为："近代关于教育目的和内容的一种教育思想以及据此实施的教育。在高等教育阶段，指大学生均应接受的有关共同内容的教育。通常分属若干学科领域，提供内容宽泛的教育，与专门教育有别。"③通识教育，关键在一个"通"字，其教育目的是对"人"的培养，具体而言是学习同人类利益有关的学问，培养具有人文与科学知识和精神、拥有健全人格和高度责任感的公民。

高等教育要培养出高素质的人才，"从教育学的角度看，应具有大无畏的进取精神和开拓精神；有较强的永不满足的求知欲和永无止境的创造欲望；以创新能力为特征的高度发达的智力和能力；同时还应具备独立完整的个性品质和高尚情感等。创新型人才要求具有广博的和专业相结合的知识准备"④。我们都知道，很多顶尖的科学家都拥有非常高的文学艺术修养，他们之所以能跳出某一个专业的圈子，具有开阔的视野，就是阅读了更多的交叉科学的传统经典著作，所以文理科交叉阅读正是通识教育的基础。2009年美国哈佛大学推出的通识教育方案分为8个大的门类：美学与阐释性理解、文化与信仰、经验与数学推理、伦理推理、生命系统的科学、物质宇宙的科学、国际社会、世界中的美国⑤。作为本科共同必修课程，这个方案对人文科学和自然科学同等重视，并

---

① 张亚群. 科举制下通识教育传统的演变及其启示[J]. 华中师范大学学报（人文社会科学版），2009（4）：128.

② 张亚群. 中国近代大学通识教育与创新人才培养[M]. 福州：福建教育出版社，2015：2.

③ 顾明远. 教育大辞典[M]. 增订合编本. 上海：上海教育出版社，1998：1555.

④ 郭广生. 创新人才培养的内涵、特征、类型及因素[J]. 中国高等教育，2011（5）：12-15.

⑤ 郭英剑. 经典阅读，读还是不读：当代中外阅读的现状与前景[J]. 博览群书，2010（7）：110-115.

将阅读经典作品作为提高学生素质的重要途径。大学生的培养不能单一地以专业教育和就业为导向。美国芝加哥大学政治学教授艾伦·布鲁姆着重强调，要充分认识伟大经典著作在大学教育中的地位和作用，他认为经典名著是"解决现代大众文化理性和精神颓废问题所必需的平衡物"①。学者刘瑜在看到哈佛大学1 000多页的课程清单后说："我相信，大学精神的本质并不是让我们变得深奥，而恰恰是恢复人类的天真。天真的人，才会无穷无尽地追问关于这个世界的道理，关于自然、关于社会。"②传统经典阅读可以使人看到更广阔的天地，对世界有更本真的认识，让更多的人最大限度地从经典书籍中获得益处。

三、大学通识教育中的经典阅读推广

通识教育是高等教育的组成部分，是所有大学生都应接受的非专业性教育。通识教育与大学创新人才培养关系十分密切。纵观高等教育的发展历程，就其办学理念、培养目标、课程体系和教学实践而论，都具有通识教育特性，近代大学教育的目标是培养出具有宽广的知识基础与文化视野的创新型人才。

近些年来，伴随高等教育人才培养模式的变革，通识教育再次成为国内外学术界研究的热点问题之一。创新人才的培养，不是单一的专业教育所能实现的，需要以通识教育为基础，将科学教育与人文教育相结合。"通"与"专"结合型人才，更富有独立人格、创新潜能和强烈社会责任感。迄今，国内外学术界有关大学通识教育、文化素质教育、创新人才培养等方面的研究取得了不少学术成果，值得参考。

（一）国外

古希腊时期，柏拉图创办了"阿加德米学院"，著名的对话体著作《理想国》《苏格拉底的申辩》《智者》《巴门尼德》等就是学生的

---

① 王荣.让阅读经典成为大学生的"必修课"[J].江苏高教，2015（6）：100-102.

② 刘瑜.从哈佛1000多页的课程名单里，我看到了何谓"大学"［EB/OL］.［2017-07-02］.http://mp.weixin.qq.com/s/oAq_8EY3vIeufDY5-v03Ug.

必修课读物。中世纪时期的欧洲大学，规定了每个学科学生的必读书目，如文科学生需要阅读亚里士多德的《物理学》《辩证法》《伦理学》，神学学生需要阅读《圣经》《信念四讲》和阿奎那的40卷本《神学大全》，法学学生要阅读《罗马教会法》，医学学生则要读希波克拉底的《箴言》和阿维森纳的《医典》等。19世纪之初，康德的《学科之争》《纯粹理性批判》《实践理性批判》《判断力批判》《未来形而上学导论》《道德形而上学基础》，以及费希特的《自然法学基础》《全部知识学的基础》《伦理学体系》《论人的使命》等，都是柏林大学学生的必读著作①。

随着社会变迁和高等教育变革，通识教育不断得到重视，学者们从教学科研中逐步总结拓展其内涵，扩大其功能，通识教育发展成为一种传播共同价值观、凝聚社会共识的教育。其中，最具历史转折意义的变革发生在1909年，被誉为"最伟大的校长"的查尔斯·威廉·艾略特（C. W. Eliot）在执掌哈佛大学期间，积极倡导人文经典著作研读选修制，组织出版了51卷本《哈佛经典》，其中包括哲学、经济学、政治学、历史学、法学、文艺学、伦理学等领域，有古希腊荷马史诗《奥德赛》，柏拉图的《申辩篇》《斐多篇》《克里斯托篇》《九部希腊剧》，亚当·斯密的《国富论》，达尔文的《物种起源》，莎士比亚的戏剧《哈姆雷特》《李尔王》，奥古斯丁的《傲慢与偏见》，狄更斯的《大卫·科波菲尔》，以及《一千零一夜》《基督教：路加福音及其行为》《佛教文论》《印度教》《穆罕默德：可兰经篇》等经典图书。尤其引人注意的是，承载中华民族儒家思想经典的《孔子文集》也名列其中。这些作品在哈佛大学实行完全学分制课程教学模式下，供学生自由选择阅读。

第一次世界大战期间，美国哥伦比亚大学根据严峻的社会背景，开设了"战争问题"和西方文明的课程，以避免美国移民社会因发生在欧洲的战争而分裂。这两门课程的教学内容都以经典阅读为基础。此后，至少有

---

① 王荣. 让阅读经典成为大学生的"必修课"[J]. 江苏高教，2015（6）：100-102.

30所高等院校竞相效仿哥伦比亚大学的做法，开设名著课程①，推动经典阅读的开展。

美国芝加哥大学认识到学习名著的重要性，于是在20世纪30—50年代发起了一项重要的社会教育运动——"名著运动"（The Great Books Movement），将名著课程改造为一种理论、方法和模式。赫钦斯（Robert M. Hutchins）对名著帮助学生建立共同的思想基础和完善人性有着独到的理解。他认为，"通识教育是对所有人的教育，无论他是否上大学"，它的目标是"开发人的理智美德、推理、论证、哲理性智慧、艺术和谨慎"②。"在人们重温柏拉图和莎士比亚的著作时，他们将比其他任何时候生活得更加充实、更加美满。永恒完整的人性不仅过去存在，而且永远存在，在某种程度上我们能够伸展自己探寻的指尖触摸到它，这样做将不断完善我们那不完满的人性。"③

美国天普大学（Temple University）在1995年设立了推行人文科学核心文本课程的"美国核心文本与课程协会"（The Association for Core Texts and Courses）。该协会的高校成员从1996年的12所，增加到2016年的67所，其中包括积极倡导通识教育的综合性大学，如哥伦比亚大学、芝加哥大学、耶鲁大学等。

历次美国通识教育改革，就内容而言，反映了高等教育重视实施通识教育计划；就其指导思想和总体构想来看，始终认为高等教育中的通识教育是一种广泛的、非专业性的、非功利性的基本知识、技能和态度的教育。参与通识教育研究的学者们普遍认为，美国教育体制迫切需要确立通识教育的概念，有了它，就能凝聚所有的力量。

---

① 徐岚. 基于经典阅读的通识教育：以东西方两所推行核心文本课程的高校为例[J]. 复旦教育论坛，2016（1）：31-37.

② 李曼丽，林小英. 后工业时代的通识教育实践：以北京大学和香港中文大学为例[M]. 北京：民族出版社，2003：108.

③ 王荣. 让阅读经典成为大学生的"必修课"[J]. 江苏高教，2015（6）：100-102.

（二）国内

1.课程体系重视通识教育

1995年，国家教育部门在52所高校开展了旨在加强大学生文化素质教育改革的试点工作，这标志着我国高校通识教育开始起步。各高校高度重视，逐步推行通识教育计划，营造阅读经典的良好氛围，激发学生阅读经典的热情。

2000年，北京大学王余光教授首次在高校开设"中国名著导读"课程，这是面向全校不同专业的学生讲授中国传统文化的核心典籍。紧接着，武汉大学创办"国学试验班（弘毅学堂国学班）"，该班由武汉大学哲学学院、文学院、历史学院以及高级研究中心联办，旨在培养一批对我国传统经学、史学、文学、小学的基本知识、基础典籍和治学门径有深刻理解，能熟练阅读中国古典文献和外文，且熟悉当今世界人文科学走向，并掌握计算机、互联网等现代化手段的复合型人才。在教学模式上参酌中国古代书院和牛津、剑桥大学导师指导阅读及讨论的方法；在教材选用上力求直接采用原典原著，如国学通论、国学研究方法论、文献学及目录学、四书、老子及庄子等。武汉大学通过设置弘毅学堂专业，在校内开展传统经典阅读推广活动，努力提升校园的传统经典阅读氛围。

图8-1　武汉大学弘毅学堂

武汉大学文学院教授、通识教育中心负责人、博士生导师李建中曾经在图书馆举办过"为文用心雕缛成龙"真人图书馆讲座。他在讲座中说，通识教育不局限于学术教学，而更在于人才培养。2018年，通识教育的必修课——人文社科经典导引与自然科学经典导引一同作为新生们军训后的第一份知识大餐。李建中教授巧妙地从通识教育过渡到他的关键词"文心"。提及文心，他指出这其中包含的两层含义：一则作为经典读物，二则作为文化与文论的关键词。"文心"简而言之便是"文心雕龙"的简称，研究《文心雕龙》的学问被称为文心学或龙学，探究这本书的精髓也是李建中教授数十年来的坚守；而作为文论的关键词，其直接来源则是《文心雕龙》中的"夫文心者，言为文之用心也"。作者引用了陆机的《文赋》序中"余每观才士之所作，窃有以得其用心"。而郭绍虞先生在《中国历代文论选》中指出，此处"文心"强调在于"用心之所在"与"心之如何用"。

2003年，在首届中国人文教育高层论坛上，清华大学、东南大学、华中科技大学联合向广大师生发出《关于在高等学校进一步开展文化经典阅读活动的倡议书》，倡议中国高校师生多读经典名著，从而提升自身文化素养。复旦大学丁耘教授在《〈理想国〉导读》这门课中说："人们常说经典难读，但是，我们不能因此就逃避阅读经典。通识教育的目的实际上是要培养学生面临复杂情况权衡处理的能力。这不仅仅是难以处理和进入的文本，更是将来可能面对的复杂事物或是生活坎坷与选择。"

2005年，复旦大学将"文史经典与文化传承"纳入核心课程体系，通过相关课程研习，帮助学生从传统文化中获得一种安身立命的根本，并逐渐具备一种文化传承者的使命感。比如，通识教育中心邀请骆玉明教授同大家共话《诗经》与中国文化传统，邀请姜鹏教授以战国史为例谈《资治通鉴》中的错误记载，邀请吴晓明教授谈哲学与我们的时代等等。通过各种形式的课程和讲座，让学生初步理解人文研究的根基，在潜移默化中培养学生的人文情怀，是学生学习中国文化和智慧的主要途径之一。

图8-2　复旦大学讲座海报

2009年，中山大学创立博雅学院，引导学生广泛而深入地从人文科学、社会科学方面研读中西方经典著作。黎孟枫副校长在2017级新生开学典礼上概括性地提出中大博雅的四个特质[①]：（1）中大博雅的培养目标是启迪智慧、熏陶修养；（2）中大的博雅教育注重研习经典和古典文明；（3）中大的博雅教育是以学生学习为中心；（4）中大的博雅教育伴随大量阅读和作业。学院的教学方案参考国外博雅学院（Liberal Arts College）的经验，课程设置贯彻"少而精"的原则，每学期主要课程一般为4~5门，但每门课均有大量阅读和作业。学生在四年本科期间将广泛深入地研修中西方文明传统及其经典著作，必修古汉语、古希腊语与拉丁语等古典文明语言，兼修艺术理论及其技能。博雅学院强调不仅要教会学生知识、技能，关键还要教会智慧和美德。

四川大学和中山大学在其组织胚胎学和基础医学导论课程教学中也融入了通识教育，将枯燥的医学内容配以相应的历史背景，进而再引入知识点[②]，课后布置有关通识知识的阅读内容，让学生能够了解相关概念的来龙去脉。这种将传统经典阅读与专业课程教学相融合的方法，反映了我国高等教育实施通识教育计划的指导思想和总体构想，极大激发了学生的学习兴趣，有利于学生逐渐养成自主的研究性学习习惯。

2014年，中国人民大学在本科生中实施了"读史读经典"活动，每位学生除学习本专业的课程外，还需进行一年期的通识教育。必修课和选修课各为2学分，内容包括将"经典历史著作课外阅读"纳入通识教育模块必修课，将"原著原典选读课程群"纳入通识教育模块选修课。这样一来，通识教育与专业教育结合紧密，而且先后有序，互相衔接。其中，"读史实践"和"史学阅读"两部分为历史必修课。"读史实践"课程的基本目标是通过中国文化经典的阅读，引导学生对中国文化传统有切实的

---

① 中山大学博雅学院2017年开学典礼顺利举行[EB/OL]. [2017-09-18]. http：//lac. sysu.edu.cn/news/150183.htm.

② 郑翔，毕文杰. 通识教育在促进医学院校学生研究性学习中的价值[J]. 中国医药导报，2017（28）：133-136.

认识和理解，对文化传承有生动的体会和主动的担当。课程设计还要求每位学生参加10次以上与历史有关的实践活动，并在活动后期进行总结评估，汇编笔记和调研材料。学生在学习和做笔记的过程中进行深度阅读，可以了解在一些重要领域里存在着什么样的知识，这些知识是如何创造出来的，是如何被应用的，这样读书的好处是学生学会了积累各种文本的经验，最后通过深度思考，撰写研究报告。"史学阅读"则要求每位学生在一学年内必须泛读三本、精读两本断代史和通史经典作品，每学期提交一份读书报告①。通过深阅读，学生可以由易到难积累经验，条分缕析地解读复杂文本，锻炼科学的思维方式和解决问题的能力。

苏州大学通识教育课程项目主张在本科生教育的专业课和选修课以外，采取"全校通识"+"书院制"模式，也就是说，第一课堂与第二课教育相融合，建立一套共同的通识教育课程——以经典阅读为基础的"核心课程"体系，将共同的价值观念传输给来自不同背景的学生，培养学生对文化传承的担当意识，帮助学生进行专业知识的学习。苏州大学唐文治书院打通文史哲，实行跨学科跨领域的教学方式。经典阅读采用阅读中国文化"原典"的方式，要求学生对文化史、思想史上的经典著作进行层层研读和理解；同时，书院教育时刻与现实生活保持联系，让学生掌握研究社会科学的重要方法，逐步形成系统思考的能力，培养复合型、学术型的高端文科人才。

李雅、费王开②对苏州大学通识课程展开"关于经典阅读与通识教育关系的调查"，参与调查的教师普遍持肯定态度，约有38%的教师认为"影响显著"，有57%的教师认为"有一定影响"。对于"培养更多的兴趣爱好""培养思辨能力，促进头脑发展""完善自我，形成健全人格"这三个目标，经典阅读可以起到很好的促进作用。

---

① 邱建英，卫东，仰斌.深阅读理念下的大学生涯阅读规划构建探析[J].赣南医学院学报，2016（5）：804-806.
② 李雅，费王开.论经典阅读与高校通识教育的关系：基于苏州大学通识教育课程改革的调查[J].高校图书馆工作，2018（3）：82-87.

2.学校图书馆注重引导，加强"经典著作读书月"推广

高校图书馆作为高校教学和科研的辅助单位，经典阅读推广也是其重要的工作内容之一。笔者认为，高校图书馆应配合通识教育改革的需求，积极开展各种与通识教育相关的传统经典阅读推广服务。

山东交通学院图书馆每年都在读者群中专门针对阅读推广做调研，结合其他高校调研结果来看，对于经典阅读，学生普遍没有正确的认识观和价值观，缺乏传统经典阅读兴趣，特别是工科学生阅读传统经典数量少，这些显示出学生对传统经典的认识明显缺失，专业属性造成学生与阅读之间的鸿沟。

目前，大部分高校趋向于注重科学教育、专业教育及职业教育，实用重于学术，忽略了对学生自身的审美体验和经验学习的重视。开设的大学语文，以实用为目的，主要讲授实用文的写作，较少涉及相关名著文章的分析；无论教育体系，还是中国文学乃至文化的园地，对传统经典阅读的兴趣已大大衰减。如浙江财经大学东方学院[1]统计了2016—2017学年借阅排行榜前100种图书，借阅书目显示出当下高校阅读氛围更倾向于流行性热门图书。王荣[2]专门针对南京4所高校在校本科生进行了抽样调查，调查结果显示：（1）41.3%的大学生没有自觉安排时间阅读经典；（2）13.2%的大学生只是在学校统一安排的课程中阅读指定书目；（3）48.4%的大学生在课余时间从不阅读或关注与传统经典阅读相关的读物；（4）75.5%的大学生只读过少量的传统经典，对大部分经典著作只知道书名，不了解书中内容；（5）36.8%的大学生使用移动设备阅读，数字化阅读倾向明显；（6）42.4%的大学生认为学校没有传统经典阅读氛围；（7）49.8%的大学生认为传统经典阅读难以理解，没有阅读兴趣。杨晓阳[3]对安徽大学在

① 郭冰瑶.高校图书馆主题书展策划研究与效果分析：以浙江财经大学东方学院为例[J].科技经济导刊，2018（8）：171–172.

② 王荣.让阅读经典成为大学生的"必修课"[J].江苏高教，2015（6）：100–102.

③ 杨晓阳.情景体验在经典阅读推广中的价值与应用：以安徽大学图书馆为例[J].安徽农业大学学报（社会科学版），2018（1）：136–140.

校学生进行经典阅读情况调查，调查结果显示：44%的学生每天没有固定阅读时间；75%的学生每月读书在3本以下，6%的学生每人每月读书在5本以上；65%的学生只选择专业及考试辅导类书籍借阅，选择经典名著的不到8%。

许多学生由于自身缺乏课外的阅读量，对传统经典名著形成了"枯燥、乏味、看不懂、没兴趣"的定性观念。这导致学生对传统经典文本的学习积极性欠缺，最终以应付考试为根本目的。这是亟待解决的美育教学问题。杨晓阳[①]在对安徽大学在校学生调研时还涉及阅读中最大的问题——选书问题，95%的被调查学生认为经典阅读很有必要，但经常阅读经典的学生仅有21%。近一半学生没有选择阅读经典原著的最大原因是内容晦涩、不易理解。

综合以上研究表明：（1）大学生阅读内容偏向流行热门类，对阅读的态度逐渐从研究性阅读向娱乐化、碎片化和随意性阅读转变。（2）无论是文学专业还是非文学专业的学生，他们在选择课外读物时，避难就易；学生普遍重流行、远经典，多为流行文学与图文快餐阅读，认为网络小说类读物的趣味性更浓厚，戏剧剧本和诗歌受欢迎程度最低。当然，部分学生也表示对传统经典阅读有浓厚的兴趣，以工科学生为例，表示曾主动借阅传统经典的有5%左右。但阅读后发现因自身理解能力的限制，只能盲目摸索，不能很好地理解作者所要表达的意思，阅读后处于一种蒙眬的状态。（3）大学生正处在人生的成长期，要面对和解决成长中的很多问题和困惑，经常感到不知所措。其核心就是主体性的自我认知。其实，在传统经典文献领域中，这种成长的焦虑，与诗歌所反映的主题最为接近，因为诗歌的要义"言志"就是对自我的思考和言说。

这些现象说明，传统经典参与当代大学生成长并发挥积极作用的力度较弱，多数大学生没有充分认识到传统经典阅读与个体成长有内在的关联，也没有意识到传统经典阅读是他们精神生活的重要组成部分。但这并

---

① 杨晓阳. 情景体验在经典阅读推广中的价值与应用：以安徽大学图书馆为例[J]. 安徽农业大学学报（社会科学版），2018（1）：136-140.

不意味着传统经典已在当代大学生的生活中退场。比如，武汉大学李建中教授以《文心雕龙》"通变篇"为例，讲解传统精神的精髓，先"不通不变"，然后才"有通有变"。作者所处的时代也存在"只变不通"的问题，故而他们就特别讲求"博雅"，一方面讲求"博见"，一方面讲求"典雅"，而这两者在《文心雕龙》中的"神思""知音"等篇都有涉及。这样一种"通变"和"博雅"就是通识教育的核心思想所在。因此，应从一般的传统经典阅读进入传统经典文本的深层阅读和思考，考虑传统经典与大学生成长的关系，充分发掘和激活传统经典的现实意义。大学生传统经典研读与鉴赏能力的培养也应从这一方面出发。

通识教育为什么讲求阅读经典？就是因为经典是没有学科界限的。比如《红楼梦》虽然在传统意义上是文学经典，但鲁迅也说过，不同的人看这本书可以获知不同的知识，有佛学、有医学、有心理学等等。如此看来，真正的经典必然是跨学科的，所以我们也应该破除对单一学科的成见，走出专业主义的隧道，才能真正获得经典的价值。

高校图书馆可以辅助学生满足其对通识教育、学术培养、美育教育的需求，关注学生情感的发展，充分利用馆藏资源与特色，定期邀请各科学术造诣深厚的专家学者给学生讲授传统经典文献，鼓励学生对传统经典文献进行深度阅读和深度思考。其实，并不是说学了不同学科的知识就叫博雅、通识了，它的最高境界应该在于培养正确的价值观，养成健全的人格，突破固有思维方式，从而提升学习能力；同时，培养自觉的审美意识和高尚的审美情趣，提高审美感知和审美创造的能力，帮助学生理解人类对生活经验的艺术性的表达，并自主接受良好的通识教育，成为全面发展的创新人才。

第二节 传统经典阅读推广策略

一、建设传统经典特藏

香港中文大学有着持续性的通识教育传统和学习氛围。香港中文大学有7所图书馆，其中新亚书院钱穆图书馆、崇基书院牟路思怡图书馆和联合书院胡忠图书馆3所书院图书馆分别设立了通识教育特藏库，主要集中在历史、社科、语言文学方面的收藏。如新亚书院图书馆所藏书籍，主要为中国语言及文学和艺术类别，这些藏书有助于本校文学系及艺术系的教学及研究工作。

图8-3 香港中文大学新亚书院钱穆图书馆

通识教育是香港中文大学学士课程重要的一环，兼容中国人文理想和西方博雅教育。本科生通识教育课程分为三个部分：大学通识、书院通识，以及两科新通识教育基础课程——与人文对话和与自然对话。特藏书库占总藏书量的58%，流通量占到62%。借阅次数排名前10位的著作也与新亚书院通识教育的宗旨相一致[①]。

二、设立独立的经典阅读区域

现在国内很多高校图书馆尝试将原有的馆藏空间重新改造成一个个独立的阅读空间，来提升读者的阅读体验。图书馆可以考虑在馆内开辟出一块独立的空间，将馆内的中外文经典图书集中到该区域，并以该空间为活动基地，开展各种关于经典阅读的阅读推广活动，如经典图书经典片段朗诵大赛、经典图书微型读书分享等。

苏州大学图书馆（本部馆）于2016年10月开设了"通识教育阅览室"（又称"阅读推广基地"）[②]，设有传统经典阅读、地域文化阅读、经典读物作品展等专架，并提供数字移动阅读设备和沙龙、读书交流场所。

三、举办延伸性的读书讲座、读书竞赛

举办延伸性的传统经典读书讲座、读书竞赛、观影活动等，可以形成经典阅读的连锁效应，有利于校园良好阅读风气的形成，这种形式应该成为图书馆推进通识阅读的重要手段。图书馆可以联系人文学院教师和馆内有兴趣的学生一起组成经典阅读课程小组，调研学生的阅读兴趣、阅读能力，设计开展相关的阅读推广活动，激发学生阅读经典的兴趣，引导学生在导师的指导下进行深度阅读与深度思考，最后形成一种相对成熟或理性的思维来认知世界。

---

① 马辉洪. 大学图书馆在推行通识教育课程中的角色：以香港中文大学新亚书院通识教育为例[J]. 图书馆论坛，2011（4）：137.

② 李雅，费王开. 论经典阅读与高校通识教育的关系：基于苏州大学通识教育课程改革的调查[J]. 高校图书馆工作，2018（3）：82–87.

　　以往以书为本而让学生被动接受的传统阅读推广模式已逐渐不为学生所接纳，图书馆应转变思维，更多地利用新媒体，设置传统经典阅读指导专栏，将学者们的经典导读内容推荐给读者，首先从培养兴趣入手，解决理解性问题，逐渐增加各种形式的阅读活动，这样读者的参与性才会更高。在阅读活动中，也要适当增加互动性、体验性以及个性化等内容，情景体验式的阅读推广能增强读者的理解和思考。

　　山东交通学院图书馆为激发师生阅读经典的读书热情，让师生养成多读书、好读书、读好书的良好习惯，帮助读者养成严肃的、健康的美学兴趣，分别于2017年、2018年举办了"诗歌研读与鉴赏""诗歌朗诵"等与诗歌有关的系列讲座和互动活动。通过鼓励学生参与诗歌鉴赏阅读活动，调动和培养敏锐的审美感知能力，促进中华传统文化的传承与创新，推进大学生素质文化教育，完善大学生人格和知识体系，辅助大学生形成正确的人生观、价值观和世界观。

图8-4　山东交通学院图书馆"徜徉在语言艺术的海洋里——浅谈朗诵技巧与方法训练"宣传海报

武汉大学文学院教授、博士生导师李建中指导编写的《青春版文心雕龙》，正是由2014级和2015级人文班同学共同创作改编的。有趣的是，这本"学术新星"原来竟是李老师考试的"答卷集锦"，他考试的方式便是让学生将《文心雕龙》的"赞曰"改编成任意形式的诗歌。"生也有涯，无涯惟智。逐物实难，凭性良易。傲岸泉石，咀嚼文义。文果载心，余心有寄。"这些经典的四言八句在同学们的妙笔下焕发了新时代的风采，现代诗与微信体既保留了原文的意境，又为其注入了青春的韵脚。

安徽大学图书馆组织文典沙龙活动[①]，以一本经典原著为依托，由学生走上讲台当主讲，大家交流阅读此部经典的心得体会，从而大大激发了学生阅读原著或者重读原著的兴趣，学生参与的积极性和主动性高涨，活动收到了良好的效果。

【案例】

精神世界的探寻——诗歌研读与鉴赏讲稿

在整个文学序列中，诗歌是感觉最敏锐、心灵最开放的艺术，诗歌鉴赏具有重要的美育功能。

首先，诗歌是感知周围世界的意象。学习传统诗歌经典文本，就是培养敏锐的美感认知能力。在日常生活中，鲜花、杨柳、湖面、远山、夜月、晚霞，都给人带来美感和喜悦，周围世界这些美丽的表象所包含的种种色彩、光影、构图、对比、虚实、曲折以及变化等感知模式与人的内心之间的无数次相互作用和交流，"使这些体现着人的生命运动的模式与特定的人类情感建立起稳定的、持久的和巩固的联系，从而内化为主体自身的感性认识、自身的倾向或习惯。这样，一旦特定的外在形式落入人的视域之内，便会通过主体知觉的筛选和同化机制，使之与特定的人类情感模式联系起来，引起一种特定的审美感受"[②]。

---

① 杨晓阳.情景体验在经典阅读推广中的价值与应用：以安徽大学图书馆为例[J].安徽农业大学学报（社会科学版），2018（1）：136-140.

② 吴亦文,李永燊.美育基础[M].福州：海峡文艺出版社，1991：241.

诗歌就是要从周围世界表面的物象和感知中，探索、寻觅转瞬即逝的"特殊性"。诗歌通过字词的含义，将意蕴轻轻映照到人类思想的屏幕上，化瞬间为永恒，从而生成许多新的"言外之意"。因此，闻一多先生才说："诗这东西的长处就在它有无限度的弹性，变得出无穷的花样，装得进无限的内容。"①

思想感情是诗歌最深刻的层面，是诗歌世界最丰富的底蕴。哪怕最表面的、最直观的感知，也都是丰富多彩的。如白居易《琵琶行》："大弦嘈嘈如急雨，小弦切切如私语。嘈嘈切切错杂弹，大珠小珠落玉盘。"将琵琶弹奏的声音乃至气势、魅力、声势、节奏都模拟出来了。利用通感、变形及跳跃等，创造一个开放的审美空间，显现出一定的意象，所有客观生活特征和主观情感特征都融于诗歌中，并将其作为思考和交流的起点。

其次，诗歌是最富于想象力的文学样式。学习传统诗歌经典文本，可以培养自由驰骋想象的能力。

诗歌是从作者的心灵和本质发出的声音，是最富于想象力和创造力的意蕴。为了显露内心世界，诗人可以运用象征、比喻等奇特而丰富的想象，凭借一种情景交融、意味无穷的描述，展示内心丰富的情感，这种想象既包括再造性想象，也包括创造性想象。

诗歌可以以一个具象的物品引起诗人的感动、理解和领悟，可以通过一个特别的人物或一段感人的故事来寄托自己的心声，可以借助语言本身的尺度来放大或微缩自己的心愿。也就是说，诗歌的价值就在于诗歌是指向微妙、复杂的心灵世界的，它流露着诗人独特的内心体验和思考，无论它表现得明显还是隐晦，是主动、整体的表现，还是无意、细节的表现②。

① 吴亦文，李永燊.美育基础[M].福州：海峡文艺出版社，1991：240.
② 李俊.大学生赏析古典诗歌的现实意义[J].中国青年社会科学，2016（4）：108–112.

《诗经》所收录的诗歌都是文质兼美的经典，凸显了诗人的情感。研读和鉴赏《诗经》，有助于学生理解人类对生活经验的艺术性的表达，从而培养全面发展的人。所谓诗教，实际上是一种艺术的熏陶、精神的感染、美学的享受，是作用于人们情感深处的一种潜移默化的过程。从西方心理学家弗洛伊德的观点看，就是通过潜意识的渠道来铸塑人们的心灵，给人们的潜意识以深刻的感染，这正是诗歌的美育的特征。

与诗歌所蕴含的丰富的想象相对应，诗歌鉴赏也必须展开丰富的想象。诗歌鉴赏中的再造想象，主要是指读者根据诗歌提供的语言符号，调动自己的表象贮存，在头脑中浮现出相关的审美意象。作家的思想不同于单纯思想家的思想，他不是用纯理性的议论而是用艺术形象来揭示生活、触动读者。《诗经》中的优秀诗歌，给读者提供的是个多层次的结构，在确定的框架之外，还有许多不确定的点，在有形的内容之外，还有许多无形的暗示。要获得这些无形的、不确定的"象外之象"和"物外之旨"，鉴赏者还必须借助于创造性的想象，从无中看出有，从虚中看出实，以自己的人生经验和艺术感觉进行再创造。

最后，诗歌鉴赏是培养纯正、高尚的审美趣味，调节鉴赏者的心理，使之达到一种内在的和谐与平静。

在所有的文学样式中，诗歌是一种最长于抒情的文学样式。情感，不仅是诗歌创作的原动力，也是诗歌生存价值的主要依据之一。刘勰曾曰："情者义之经，辞者理之纬，经正而后纬成。"作家情感的投入，使文学作品显得血肉丰满[1]。没有感情就没有诗，当然就不会有诗的美。审美趣味是主体在当下发生的审美瞬间所表现的一种特殊的"判断力"，它通过强烈的情感倾向以及极富个性特征的主观爱好和偏好的形式，影响人们对美的事

---

[1] 袁利荣.湖田文选[M].北京：中央编译出版社，2016：203.

物或现象的感受、理解和评价。我国先秦典籍中，"情"的观念在较早出现的时候，常常是同"志"联系在一起的，是从属于"志"的。"诗言志"，出自《尚书·尧典》，"诗者，志之所之也，在心为志，发言为诗，情动于中而形于言"（《毛诗序》）。显然，作者敏锐地注意到了"情"对于"言志"的重要作用。因此，培养纯正、高尚的审美趣味，也是审美教育的一项重要内容，而诗歌鉴赏在这方面恰好又有着特殊的功能。对此，朱光潜曾在《谈读诗与趣味的培养》中做过这样的分析：一切纯文学都要有诗的特质。一部好小说或是一部好戏剧，都要当作一首诗看。诗比别类文学较严谨、较纯正、较精微。如果对于诗没有兴趣，对于小说、戏剧、散文等等的好处也终不免有些隔膜①。虽然人的天资不同，对诗的兴趣也不一样，但要养成纯正的文学趣味，我们最好从诗入手。能欣赏诗，自然就能欣赏小说、戏剧及其他种类文学。

　　诗歌鉴赏最重要的美育功能，就是满足人们的精神需要，使人通过鉴赏，获得内在心灵的自由感。诗歌鉴赏能使人离开日常实用的领域，借助于语言的描写进入一个虚拟的"可能性的世界"，使鉴赏者的想象力自由驰骋，产生种种喜怒哀乐的情感。白居易特别强调诗歌的情感性质，认为"情"是诗歌的"根"，诗歌感动人心首先就因为有"情"。他在《与元九书》中说："感人心者，莫先乎情，莫始乎言，莫切乎声，莫深乎义。诗者，根情，苗言，华声，实义。"在诗歌鉴赏中，自我与对象拉开了审美距离，进入一种虚拟的幻想情境，理解力自由发挥，回想过去，预见未来，观照种种未曾诞生过的事物，仿佛自我与对象交融在一起，在获得巨大的审美愉悦的同时，超越了现实世界，超越了自我，得到一定程度的释放，从而在新的心理平衡中获得自

① 孙国英.诗的乡愁：对读诗与当代审美教育的思考[J].长春工业大学学报（社会科学版），2009（4）：99-101.

由感。诗歌鉴赏还是一种对象性的审美实践活动，它能使鉴赏者从其中发现自己，肯定自己。

一般地说，理论教育主要作用于意识，形成某种世界观，建立某种思想体系。而意识教育有时会与人们的情感相矛盾，形成所谓情与理的冲突。这是什么原因呢？原来人们的情感主要受潜意识的制约，潜意识当然也是后天形成的，但这种后天作用由于长时间的耳濡目染而与先天的生理活动紧密地连成一体，外在的刺激已经储存为生理活动的一种固定的信号，这种信号与生理活动之间的联系，已经几乎无须通过大脑的控制。人们在没有来得及思索时对于外界做出的种种反应，以及在不假思索时所得到的种种见解，实际上都来自潜意识。而一旦人们大脑发出的信号冲动与这种潜意识相互冲突，就会造成人们思想上的极大矛盾与痛苦[①]。庄子说："哀莫大于心死，而身死亦次之。"如果你的心完全沉溺在物欲之中，对其他一切都不感兴趣，那么实在是人生中一件悲哀的事。潜意识的渠道，可以说是艺术所特有的教育渠道，因为艺术之所以作用于人，是因为它是通过欣赏的途径而被其对象所接受的。诗歌有一种"感发的生命"，它由作者传达给读者，而欣赏总是积极主动地进行的，在欣赏活动中，它可以不断生长，并生生不息地流传下去。这种感发的生命，可以使你的心活泼起来，欣赏者因获得美的享受而调动起积极的情感活动。看戏淌眼泪，听相声捧腹大笑，这是人们常见的表现。至于欣赏诗歌，人们可以"不知手之舞之，足之蹈之"，可以"一唱三叹"，还可以"击节咏歌，唾壶尽缺"，这些都是欣赏时情感激动的表现。而人们就在这种情感激动的过程中，把诗歌的是非观念和情感倾向，深深地印入潜意识之中。诗是语言的艺术，诗又是艺术的语言，必然要诉诸人们的情感。柳宗元《江雪》："千山

---

① 赵松元.近百年传统诗词高峰论坛论文集[M].广州：暨南大学出版社，2015：244.

鸟飞绝，万径人踪灭。孤舟蓑笠翁，独钓寒江雪。"一个举目皆白、了无人烟的世界里却有一个孤独的钓翁，一动不动地在那里"钓雪"。诗人是善于"积理而炼识"的思想家。广袤空无的环境和钓翁的存在，构成了鲜明的对比，同样写的是一种内心的宁静。有些人把钓翁解读为孤独的、寒冷的，诗里也确实出现了"孤"和"独"的字眼，但细读这首诗你会发现，钓翁其实一点都不孤独，也不寒冷，因为他是在凝视内心，观照自我，与心为友，他在无垠的白和无中，体会到的是一种内心的存在。一些通文律者从儿时开始就要读很多合文律的诗篇，伟大的作家之所以伟大是因为他具有崇高的情操。一个真正的作家的情操是一种净化了的向上的力量，既表现在向时代和社会献身的使命感上，也表现在对国家、家庭及民族的责任感上，是人生实践和道德情操修养的结果①。他们一边欣赏文律的形式美，一边接受这些诗篇的思想观点、是非判断与美学评价，这就是所谓诗教。而这种诗教作用于其对象的，绝不是与其情感相冲突的生硬说教，而是深深地植根于其潜意识之中，与其情感乃至生理活动紧密相连的精神活动——美育。美育的影响，积累于潜意识的最终结果，就成了受教育者本性的一个组成部分，表现为人的性格和气质。

　　进入诗歌世界，尤其是古诗世界，我们会遇到很多这样为语言所雕刻出来的精致、高远的心灵，一旦被学生所理解、欣赏，意义是深远的。因为一种心灵教育的完成，必然要以心灵为摹本，也要以心灵与心灵的呼应为路径，达到对人的自我世界的塑造这一目的。我们可以从诗句中发现和肯定自己的审美经验和趣味，从而使自己的性情得到陶冶，心灵得到美化。

　　诗歌鉴赏可以采用以形入情、以声带情的方法，即鉴赏者通过特殊的诵读方式来体会诗美。比如，老师在指导学生朗诵《诗

---

① 袁利荣.湖田文选[M].北京：中央编译出版社，2016：204–205.

经》《九歌》等经典名篇时，或抑扬顿挫，或长短疾徐，或轻重张弛，力求利用心、眼、口、耳并用的活动，通过充分、反复地诵读，引导学生设身处地地进入诗歌情境，仔细地玩索每个字句的含义，将诗情、诗意、诗味和诗美自然地融入音乐节奏旋律之中，深入地体味和领略浸润在诗中的深微的情致和韵味，从而获得审美愉悦。

此外，还要指导大学生学会使用图书馆电子资源，检索诗歌鉴赏方面的资料，搜集与本活动相关的热点问题、前沿问题或存在争议的问题等典型案例，并在阅读、整理这些鉴赏资料的过程中，学会独立思考，提出自己的论点及论据。

诗歌艺术有着不同于其他艺术的特点，它大都短小精悍，能以很精练的语言，给人以深刻的印象。由于它的音乐美和比较整齐的形式，还可以用来反复咏歌或者配乐朗诵。由于它能同时从视觉与听觉上被人感知，而和谐的声韵又容易被人记忆与传诵，所以优美的诗歌总是在具有一定思想意义的同时，给人以美的熏陶、情的满足和心的净化。

四、建立经典阅读书目

传统经典文献的学习具有重要的审美教育功能，推荐或开列专业必读和选读书目可以给学生指引门径。

大部分高校图书馆都会在主页上设置"新书推荐"栏目，而往往忽视对馆藏经典图书的推介。图书馆应该在主页上建立经典阅读文库，广泛搜集各个学科的电子版经典名著，汇集成经典文库，加大经典图书的导读力度。图书馆可以定期向大学生推荐参考书目，建议大学生进行系统性、整体性的阅读，引导他们改变盲目性、无序性的阅读方法，从而培养他们的自学能力，帮助他们构建合理的知识架构。

武汉大学图书馆《人文社科经典导引》12册必读书目如下：

《论语》《庄子》《坛经》《史记》《文心雕龙》《红楼梦》《历史》《斐多篇》《审美教育书简》《论法的精神》《国富论》《正义论》。

山东交通学院图书馆2017年举办了"经典·传统"阅读书目展，分别列出了"哲学与宗教""历史与文明""经济与社会""自然与生命""全球化与领导力""文学与艺术"等六大板块的数十种图书，供广大学生选读。

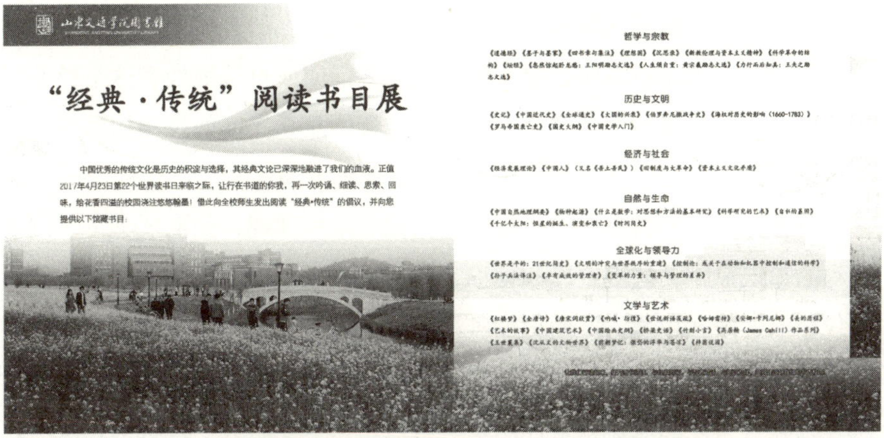

图8-5 山东交通学院图书馆 "经典·传统"阅读书目展展板

五、应用新技术助力通识阅读

当代大学生读者的阅读环境已经发生极大的改变，电子阅读占据其大量时间，互动式交流成为其主要沟通方式。高校图书馆也应顺应时代潮流，积极应用新技术来满足年轻读者的需求。例如，通过播放音频和视频等形式，在馆内微型放映厅进行纪录片的放映，如《百心百匠》《国家宝藏》《舌尖上的中国》等优秀作品，扩充学生的阅读量。通过这种立体式的通识阅读，可以大大开阔学生的视野，给学生枯燥单一的学习生活增添一抹亮色，充分展现图书馆作为信息传递中心的作用。

图书馆微信平台上也可以增加通识阅读板块，定期发布各学科有关通识阅读的书评，激发学生阅读通识性书籍的兴趣；运用高校目前流行的慕课技术，寻找喜欢读书与分享的教师和学生，将他们的读书心得录制成微视频课程，让更多的读者可以在线观看。另外，还可以在图书馆主页上为读者构建一个通识教育平台，将馆内订购的各种数据资源中的通识教育部分进行重新整合。同时将经典作家书架电子版和其他的经典书目书评、经典朗诵音频等内容都嵌入其中，开辟板块让读者发表评论，上传读书心得。通过上述各种活动的开展，帮助学生在该平台上提升自己的阅读能力，突出图书馆的平台效应。

再就是设置经典鉴赏类通识选修课程，普及各类经典的阅读，加深大学生对经典文献的理解和知识积淀，提升大学生的人文素养，引导大学生学习如何找到问题的核心要害的方法，或迂回或直接地处理这个核心问题，并学会通过深度思考，启发思想，把解读复杂文本的技巧用到对其他复杂事物的学习上，从而促进大学生各方面的发展。

总之，传统经典是一个民族优秀文化的集中展现，是取之不尽、用之不竭的知识宝库、艺术宝库和理论宝库。虽然经典经历长久的时间，然而世代相传，薪火相承，反而更加鲜活，历久弥新。要想真正做到让大学生阅读和掌握经典，就必须将传统经典教育和创新人才培养联系起来，将传统经典教育贯穿在通识教育体系里。通过创新人才培养、传统文化继承，实现民族文化复兴和发展的目标。高校通识教育建设还有很长的路要走，需要我们不断地深思、研究、实践和建设。

后　记

　　本书选择"阅读推广"进行专题研究，并非仅仅因为"阅读推广"是目前图书馆学术界研究的热门领域，而是出于对阅读推广工作的实践探索和深度思考。作为高校图书馆工作者，如何引导青年学生多读书、读好书、会读书，是我思考最多的问题。近年来，山东交通学院图书馆在阅读推广方面做了诸多创新型探索，为我的研究工作提供了丰富的素材。我热爱图书馆事业，愿意为学生读者的成长贡献自己的绵薄之力。由于能力所限，本书许多地方难免粗浅。由于这本书的内容是我对高校图书馆工作的理解和体会，多少有些敝帚自珍的心理。

　　感谢在工作和业务上给予我指导帮助的山东交通学党委书记孙秀丽女士、济南市图书馆副馆长吴伟先生。感谢为本书贡献思路及资料的图书馆同仁张悦霞、郑中广。感谢山东教育出版社的支持，由于他们认真辛勤的工作，本书才可能以现在的面貌与读者见面。

孔瑞林

2019年5月